SECONDE PARTIE

Dans la première partie de cette histoire de la proscription belge, nous avons retracé les fastes de l'exil avant et après le coup d'État. Nous venons maintenant compléter l'œuvre, en disant ce qu'ont été, ce qu'ont fait les proscrits pendant les jours qui ont précédé et suivi l'amnistie de 1859, et en donnant la revue rétrospective des événements politiques auxquels ils ont été mêlés, depuis ces temps déjà si loin de nous jusqu'à ce jour.

Cette seconde période est ouverte par la dispersion des proscrits dans l'exil, et se ferme par leur retour dans la patrie.

I

LES GRACES IMPÉRIALES.

Après plusieurs années de rudes épreuves en tous genres, supportées avec tant de courage, la plupart des proscrits s'étaient acclimatés. Ils n'étaient plus exposés aux pénibles difficultés, aux coûteux embarras de premier établissement, et avaient trouvé des occupations, une position ou un travail qui les délivraient des inquiétudes et des misères de l'existence au jour le jour.

Tout en gardant l'espérance et la foi, les bannis pouvaient donc prendre plus philosophiquement que dans le principe leur parti de l'exil, et en présence de ce qui se passait en Europe comme en France, ils avaient dû ajourner à d'autres temps tout projet de lutte ouverte.

D'ailleurs, dispersés de tous côtés par les mesures des gouvernements ou les nécessités de leur situation, se renouvelant sans cesse, ils ne formaient plus un tout compacte, homogène ; en même temps, ils voyaient chaque jour se former au milieu d'eux des vides que la magistrature impériale ne parvenait pas à combler avec de nouvelles victimes.

Il fut un moment surtout où nos rangs s'éclaircirent rapidement. Cela arriva lorsqu'à ceux qui demandaient tous les jours : « Anne, ma sœur Anne, ne vois-tu rien venir ? » la sœur Anne répondait constamment : « Je ne vois que la France qui *poudroie* et l'empire qui *verdoie !* » Alors le découragement, l'inquiétude, la désespérance envahirent une partie de la proscription, affaiblirent les courages, triomphèrent des meilleures résolutions. Beaucoup passèrent sous les fourches caudines de l'ennemi qu'ils exécraient et méprisaient. Ils n'avaient pourtant pas besoin, à ce moment, de s'humilier ni de se baisser bien bas. Ce que l'empire exigeait des rentrants, c'est qu'ils renonçassent à la politique, et ne protestassent pas contre le fait accompli. La plupart, en adressant une simple demande, ou autorisant quelqu'un à la faire pour eux, pouvaient revoir la patrie sans conditions. Il y en eut qui furent graciés, on ne sait par quel motif, sans le vouloir, malgré eux.

Et cependant, que de résistances, de déchirements, de combats, causa dans l'esprit de nos amis la pensée de devoir ainsi une *grâce* à l'homme qui les avait proscrits avec la liberté, en tuant la République ! Quelle pression fut exercée sur tous les exilés, pour les forcer à briser les chaînes qui les retenaient, loin du pays natal, sur la terre étrangère !

Il était de la politique de l'usurpateur, qui prétendait s'appuyer sur le vœu populaire, de faire oublier le plus tôt possible les scènes de désolation, de violence, dont le spectacle avait épouvanté les campagnes et les villes, de cicatriser les plaies saignantes, criant contre lui dans la France entière, de faire croire que l'ère des proscriptions était fermée.

Aussi, tout fut mis en œuvre, dans la transportation et dans l'exil, pour amener à demander ou accepter leur grâce, d'abord, les paysans et les ouvriers, enlevés, par des razzias faites au hasard, dans les communes rurales ; puis, les républicains que l'on croyait inoffensifs, peu dangereux, et ceux que l'on espérait, sinon rallier, au moins enchaîner au char du triomphateur par les liens de l'intérêt ou de la reconnaissance ; enfin, les démocrates les plus énergiques eux-mêmes, les plus vaillants combattants, dont on espérait avoir brisé les forces. Afin d'avoir sur ses listes, que l'on compléta avec des morts, les cinq mille noms qui figurent sur le décret de *pardon*, tous les moyens furent bons.

En Afrique, les gardes-chiourme, les gendarmes colportaient partout des demandes en grâce ; les transportés qui refusaient de les signer, étaient condamnés à casser, en plein soleil, des pierres sur les grandes routes, c'est-à-dire exposés à une mort presque certaine par l'insolation. Heureux ceux qui parvinrent, comme Rixain, du Puy-de-Dôme, Houliez, de l'Eure, Dijon père, avocat, de Montpellier, son fils et plusieurs autres, à se soustraire à ces travaux forcés, en gagnant, à travers le désert ou la mer, le Maroc, les îles Baléares, l'Espagne !

A Cayenne, les privations, les menaces, les punitions de tous genres, les sévices n'étaient pas épargnés à ceux qui repoussaient la faveur qu'on voulait leur imposer. Plutôt que de revoir ainsi le doux ciel de la patrie, beaucoup aimaient mieux braver les exhalaisons empoisonnées d'une plage meurtrière, où tombaient chaque jour, à côté d'eux, de nouvelles victimes, enlevées pleins de jours, comme Agenon, de Marseille, Ailhaud, du Var, Riottau, d'Angers. D'autres s'exposaient, pour fuir, à toutes les rigueurs des geôliers, et ils venaient de voir Eugène Millelot, de la Nièvre, condamné, pour tentative d'évasion, à recevoir cent coups de cordes, succomber au vingt-et-unième coup, en présence de son père, de son frère et de ses amis, forcés d'assister à ce cruel spectacle !

Ceux qui reprenaient la liberté, c'était après l'avoir reconquise, en passant sur de frêles barques, au milieu des marais fangeux dont était entourée leur prison, au risque de périr dans des eaux bourbeuses, comme Pianori, Baugenski et Perret, dont on retrouva les corps à demi-dévorés par les crabes.

Le premier avait été déporté, parce qu'il était le frère de son frère ; le second, parce qu'il était suspect ; Perret, ancien maire de Béziers, parce que, républicain, il avait défendu la République.

Le *compelle intrare* ne pouvait pas être employé de la même manière pour les exilés : ils n'étaient pas sous la main des geôliers de Louis-Napoléon.

Ceux qui, n'ayant rien demandé, ne voulant rien devoir à l'ennemi, regardaient comme une exception injurieuse et compromettante la prétendue faveur dont ils étaient redevables à un caprice d'Octave, avaient le pouvoir de rejeter leur *grâce* à la figure du coupable se faisant *justicier*.

Ainsi, Michel Renaud, représentant, ayant vu son nom figurer sur un décret portant qu'une quinzaine de représentants, parmi lesquels trois ou quatre membres de la montagne, pouvaient rentrer en France, fit publier dans divers journaux cette lettre où débordait l'indignation :

« A MONSIEUR LOUIS BONAPARTE,

« Je me demande quel est celui de mes amis d'autrefois devenu lâche, infâme et naturellement tout-puissant aujourd'hui, qui n'a pas craint de me recommander à votre bienveillance ou à celle des gens que vous avez l'honneur de présider en conseil des ministres : avec un double sentiment de surprise et d'indignation, j'ai vu dans un journal espagnol, à la suite de deux décrets, mon nom sur une liste dite d'amnistie, quand cette liste brille par l'absence des noms d'un trop grand nombre de mes ex-collègues.

« Notre cause est la même, nos espérances sont les mêmes. Notre crime, c'est d'être restés fidèles à nos convictions et de n'avoir pas déserté nos devoirs, alors que vous mentiez, vous, à votre serment, et devant Dieu, et devant les hommes ; notre crime, qui sera l'orgueil de notre vie, est encore le même : pourquoi donc notre sort serait-il différent ?

« En regardant du côté de la patrie esclave et tombée si bas dans l'opinion des peuples, je m'étais presque habitué à n'y regretter qu'une seule personne, ma vieille mère, et deux saintes choses, la liberté et l'honneur, qui, grâce à vous, n'ont plus droit de cité en France.

« Vous me condamnez aujourd'hui à subir votre générosité de contrebande, quand l'accès de la patrie reste fermé à la plupart de mes amis, de mes anciens collègues. Ah! sachez-le, bien loin de vous en savoir gré, je vous maudis.

« Cette lettre, qui n'arrivera pas à Paris avant le 19 août, ne saurait nuire à aucune des victimes de la terreur bonapartiste ; ma démarche spontanée, individuelle, ne peut, ne doit compromettre que moi seul.

« Avant de profiter de la faculté de rentrer dans mon pays, j'ai besoin de consulter ma conscience et mon patriotisme, et dans tous les cas il reste bien entendu que je ne dois rien à l'homme du 2 décembre, au grand coupable, capable seulement de toutes les fourberies ; rien, excepté tout mon mépris et une haine implacable qui, je le jure, sera éternelle.

« MICHEL RENAUD,
« Ex-représentant du peuple.

« Pampelune, Espagne, 15 août 1852. »

Sous des dehors calmes, presque froids, Renaud cachait une grande vaillance de cœur et d'esprit. Pendant la législative, il avait eu, sans en parler à personne, un duel avec un officier supérieur de l'armée de Paris, à cause de certaines observations qui lui avaient paru insultantes pour son parti ; il avait blessé grièvement son adversaire et s'en était fait néanmoins un ami, presque un coreligionnaire. A peine débarqué en Espagne, notre collègue se jetait à la mer pour sauver, au péril de sa vie, une femme qui se noyait.

Tous les exilés n'avaient pas la même énergie, la même force de volonté, cela se comprend.

L'influence malfaisante du gouvernement français s'étendait jusque sur la terre étrangère. En chassant les réfugiés de leurs États, sur l'injonction de celui que l'Europe redoutait et flattait alors, ou, si on aime mieux, pour lui être agréable ; en les rejetant, par de là les mers, vers des contrées, comme l'Angleterre, l'Amérique, où les secours, les subventions, les ressources, le travail, tout manquait, dans lesquelles ils étaient perdus au milieu d'une foule parlant une autre langue et ayant des habitudes différentes, les gouvernements voisins de la France mettaient la misère, ce poids si lourd, dans la balance où les proscrits avaient à peser leurs résolutions.

Pour toutes les catégories d'exilés, c'était de la patrie surtout que venaient les appels les plus pressants, et des appels souvent irrésistibles. Ceux qui les redemandaient, avec des larmes, des sanglots, de douloureuses plaintes, c'étaient des enfants qu'on avait violemment enlevés à leurs pères, à un âge où ils ne pouvaient rien comprendre aux nécessités de la politique ; de jeunes femmes, séparées de leurs maris au lendemain du mariage et qui, appartenant souvent à des familles réactionnaires, n'avaient pas encore la foi républicaine ; des parents infirmes, vieux, mourants, suppliant leurs fils, leurs petits-fils, de venir adoucir leurs derniers jours ou leur fermer les yeux.

A ceux qui résistaient, on jetait le reproche d'indifférence, d'insensibilité, d'égoïsme : on les accusait d'être de mauvais pères, de mauvais maris, de mauvais fils. Les amis, même ceux qui, ayant échappé par hasard à la proscription, avaient conservé leurs principes, leur écrivaient d'arriver, pour veiller sur des enfants que des influences délétères, une éducation jésuitique et bonapartiste pouvaient abêtir ou corrompre, et pour protéger des filles, des sœurs, des femmes exposées aux lâches séductions de perfides et puissants ennemis. Ils leur faisaient parfois un devoir de venir préserver leur famille, des ruines qu'allaient faire les ateliers fermés, les champs en friche, les propriétés abandonnées, les maisons désertes, et reprendre leur place au milieu des républicains effrayés, démoralisés, qui les attendaient pour se rallier et reprendre courage.

A ces causes bien faites pour briser les volontés les plus fermes, faire courber les têtes les plus fières, s'en ajoutait souvent une qui les empirait toutes, la nostalgie.

La nostalgie, a si bien dit un poëte :

> C'est ce mal du pays dont rien ne peut guérir,
> Dont tous les jours on meurt sans jamais en mourir ;
> C'est cette ardeur qui tue ou cette fièvre lente
> Qui fait rêver le ciel de la patrie absente.

Ceux que ce mal atteignait, ne pouvaient résister aux séductions du mirage qui les attirait dans la patrie où étaient brisés, s'ils restaient au poste d'honneur.

Genty Sarre, ancien rédacteur de la *Réforme*, se sentant frappé à mort, voulut revoir la France : sans laissez-passer, sans grâce, il traversa la frontière et fut mourir à Paris dans un hôpital, échappant ainsi aux proscripteurs qui l'auraient envoyé à Lambessa.

Guezweiller, poussé par cette force étrange et fatale contre laquelle il se débattit en vain longtemps, nous quitta en disant qu'il commettait une lâcheté. Il ne se consola jamais de ce qu'il avait fait, et, de longues années après, il s'en punit comme d'un crime.

Changobert, rédacteur du journal la *Constitution*, de Moulins, sincère démocrate, mais d'un caractère doux, un peu mystique, était rentré, lui, pour assurer le sort de sa jeune femme et de son fils unique, qu'il aimait tendrement tous les deux, et dont la santé avait été compromise par le climat de l'Angleterre. Il les perdit l'un et l'autre peu de temps après son arrivée au pays natal. Il fut si vivement atteint par ce coup inattendu, venant ainsi détruire toutes ses espérances, qu'il le regarda comme un arrêt du ciel condamnant sa faiblesse, et entra au séminaire.

Blanc, de l'Hérault, cultivateur, allait passer des jours entiers au milieu de la campagne, près de Laeken, et pleurait en songeant à ses champs sans culture. Il suivait dans leurs travaux les laboureurs, avec des allures si étranges, que les gendarmes le prirent, un jour, pour un vagabond dangereux, et le conduisirent en prison, d'où ses compatriotes durent le faire sortir.

Le notaire Royer, de la Gironde, en attendant que les portes de la France lui fussent ouvertes, fut envahi par une affection morale et physique si intense, qu'il lui eût été impossible de profiter de sa grâce, si elle eût tardé quelques jours encore à venir.

Borderies souffrit jusqu'au bout et ne céda pas; mais il blanchit rapidement et contracta les germes de la maladie qui l'a emporté, après l'amnistie, dans sa campagne de Lafitte.

Bien d'autres encore ont eu à se débattre contre les étreintes du redoutable mal et succombèrent, ou surent résister.

Placés entre les devoirs de la famille et les devoirs du républicain, tous soutinrent contre leurs parents, contre les étrangers, contre le pouvoir, contre eux-mêmes, une lutte longue, opiniâtre, pleine d'anxiétés, de trouble, d'hésitation.

Ceux qui se décidèrent à rentrer, ne demandèrent point conseil à leurs amis; leurs amis ne leur en donnèrent point. La situation n'était pas la même pour tous, et il était impossible d'établir parmi nous une solidarité matérielle et morale, qui permît à la majorité de faire la loi en pareille circonstance. C'était à chacun de savoir ce qu'il avait à faire.

Un seul assembla quelques-uns de ses compagnons d'exil, pour avoir leur opinion. Les portes de la France lui étaient ouvertes, sans qu'il eût rien sollicité, sans qu'on lui imposât aucune condition : seulement, il craignait qu'en rentrant, alors que l'homme de décembre régnait, on ne l'accusât de passer sur le corps de son frère, tué aux barricades, en défendant la République. Les avis furent partagés.

Nous, restant dans notre exil, nous plaignions profondément ces amis qui, le cœur serré, les larmes aux yeux, partaient avec le regret et parfois le remords de nous abandonner.

Aujourd'hui nous avons fait bien du chemin. En France, sauf quelques exceptions, tous, même les républicains les plus dévoués à leur cause, les plus fidèles à leur foi politique, les moins suspects d'être des ambitieux avides de pouvoir, d'honneurs, de fortune, prêtent volontairement serment à l'homme qui a tué la République française, détruit la République romaine, tenté de noyer dans le sang, comme les deux autres, la République mexicaine. Tous entrent, quand ils le peuvent, dans les assemblées, dans les conseils de la commune, du département, de l'État; prennent part ou veulent qu'on prenne part aux élections; mettent, de manière ou d'autre, la main à l'œuvre impériale ; sont un des rouages de la machine gouvernementale, fabriquée, pour ses besoins personnels, par le faiseur du coup d'État! et la France les applaudit, les encourage de la voix et du vote. Personne ne songe à leur en faire un crime. On les loue au contraire de se faire légalement napoléoniens, pour la conquête de la liberté, le renversement de l'empire, le salut du peuple.

Le petit nombre d'intraitables et d'implacables, se tenant à l'écart, en dehors de ce mouvement, et laissant passer le torrent qui va on ne sait où, sont appelés des incapables, des impuissants, les Épiménides de la République. S'ils protestent au nom des principes, comme Rogeard, ils ne sont ni entendus, ni écoutés ; ils crient dans le désert. Les *Propos de Labienus* contre César ont été lus et applaudis par tout le monde; les pages non moins remarquables du même auteur, contre les assermentés et les électionnistes, sont passées inaperçues ; à part quelques-uns de nous, dont Rogeard a si bien résumé l'opinion, personne ne s'en est préoccupé;

et le magnifique appel à la conscience fait par Louis Blanc refusant d'accepter, aux conditions imposées par la constitution impériale, la candidature que lui offrait Paris, a été enregistré mais enterré sans phrases par les journaux de toutes les couleurs.

Avions-nous tort autrefois, quand nous refusions de demander ou d'accepter notre grâce, et lorsque nous repoussions l'amnistie sans condition comme une insulte?

A-t-on raison maintenant de prêter, sans y être contraint et forcé, serment à celui qui a fait le 2 décembre? questions oiseuses, inutiles à débattre : le temps et les opinions ont changé; le vent a tourné.

A l'heure qu'il est au surplus, comme lorsque les questions de grâce, d'amnistie furent posées, c'est toujours la conscience individuelle qui est juge. Aucune majorité ne peut sur ce point imposer sa décision pour ou contre à personne. Chacun ne relève que de lui.

Et pourtant, notre passé nous ne le renierons jamais ! Jours déjà si loin de nous où, au dehors, les vaincus ayant tout perdu, fors l'honneur, proclamaient, acceptaient la sainte loi du devoir, et, alors même qu'ils courbaient la tête sous des nécessités fatales, qu'ils déposaient les armes, ne voulaient rien faire qui pût compromettre la dignité du parti, porter atteinte aux principes, entacher le drapeau républicain laissé par eux, sans souillure, à leurs frères de l'exil; jours sombres où, au dedans, la démocratie, mutilée, enchaînée, n'avait pas porté encore à ses lèvres la coupe empoisonnée de la servitude ; où la France, domptée, mais non soumise, rongeait son frein et ne traînait pas, piaffant, hennissant, faisant sonner ses chaînes, le char du bas empire, à travers les ruines de ses institutions républicaines et les débris de ses libertés ; jours de lutte et d'espérance, malgré vos douleurs, vos tristesses, nous vous saluons une dernière fois — cela nous est sans doute encore permis — ceux qui vous ont suivis, ne vous ont pas fait oublier.

Celui dont on improuva le plus la conduite, et par un motif spécial, fut Mathieu (de la Drôme). Lui qui avait été un des présidents de la réunion des représentants de la Montagne, et aspirait, disait-on, à être ministre de l'agriculture sous la République démocratique, il rentrait: c'était son affaire ; mais il justifiait sa rentrée par une lettre rendue publique, où il développait ses théories de défaillance, d'abdication, et qui devait faire planche pour les autres. C'est ce qu'on ne lui pardonnait pas.

Retiré dans sa campagne, l'ancien proscrit est du moins resté jusqu'à sa mort en dehors de la politique. Il a fait sur terre, dans les eaux, au ciel, des découvertes dont le genre humain peut, en achetant ses almanachs, tirer grand profit, moyenant 50 centimes par tête. Si Mathieu n'avait pas deviné la tempête de décembre, ses prédictions sur la pluie et le beau temps se sont parfois assez bien vérifiées, pour que les paysans ne l'aient plus appelé que Mathieu Laensberg.

Les exilés qui, par leur position, des motifs légitimes, pouvaient être les plus sévères pour les autres, furent ordinairement les plus indulgents, excusèrent le mieux les amis dont ils ne voulaient ni ne devaient suivre l'exemple. De ceux qui, en revanche, se montrèrent, dans le principe, les plus puritains, furent superbes d'indignation contre des compagnons d'exil ayant fait leurs preuves dans la lutte, et qui ne voulurent admettre aucune excuse pour un acte qualifié par eux de *défection*, plusieurs, lorsque le temps ou de nouvelles circonstances eurent modifié leur manière de voir, passèrent à leur tour, sur le pont de la grâce, le fossé ouvert entre eux et leur pays.

Les graciés, ayant eu foi en une parole d'empereur, devaient croire qu'en restant dans la vie privée, loin des bruits de la politique, ils seraient oubliés, à l'abri de nouvelles persécutions : il n'en fut rien. Tous restèrent sous la main de la police, et, un jour, le général Espinasse, digne exécuteur des volontés de son maître qui le nomma ministre à cet usage, fit dans leurs rangs une coupe sombre.

Pour effrayer le peuple et se venger, sur la démocratie française, des bombes italiennes, le gouvernement fit déporter en Afrique, au moment du procès d'Orsini, beaucoup de ceux qui, de Cayenne, de Lambessa, de l'exil, étaient revenus avec l'espérance de pouvoir panser leurs blessures au foyer paternel. En même temps, la loi de sûreté générale, au moyen de laquelle le gouvernement était autorisé à transporter, par mesure administrative, ceux qui avaient été proscrits en décembre, ou condamnés pour délits de sociétés secrètes, correspondance avec l'étranger, manœuvres à l'intérieur, possession d'armes, etc., se dressait, devant les républicains demeurés en France, comme une menace permanente.

Sous l'empire d'un événement qui rompait les liens que les républicains, venus de tous les points de la France, avaient formés sur la terre étrangère, qui séparait de vieux amis et dispersait à tous les vents, ceux que la tempête de décembre avait jetés dans le même port de refuge, il y eut dans toutes les proscriptions un sentiment général de malaise, d'inquiétude, d'ennui. Tous les bannis éprouvèrent plus ou moins le besoin de changer de résidence, de climat, d'air, de pays, comme s'ils devaient trouver ainsi un soulagement à la situation présente, moins souffrir. Endoloris d'un côté, ils se retournaient de l'autre, sur le gril de l'exil.

De ceux qui ne purent pas abandonner l'asile, où ils étaient fixés par des motifs impérieux, les uns essayèrent de tromper ce besoin de mouvement, en allant de la ville dans les faubourgs, ou réciproquement; les autres, comme pour se cramponner au sol tremblant sous leurs pieds, se mirent dans leurs meubles, ou même achetèrent une maison. L'on était alors arrivé à croire que l'empire durerait assez, pour que l'on pût faire un long bail avec l'exil.

Les proscrits internés dans les villes de province vinrent à Bruxelles, ou, quand ils n'obtinrent pas l'autorisation d'habiter cette ville, allèrent dans toutes les directions chercher ailleurs fortune, travail ou repos. Il en fut de même partout.

Londres vit partir pour le Nouveau-Monde des bâtiments chargés d'exilés dont le gouvernement anglais payait le plus souvent les frais de passage, afin de débarrasser l'ancien monde des ennemis de l'intime allié, auquel alors toutes sortes de prévenances étaient faites, car on était au moment de la guerre de Crimée.

De la Suisse qui, en retour, recevait de tous les centres de proscription un certain nombre de réfugiés, nos amis se transportaient en Savoie, dans le comté de Nice, en Italie. L'Espagne, le Portugal échangeaient leurs proscrits avec l'Allemagne et les Pays-Bas.

L'on abandonnait bientôt le nouveau lieu de refuge pour un autre. Souvent, après s'être séparés pour toujours, on le croyait du moins, de vieux amis se retrouvaient au moment où ils s'y attendaient le moins, dans un pays lointain; puis, on se quittait encore, en se donnant rendez-vous dans la patrie redevenue républicaine.

II

GÉNÉROSITÉ DE NOS ENNEMIS.

Pendant ce temps, les bonapartistes du lendemain, aussi bien que ceux de la veille, traitaient d'émigrés les réfugiés qui repoussaient la clémence du magnanime empereur. Les gens honnêtes et modérés déclaraient, avec un soupir de compassion, parfois en levant les épaules, que les proscrits, refusant, à cause d'une formalité qui n'engageait à rien, de sortir de leurs prisons, de leurs casemates, de leurs pontons, étaient des entêtés, des incorrigibles, des niais. Les décembraillards et les ralliés, que l'on voyait s'engraisser au ratelier de l'État, s'enrichir dans les spéculations véreuses, se vautrer dans les orgies dont la cour donnait l'exemple, faisaient de l'exil, pour ôter même le mérite du sacrifice aux absents, un lit de roses, où les bannis, mollement couchés, passaient leurs jours filés d'or et de soie. Ils disaient ces bannis retenus dans leur île de Calypso par les plaisirs, la fortune, de hautes positions et ayant oublié la patrie.

Dans chaque localité, on colportait aussi contre eux, de maison en maison, on publiait, même dans le journal de la préfecture, les calomnies les plus stupides, les contes les plus absurdes, les cancans les plus ridicules; et tout cela, répété, embelli par la presse monarchique de tous les pays, revenait, sur la terre étrangère, frapper souvent les exilés en pleine poitrine.

En voici deux exemples entre mille :

Joly, disait la chronique toulousaine, se passait à Bruxelles toutes ses fantaisies. Bonne chère, vins fins, appartements somptueux, nombreux domestiques, il ne se refusait rien.

Et Joly vivait en étudiant de dixième année ou en philosophe de l'école de Zénon. Il habitait une petite chambre plus que modestement meublée, veillait lui-même à son ménage, allait faire ses emplettes au vieux marché et avait pour tout serviteur un *loulou* hargneux, dressé à recevoir chaque matin du facteur et à porter à son maître le journal à un sou auquel notre doyen était abonné.

Conseiller officieux de la proscription, qui appréciait son grand savoir et ses connaissances en droit, comme ses autres qualités, Joly, que le gouvernement belge empêcha d'entrer au barreau, ne retirait de ses consultations que le plaisir d'être utile à ses amis.

Les honoraires, ou plutôt les déboursés qu'un haut et puissant seigneur, longtemps pané, sans crédit, dans la plus triste débine, lui fit remettre après avoir fait une fortune inespérée, puis, une petite rente sur les revenus de sa propriété de l'Aude, voilà les ressources avec lesquelles celui qui aurait pu être sénateur fut proscrit et demeura exilé, dut pourvoir à ses besoins. Joly resta le même dans la mauvaise comme dans la bonne fortune. Aussi, ses compagnons d'exil ne savaient ce qu'ils devaient le plus admirer en lui, de sa gaîté si spirituelle, si mordante dans leurs réunions intimes, ou de son inaltérable fermeté au milieu des privations.

C'était avec d'autres variantes que j'étais, moi, mis en scène. Sous la République, les journaux réactionnaires de la Haute-Loire nous appelaient des pillards, des *partageux*, des gens sans feu ni lieu. Ils accusaient, bien qu'il ne s'y fût rien dit, rien fait de semblable, le club de Brioude, dont j'étais membre, d'avoir mis aux voix l'existence de Dieu et proposé de couper les prêtres en quatre, pour en multiplier l'espèce.

Après le coup d'État, les mêmes journaux m'accablèrent de biens de toutes sortes, et me prodiguèrent les richesses, avec d'autant plus de générosité que cela ne leur coûtait rien.

Tout d'abord, le journal du Puy, rédigé par le sieur Bouchet, un cuistre doublé de sacristain, annonça que j'avais reçu un legs de cent mille francs, d'un ami avec lequel je vivais à Ostende. Le journaliste, ajoutant d'un ton paterne que nous nous étions fait donation de cette somme au dernier mourant, laissait même quelque peu supposer que j'aurais pu hâter la fin de cet ami-là.

Bientôt, la feuille de la préfecture publia que je venais de toucher un magot de cinq cent mille francs, en bons écus sonnants et beaux louis reluisants, qui, dans une visite domiciliaire faite chez mon père, avaient été découverts dormant dans un coffre-fort.

Il finit par me déclarer bel et bien millionnaire par la succession de mes père et mère.

Or, je n'ai jamais habité Ostende, et je n'ai jamais reçu par legs, donation ou autrement, un seul centime d'un ami, d'un parent en ligne collatérale ou d'un individu quelconque.

On a fait chez nous, il est vrai, une visite domiciliaire, lorsque j'étais dans l'exil, et voici à quelle occasion :

La police avait inventé dans le midi de la France, où le besoin d'un complot se faisait généralement sentir, une souricière dans laquelle une machine infernale devait jouer un grand rôle.

Les Laubardemonts de la Haute-Loire, sur deux lignes d'écriture d'une lettre où il était question de nouvelles attendues de Marseille, décernèrent un mandat d'arrêt contre l'ancien rédacteur de l'*Ami du Peuple* du Puy et contre mon frère. Le substitut du Roure (de Thiers), accompagné du greffier Duclaux, du commissaire de police et des gendarmes, vint lui-même arrêter mon frère chez lui. Il fit une longue et minutieuse perquisition dans nos chambres et dans celle de notre mère, infirme, âgée, gravement malade alors.

Cette bonne mère, que mettaient en dehors de la politique sa piété vive quoique tolérante, sa douce et exquise bienveillance pour toutes les personnes de sa connaissance, sans distinction de parti, les occupations paisibles de sa vie de famille, la manière dont elle faisait le bien, elle était devenue suspecte. Si par son éducation, ses traditions de parenté, elle avait gardé le culte de la légitimité, par son amour pour ses fils elle s'était faite presque républicaine, et repoussait avec indignation les accusations calomnieuses portées par nos ennemis contre nous.

Les hommes de la justice fouillèrent son secrétaire, son lit même. Ils ne trouvèrent rien. Tout ce qu'ils découvrirent, ce fut, dans la chambre de mon frère, une dénonciation contre les deux Maigne et contre moi, pièce adressée par le parquet de Brioude au président de l'Assemblée législative, et dont nous avions pris copie à la bibliothèque du palais Bourbon. Ne voulant pas s'en aller les mains vides, ils emportèrent, avec ce papier, compromettant seulement pour ceux qui l'avaient écrit, un billet de cinq cent francs trouvé dans le portefeuille de mon frère et qu'on ne lui a pas rendu. En ajoutant trois zéros à ce billet souscrit par le rédacteur du journal républicain de la Haute-Loire, on fit les cinq cent mille francs demandés.

Quant au *magot*, aux coffres-forts, aux sacs d'or et d'argent, on n'en vit ni gros ni petits. Les limiers de la police ne mirent même pas le nez dans le cabinet de mon père. Faire là une perquisition qu'on savait bien devoir être sans résultat, c'eût été adresser à mon père une injure gratuite, réprouvée par les hommes du pouvoir eux-mêmes.

Magistrat estimé de tous les partis, mon père, par la modération de ses opinions, l'aménité de son caractère, ne pouvait donner prise à aucun soupçon.

Les exécuteurs du mandat d'arrêt firent transporter mon frère dans la prison du Puy, où on le mit au milieu des voleurs, lui refusant un couteau pour ses repas, tant on le croyait dangereux et promis aux assises.

Au bout d'un mois, le complot étant tombé dans l'eau, le journaliste républicain et mon frère furent mis en liberté. Alors la préfecture et la magistrature se rejetèrent l'une sur l'autre la responsabilité du fait accompli. Il était trop tard pour ma pauvre mère : privée d'un fils proscrit et s'étant vue enlever si brutalement son second fils accusé d'attentat, elle ne put plus se rétablir ; bientôt sa maladie empira et la conduisit rapidement au tombeau.

Mes parents appartenaient à des familles qui n'avaient jamais été dans la banque, l'industrie, le commerce, les affaires, jamais joué à aucun jeu ni fait, Dieu merci, la fausse monnaie. Mon père était resté juge à Brioude pendant plus de trente années, aux appointements de 1,200 francs par an. La fortune qu'il avait reçue en dot ou en héritage, et dont il usait honorablement, était donc connue de tous, consistait principalement en propriétés : elle était assurée, *liquide*, mais ordinaire, et ne répondait en rien à ce qu'on la faisait.

Lorsque mon frère et moi nous en devînmes possesseurs, le taux de nos contributions n'était pas assez élevé, pour que j'eusse pu être, sous la loi du double vote, simple électeur, au grand collège du département qui m'avait fait l'honneur insigne de me nommer, par le suffrage universel, représentant du peuple. Cela indique assez approximativement le chiffre de mon avoir, pour fixer ceux qui tiendraient à le connaître.

Certes, j'aurais souhaité que tous mes compagnons d'exil eussent les revenus, les ressources que j'avais. La situation de beaucoup serait devenue plus agréable, plus heureuse ; mais ce qu'ils auraient trouvé sur la terre étrangère, ce n'était pas l'opulence, c'eût été la *mediocritas aurea* vantée par le poëte, et ceux qui avaient les mêmes goûts, les mêmes habitudes que moi, n'auraient pas demandé davantage.

Il n'en arriva pas moins ceci : beaucoup qui n'auraient ajouté aucune foi à de bonnes grosses calomnies contre ma personne, me supposèrent millionnaire ; d'autres pensèrent qu'il fallait toujours croire la moitié de ce qu'on disait.

Il en fut de mon âge, mais en sens inverse et sans esprit de malveillance du moins, comme de ma fortune. On diminuait l'un, quand on augmentait l'autre.

Dans le cas où j'aurais voulu faire *une fin*, me marier, la réputation qu'on me faisait d'être très-riche et passablement jeune, eût été tout profit pour moi, — si cependant les parents de la fille et la fille eussent voulu me prendre sur l'étiquette du sac, sans rien vouloir savoir des autres, ni rien me demander.

Comme j'étais et voulais rester célibataire, me sachant, par actes authentiques de l'état civil et de l'enregistrement, dans des conditions de position, d'âge, où l'on fait bien de rester vieux garçon, je ne trouvais que des inconvénients à passer pour ce que je n'étais pas.

On exigeait de moi plus que je ne pouvais faire : j'ai pu m'en apercevoir en maintes occasions. J'en ai même vu avec regret la preuve écrite dans une publication, où un de ceux qui furent mes maîtres en socialisme et que j'ai toujours aimé, se plaignait de moi, sans me nommer, il est vrai, en termes assez amers. Il m'avait été impossible de lui envoyer, pour des travaux entrepris par lui, les fonds qu'il demandait, à moi comme à d'autres, d'une manière très-pressante, croyant la bourse de ses amis inépuisable. En me donnant pour un Crésus, mes bons concitoyens savaient bien ce qu'ils faisaient.

Chaque proscrit avait ainsi son paquet, fait de diverses façons et avec des ingrédients divers, suivant les localités.

III

VOYAGES DANS L'EXIL.

Le mouvement de va-et-vient se prolongea jusqu'à l'amnistie. Pendant ces années-là, il emporta de Belgique en Suisse : Edgard Quinet, Marc Dufraisse, Versigny, Challemel-Lacour, Fontmarcel, Guillemin, Limaux, Desmaisons, Perdiguier, Dubief, Faure, le Dr Commail, Servat, Rousseau, Cantagrel, revenu depuis peu du Texas ; en Espagne : Latrade, Hunot, Poumarède, Peyre, Renaud, Tindel ; en Italie : Hardy, Jourdan, Mézaise, Meyer, Sabattier, Fillias, Démosthènes Ollivier ; en Angleterre : Terrier, Préveraud, les frères Gornet, Anzas, Delpêch, Talandier, Benoît, bottier, Bailly ; en Égypte : Gellion d'Anglard ; en Portugal : le docteur Belin, Bergougnoux, Fillion, qui s'y rencontraient avec Alibaud et Danton, voués d'avance par leurs noms à la proscription, et la famille Greppo, arrivant d'Angleterre ; aux États-Unis : Tavernier, Chaussade, Gabard, le docteur Lachèverie, Sauseau ; dans le Kansas : Bolotte et Dumez ; au Texas, où il s'est établi avec toute sa famille et fait de l'ébénisterie en grand, Michot-Boutet ; à la Havane : Delort ; à Cuba : Saint-Prix ; en Turquie : Trouvé-Chauvel et Gaguet, qui voulaient y fonder, l'un une grande maison de banque, l'autre un petit établissement de commerce ; dans le Luxembourg : Clément Thomas, Jullien, Dallée.

De leur côté, plusieurs de nos anciens compagnons d'exil revenaient du nouveau monde dans l'ancien : Brukner, Maire, Chevannes, transportèrent leur tente de bannis, des bords lointains de l'Océan, sur les vertes rives des lacs d'Helvétie.

Je me mis, moi aussi, à voyager ; je visitai la Hollande, l'Angleterre, l'Espagne, l'Italie, l'Allemagne, m'arrêtant là surtout où il y avait des proscrits. L'hiver, j'habitais Bruxelles ou l'Italie ; l'été, j'allais par le Rhin ou les Alpes, respirer à Genève le grand air des montagnes et de la liberté. Je rencontrais de nombreux amis dans cette ville, si vivante pendant la belle saison qui amène en Suisse, de toutes les parties du monde, des touristes et des peintres, si belle, si coquette toujours, au milieu des paysages qu'encadrent, toutes blanches de neige, les hautes Alpes, descendant par des gradins de verdure vers son lac aux eaux bleues.

Là, sur les bords du fleuve qui sort impétueux, bouillonnant, du paisible Léman, pour se précipiter vers la France, les départements voisins avaient envoyé un grand nombre de leurs proscrits. Il y avait, entre autres, du Rhône : Vincent Guillaume, voyageur de commerce, Bouchu, ingénieur civil, Boniface, nég^t (*m*) (1), Bourat, id. (*m*), Castel (*m*), commis, Rozy, Gudin, négociant, Mettra (*m*), etc. ; de l'Allier : Désestivaux, ancien avoué, Preveraud jeune, étudiant, Fagot, propriétaire, le docteur de Nolhac (*m*), — les deux derniers condamnés à mort par un conseil de guerre, — Pélassy (*m*), pharmacien, Maréchal, professeur, Enganel, Desmaisons, etc. ; du Puy-de-Dôme : Maçon, maçon, Chomette ; de la Haute-Loire : Morin ; du Jura : le docteur Pouxe, Jusserandot, journaliste, Javel, imprimeur, Darriez, pharmacien, etc. ; de Saône-et-Loire : Chevigny, tailleur, Guillemin, Dubief père, marchand de vin, Pernel, horloger, Doin (*m*), limonadier, Just-Pezerat, journaliste, Dimier, négociant, Vézinier, Lardy, Paul Meure, etc. ; de la Côte-d'Or : Duplaix, relieur, Tisserandot, journaliste, etc. ; de l'Isère : Lamorte, avocat, Barral, etc. ; de la Drôme : Chabas, charpentier, Patonnier, bottier, etc. ; de l'Ardèche : Volsycoste (*m*), Mason, médecin, Bonnot, comptable, Gravier, avocat, etc. ; de la Sarthe : Gérard, ancien membre du conseil général, Lapoussinière, propriétaire, Milliet, négociant, Silly, Prudent, officier de santé, Guyon, etc. ; du Doubs : Cochois, propriétaire ; de Paris : les deux Ranke, journalistes, Con-

---

(1) Les lettres *m* veulent dire : mort ; *r* : représentant.

stant Hilbet, Minor Lecomte, Charpentier ; de Vaucluse : Nègre, Coutel, conducteurs de travaux ; de la Loire : Bertier, pharmacien, Garassus, Chavoit, bijoutier, Catin, un des républicains condamnés en 1834 par la cour des pairs, etc.

———

Au milieu de ces réfugiés avec lesquels je venais faire connaissance, je retrouvais des concitoyens, de vieux camarades d'enfance et plusieurs de mes collègues, ayant, comme moi, laissé pour la Suisse leur pays de refuge. C'étaient : Jules Maigne, condamné du 13 juin, arrivant de Corté, d'où il était sorti après l'amnistie, Victor Duchamp, de Monistrol, Vimal-Lajarije et Fontmarcel, rédacteurs du journal républicain de Clermont, Hardy, propriétaire, d'Issoire, Kersausie, qui se faisait appeler Quercy et changeait souvent de résidence, Leygue, de Tarn-et-Garonne, ancien commissaire de la République, Belzevrie, notaire, forcé de vendre, bien au-dessous de sa valeur, son étude, la meilleure d'Arbois, où il a laissé, comme partout, les meilleurs souvenirs, les anciens représentants Étienne Arago, Charassin, Martin Bernard, Yell, Sommier (m), Ménand, Janot, Faure, Benoît, du Rhône, Agricole Perdiguier, Dulac, Malardier, Eugène Sue (m), Pascal d'Aix (m) et Flocon (m), qu'on ne connaissait guère, hors de la proscription, que sous le nom de Devise.

Les centres de réunions les plus suivis étaient le *Café de la Couronne*, la pension Mettra, la pension surtout de la rue du Vieux Billard, si bien tenue par l'excellente madame Lenzeler, et dont Barbès fut aussi quelque temps l'un des convives.

Parfois, le sac sur le dos, le grand bâton de montagne à la main, nous parcourions les cantons les plus pittoresques de la Suisse, faisant des ascensions sur les hauts sommets, et visitant les glaciers, les lacs, les cascades les plus renommés de ces contrées alpestres, où se mêlent la verdure et les neiges éternelles.

Alors, nous allions en passant visiter les amis que nous savions être sur notre route : Charras, à Bâle ; Chauffour, dans les environs de cette ville ; Marc Dufraisse et Challemel-Lacour, à Zurich ; Cantagrel, Versigny, Limaux, à Neufchâtel ; Rousseau, dans le Val-Travers, près du village où est né Marat ; Brukner, Pascal Duprat, Dubief, avocat, Duchêne (m), journaliste, Champseix, id. (m) ; Aubanel, à Lausanne ; Maire (m) et sa belle famille, dans une campagne baignée par le lac de Genève ; plus loin, à Veytaux, au milieu des rochers, des vignes, des arbres où J.-J. Rousseau a placé les scènes de la *Nouvelle Héloïse*, Edgard Quinet ; à l'extrémité du lac, le docteur Ordinaire et Fleurs ; à Saint-Gall, Léonce Fraisse, de la Meurthe ; dans son chalet d'Annecy, Eugène Sue.

En Suisse comme en Belgique, les proscrits étaient entrés, pour pouvoir vivre en travaillant, dans les carrières les plus diverses, celles qui souvent convenaient le moins à leurs aptitudes, à leurs occupations ou à leurs études antérieures.

A Genève, un petit groupe de vaillants démocrates s'associèrent pour faire marcher une imprimerie. Ces typographes étaient Vimal et Fontmarcel, journalistes, Duchamp, ex-notaire, Desmaisons, avocat, Ranke, étudiant en médecine, Guyon, ancien prêtre, un des seuls de cette profession qui, ayant jeté le froc aux orties, avait sincèrement adopté l'idée nouvelle, pour laquelle il avait été proscrit.

Ce que nos amis imprimaient surtout, c'étaient les ouvrages qu'ils écrivaient ou que composaient d'autres réfugiés. Ainsi, le petit établissement de la Corraterie publia l'*Histoire des Paysans*, de Benoît, du Rhône, travailleur érudit et consciencieux, quelques-unes des brochures de Malardier, racontant ses promenades dans l'Oberland avec ses élèves, ou lançant des pamphlets contre l'Empire, la suite de l'*Histoire populaire*, de Perdiguier, l'écrivain-ouvrier, une étude approfondie et fort instructive sur la question sociale, par Duchamp, des poésies démocratiques de Vimal, et le récit très-amusant, très-exact, conté par ce dernier, d'une excursion que nous avions faite lui, Hardy et mon frère, dans la vallée de Sixt.

Guillemin, officier, privé de son grade et exilé, donnait des leçons de dessin.

Plusieurs avaient pu reprendre leur ancien état.

Parmi mes collègues de l'assemblée, Faure était redevenu coutelier, Yell, brasseur ; mais Benoît avait ouvert une boutique d'épicerie, et Janot tenait un débit de tabac.

———

Les choses se passaient de la même manière, sans doute, dans toutes nos villes de refuge.

Ainsi, je trouvai, à La Haye, Charles Lagrange, déjà brisé par l'exil qui l'a tué, vendant des vins; à Gênes, Jourdan, ancien magistrat, et Lucet, avocat, de Toulouse, faisant distiller de l'asphodèle pour recueillir de l'alcool; en Angleterre, les représentants Valentin, lieutenant, Nadaud, ancien maître-maçon, Esquiros, littérateur, Duché et Cassal, avocats, professant dans le haut enseignement; à Barcelone, Mathé, le révolutionnaire émérite, fabriquant des dragées à la vapeur.

Dans cette ville qui, mieux qu'aucune autre cité d'Espagne, pouvait, avec sa magnifique promenade, la Rambla, le mouvement de son port, ses rues animées, sa population mêlée, rappeler la France aux proscrits, s'étaient réfugiés les républicains des départements voisins — les Pyrénées, l'Aude, la Garonne — entre autres, Raynal (*r*), Marcou, Rastoud, le docteur Barbieu, Homps, neveu de Joly.

Mathé, qui y résidait avec sa famille, avait failli être condamné à mourir de faim dans sa maison, comme Ugolin dans sa tour. La rue dans laquelle il demeurait ayant été, pendant une émeute, barricadée des deux côtés par les troupes et les insurgés, qui tiraient les uns sur les autres, les habitants se trouvèrent, durant un temps assez long, dans l'impossibilité de sortir pour aller aux provisions. Échappé à ce danger, notre ami tomba dans un autre. S'il ne fut pas dévalisé par les bandits qui détroussaient les passants aux portes de la ville, dans ces beaux temps d'absolutisme et de droit divin, où le brigandage florissait en Espagne et en Italie, il se vit volé, comme dans un bois, par les industriels qui exploitaient pour lui sa fabrique.

J'ai resté trop peu dans les divers pays que j'ai visités, pour savoir ce qu'y faisaient les proscrits, pour voir même quelquefois ceux que je savais y résider.

A Valence du Cid, la ville qui, comme Grenade la Moresque, si fière de son Alhambra, et Séville, la reine de l'Andalousie, se montre riante, parfumée, parée, au milieu d'une de ces oasis d'eau, de verdure, de fleurs, qu'on appelle une huerta (campagne arrosée), il y avait dans la petite colonie des exilés que je connaissais de nom : Cotte, avocat, du Midi, Chapou, du Lot-et-Garonne, le docteur Lacambre, qui s'était créé, en faisant de l'industrie et de la médecine, une belle position. Je n'en vis aucun.

A Madrid, je manquai également Xavier Durrieu (*m*), attaché à l'administration d'un chemin de fer en construction, Delmas, Duportal et Clédat, dont je n'avais pas les adresses. Poumarède n'y était pas encore ; mon ancien collègue Duputz venait d'en partir. Celui-ci, voyageant dans la Sierra-Morena, avait failli être enlevé par les brigands de la montagne. Comme les voleurs trouvèrent sur lui ce qu'ils appellent la rançon des voyageurs, c'est-à-dire une centaine de francs, il en fut quitte pour la peur. Ses compagnons de route, moins prudents et moins heureux, ayant trop bien caché leur argent, ou n'en portant pas assez peut-être, furent rudement bâtonnés par les bandits qui, dans ces cas-là, se disent volés. Un habitant du pays se vit contraint de suivre la bande, dans un de ces repaires où les voyageurs sont retenus prisonniers, jusqu'à ce qu'ils achètent à prix d'or leur liberté.

Je ne pus passer que quelques heures avec Aristide Pilhes (*m*) et Caussanel, de l'Aveyron, qui avait fondé avec succès une maison de banque à Madrid.

Le musée del Rey, rempli des chefs-d'œuvre de Vélasquez, de Ribeira, de Zurbaran et des grands peintres de l'école espagnole, dont le plus illustre, Murillo, règne sans rival à Séville ; la *Puerta del Sol*, rendez-vous des flâneurs, des fumeurs de cigarettes, des joueurs de guitare, des nouvellistes politiques et des caballeros ruinés, fièrement drapés dans leur manteau couleur amadou ; le Prado, promenade où vont, dans des équipages traînés par de superbes mules, les belles Madrilènes, coiffées de la mantille noire, jouer de l'éventail et de la prunelle ; au théâtre italien, un paradis peuplé de ces diables roses qu'on appelle les manolas ; dans les cafés, du chocolat exquis, un excellent orgeat glacé, fait avec des baies de *chuffas*, voilà les agréments que, sous le règne d'Isabelle la..... Catholique, offrait aux proscrits une ville alors sans eaux, sans arbres, sans commerce, sans industrie, où, dans les hôtels ordinaires, l'on mangeait des omelettes aux plumes et des mets préparés avec de l'huile rance, l'on buvait du vin qui sentait le bouc, et l'on couchait dans des lits déjà occupés par une nombreuse garnison.

Si je cherchais souvent des amis sur mon chemin, sans pouvoir les découvrir, il m'arrivait aussi parfois les rencontres les plus imprévues. En descendant du Righi, après avoir assisté à un magnifique lever de soleil, je me croisai, dans le chemin *creux*, où Guillaume Tell tua Gesler, le tyran de sa patrie, avec Servat, qui allait, lui aussi, admirer le splendide panorama que font autour de la montagne les lacs, les torrents, les vallées, les prairies encadrées par les blanches Alpes de l'Oberland.

Une autre fois, dans une gorge des Apennins que je parcourais en *vetturino*, je vis arriver à la porte de l'*osteria* où je déjeunais, une voiture découverte, traînée par un âne et chargée de bagages et de voyageurs. Quelle fut ma surprise en reconnaissant, sous le chapeau de paille à larges bords et la blouse grise du conducteur, Beyer, que j'avais laissé à Chambéry, où j'avais passé naguère une si bonne journée avec mes anciens collègues Combier et Guiter.

Beyer (du 13 juin), peintre et photographe de talent, était venu, voyageant, disait-il, comme la sainte famille, chercher des paysages, prendre des vues, dans ces sauvages et pittoresques contrées si chères aux artistes.

Quelques mois après, une bien autre aventure m'advenait. C'est dans le nez de Saint-Charles-Borromée que je retrouvais Étienne Arago, dont je n'avais pas eu de nouvelles de longtemps. Comme la Bavaria de Munich, œuvre de Schwanthaler, et Notre-Dame-du-Puy, faite avec des canons pris à Sébastopol, le Saint-Charles-Borromée, d'Arona, est une de ces gigantesques statues dans lesquelles on entre, je n'ose pas dire par quelle partie du corps, pour aller se nicher dans la tête. Étienne et moi, nous y étions montés presque en même temps. Heureusement pour nous, le bon saint n'éternua pas. Autrement, nous aurions été précipités de très-haut, par ses narines grandes comme des fenêtres, dans les eaux profondes de ce riant lac Majeur où se mire l'Isola Bella.

J'ai, du reste, revu Arago, expulsé de la Suisse française comme de la Belgique, à Gênes, à Turin, à Nice, partout où le hasard m'amenait. C'est en parcourant ainsi tant de beaux pays, que notre ami a cueilli cette corbeille de gracieuses poésies qu'il a offertes au public sous le nom de *Fleurs de l'Exil*.

Il est, au contraire, un autre de nos amis qui semblait fuir devant moi, sans qu'il me fût possible de l'atteindre : c'est Armand Barbès, que les gouvernements ont forcé de quitter tous les lieux où il aurait voulu passer les jours de son exil volontaire. Depuis le moment où je le laissai détenu à Doullens, je ne l'ai plus revu.

En Allemagne, il y avait peu de réfugiés politiques. A Francfort, Hibruit rédigeait un journal français. D'Heidelberg, Seinguerlet envoyait à la presse démocratique de Paris ses intéressantes correspondances. Dans cette ville, célèbre par son université, ses promenades dans les bois de la montagne, les ruines grandioses de son château, habite encore, avec sa jeune famille, mon vieil ami Jules Maigne ; il y donne des leçons d'histoire et des conférences littéraires, avec le succès que doivent partout lui assurer de fortes convictions, l'élévation de l'esprit, un grand savoir, une parole éloquente.

Les grandes capitales étaient fermées aux républicains français, proscrits par l'homme que les peuples et les princes de la Confédération germanique regardaient, alors pourtant, comme l'ennemi commun.

Je pus néanmoins pénétrer sans obstacle dans ces villes si bien gardées : Vienne, qui par ses monuments, ses traditions, sa vieille, cité, l'esprit de sa population, comme par sa passion pour la musique, la poésie, la danse, les aventures galantes, la choucroute et la bonne bière, est la véritable capitale de l'Allemagne savante, philosophe et amoureuse, tout à la fois, de rêverie, de plaisirs, de liberté ; Berlin, où tout est aligné, réglementé, d'une beauté froide, raide, compassée ; Dresde, que, comme Parme, le Corrége a illustré de ses plus belles œuvres ; Munich, dont des peintres, des sculpteurs, des architectes célèbres ont fait avec tant d'habileté un pastiche d'Athènes ; Nuremberg, patrie d'Albrecht Dürer, la ville qui, avec ses trois cents soixante-cinq tours couronnées de lierre, ses maisons de bois et de pierre, à étages surplombants, ses rues tortueuses, se montre telle que le moyen âge l'a faite ; Prague, la bohémienne, bâtie, comme Rome, sur sept collines, peuplée de couvents et d'églises et ayant pour capitole le Hraschin, ce palais légendaire, empli de saints, de rois, de reines couchés dans leurs tombeaux, et qui reçut le vieux roi Charles X, chassé de France par la Révolution.

A vrai dire, j'allais partout, même dans la France, que je traversai dans un de mes voyages pour éviter un long parcours, muni du passe-port d'un ami que rien n'empêchait de visiter l'Europe.

Le signalement couché sur ce papier ne ressemblait en aucune manière au mien ; mais comme j'avais soin de le faire zébrer des visas, légalisations, signatures et timbres nécessaires pour que les légations eussent ce qu'elles voulaient : de l'argent, je ne courais aucun danger et ne risquais pas de me voir arrêter en route.

Dans ces temps où l'on exigeait des passe-ports, — que les voleurs et les banqueroutiers se procuraient plus facilement, d'ailleurs, que les proscrits, — les douaniers, les gendarmes, les policiers de tous les pays ne regardaient qu'une chose : les hiéroglyphes administratifs dont chaque Etat illustrait, en les faisant payer passablement cher, les laissez-passer des voyageurs. Jamais, à moins de cas exceptionnels, on ne confrontait le signalement du passeport avec celui du porteur. Un des nôtres, Mathieu, d'Epinal, qui avait une jambe de bois, ayant dû, pour une affaire d'honneur, aller en Hollande, d'Angleterre où le duel est défendu sous peine de déportation, quelquefois de pendaison, ne put se procurer qu'un permis de voyager sur lequel il y avait comme signe particulier : *Cicatrice sur la tempe gauche!* Il n'en fit pas moins son excursion sans encombre.

Voilà à quoi servaient les passe-ports, qui sont supprimés maintenant presque partout, au grand avantage des gens voyageant pour leur plaisir ou leurs affaires. L'abus des formalités fiscales ayant disparu, on fera pourtant bien de ne pas trop s'aventurer encore dans les pays étrangers, sans être pourvu de papiers constatant sa nationalité, son identité. On risque d'être confondu, sans cela, à l'occasion, avec des réfugiés non politiques ou des touristes de contrebande.

———

Ce qui, plus encore que la nécessité d'avoir des passe-ports en règle, rend les voyages moins agréables ou moins profitables qu'ils ne devraient l'être, c'est la difficulté de comprendre les habitants des pays où l'on est, et de s'en faire comprendre.

Si, au lieu de bourrer les écoliers de grec et de latin, on leur apprenait à bien parler quelques langues vivantes, cela leur serait beaucoup plus utile, et les relations internationales y gagneraient de toutes manières. Jetés dans des pays dont ils ne pouvaient point comprendre les habitants ni en être compris, les proscrits du 2 décembre ont su, par une rude expérience, quelles difficultés il y a à trouver à vivre en travaillant, lorsque sur la terre d'exil on n'a, pour se tirer d'affaires, que son patois ou son bagage scolastique. Combien, s'ils avaient pu parler allemand, anglais, italien, ou espagnol, auraient échappé aux privations, à la nostalgie, à la misère !

Sous ce rapport, les peuples du Nord sont plus avancés que les autres. Dans les classes riches, instruites, commerçantes, beaucoup connaissent plusieurs langues. Le français, principalement, est répandu partout. Cela est une excuse pour notre paresse ou notre ignorance. Trouvant, où que nous allions, dans les hôtels et parmi les guides au moins, quelqu'un qui peut nous servir d'interprète, de truchement, nous sommes moins embarrassés que les étrangers voyageant en France, et nous croyons ne pas avoir besoin de savoir autre chose que le français. Il n'en est pas moins vrai que nous nous exposons ainsi à bien des mécomptes, et perdons beaucoup à être privés de la conversation des gens que nous allons voir chez eux.

Avec nos patois provençaux et languedociens, qui se rapprochent, par bien des côtés, de l'espagnol et de l'italien, nous pouvons nous mieux tirer d'affaire, en parcourant le midi de l'Europe. Il ne faut pourtant pas s'y fier. En Italie, spécialement, les dialectes sont si nombreux, que le patois, parlé d'ailleurs maintenant par bien peu de touristes, servirait seulement dans quelques localités de la frontière.

Sur cette terre d'Italie où fleurit l'oranger, les plus belles contrées étaient, avant Solferino, gardées, comme le jardin aux pommes d'or des Hespérides, par des dragons du pape, de l'empereur d'Autriche, des grands et petits ducs. Ils en défendaient l'entrée aux exilés. Rome, la cité des grandes ruines et des grands souvenirs, où repose le divin Raphaël au milieu de ses chefs-d'œuvre ; Florence, la patrie de Dante, de Michel-Ange, de Galilée, de Machiavel, Florence, que la nature a couronnée de fleurs, que l'art a embellie, avec amour, de toutes ses magnificences ; Naples, la lascive Italienne, dormant, au pied du Vésuve, sous une draperie de lauriers roses et d'orangers, bercée par le murmure des vagues qui caressent les vertes rives de sa splendide baie ; Venise la belle, avec ses jeunes filles aux yeux noirs et aux cheveux dorés, son peuple brun de gondoliers, ses rues étroites où il ne passa jamais ni voiture, ni cheval, ses larges canaux dans lesquels trempent leurs pieds de marbre les palais que Titien, Véronèse, Tintoret ont remplis de leurs admirables peintures ; Milan, dont la cathédrale de marbre blanc est gardée par une armée de statues, et où Léonard de Vinci a laissé sa *Cène*, étaient pour nous, proscrits, des villes défendues.

Le Piémont seul restait ouvert à tous. Turin, si fier, lorsqu'il était capitale, de ses larges rues alignées et se coupant à angles droits, de ses hautes maisons neuves, ornées de balcons à toutes les fenêtres ; Gênes, la superbe, dont les palais en marbre de couleur sont devenus des musées, avaient donné asile à quelques réfugiés qui y étaient venus, après que le gouvernement de Victor-Emmanuel eut renoncé aux expulsions si libéralement octroyées dans le principe.

———

C'était surtout à Nice qu'était le noyau principal des républicains du Var, des Basses-Alpes, de Vaucluse, échappés aux razzias, aux arrestations, à la suite desquelles plus de quatre mille citoyens avaient été jetés à Cayenne ou en Afrique.

La plupart appartenaient aux classes agricoles de ce Midi soulevé partout contre le coup d'État, mais vaincu et désarmé, parce que le mouvement n'avait pu être ni bien organisé, ni bien dirigé.

Ces proscrits, du moins, n'étaient séparés de la patrie que par un fleuve facile à franchir, et sur la rive étrangère, ils trouvaient baignée par la mer aux eaux bleues, abritée contre le mistral par un hémicycle de collines et de montagnes s'élevant en gradins, vers les Alpes, une ville entourée de bosquets d'oliviers et de pins, assise au milieu de jardins où les violettes, les roses, les tubéreuses, les jasmins s'épanouissaient sous le dôme des orangers et des citronniers toujours verts, toujours chargés de fleurs et de fruits ; une ville digne d'être la capitale de ces belles Provençales : Grasse, Antibes, Fréjus, Cannes, Hyères, qui s'étalent riantes et parfumées sur le littoral de la Méditerranée.

Nice faisait alors partie du Piémont, qui devait la sacrifier plus tard, pour prix de l'intervention française en Lombardie.

La majorité des habitants, depuis surtout que la réaction avait triomphé dans notre patrie, étaient attachés de cœur à la nationalité italienne. Cependant, par sa situation, son sol, son climat, ses produits, sa cuisine à l'ail, comme par la physionomie, l'idiome, le caractère de sa population, Nice était restée à demi-provençale ; les bannis pouvaient encore s'y croire dans la patrie, mais dans la patrie libre, sans les douceurs de l'état de siége et les agréments du despotisme.

Il y avait bien, sur les bords du Pallion, une gent grenouille, barbottant dans l'huile et la pommade, qui trouvait Victor-Emmanuel un roi soliveau et appelait une grue bien disposée à la croquer ; mais Napoléon était généralement détesté. Les proscrits ne s'en trouvaient que mieux.

Dans une ville où abondaient les étrangers désireux de se chauffer l'hiver, au soleil, sous un ciel plus beau que le leur, et les malades que les médecins y envoient, lorsqu'ils ne savent plus qu'en faire, les réfugiés n'avaient pas des moyens bien variés de se faire une occupation lucrative.

Comme partout, les médecins, les avocats, les avoués : Cotte, Cure, Sarmet, Barbaroux, Pastorel, durent attendre, les bras croisés, l'heure du retour dans la patrie. Le docteur Barbaroux, qui est resté le dernier à Nice, donna ses soins aux proscrits malades, avec le dévouement qu'on pouvait attendre d'un républicain comme lui. La petite colonie lui en témoigna sa reconnaissance, en lui offrant une médaille où étaient gravés les remercîments de ses compagnons d'exil.

Après un court apprentissage, les ouvriers, les cultivateurs étaient entrés dans l'industrie agricole. Cyrille, Blanc, Iseurat, Icard, etc., travaillaient dans les distilleries d'huile et de fleurs; Martin faisait de l'horticulture dans un jardin qui, sans avoir la réputation de celui d'Alphonse Karr, l'exilé volontaire, dont les fleurs se vendaient si cher à Paris, était bien entretenu, bien garni. D'autres réfugiés entrèrent dans des carrières diverses. Achard et Reynaud montèrent des institutions qui eurent bientôt de nombreux élèves ; Altair vendit aux amateurs des tableaux et des antiquités qu'il avait réunis dans une espèce de musée ; Allemand, chapelier, les coiffa.

Au milieu du groupe provençal, s'étaient comme égarés quelques proscrits de départements plus éloignés : Gervazy, Ventajoux et Chevalier, de l'Hérault, Dubordier, de Tours, mécanicien habile, qui s'était bientôt fait jour; Richot, d'Aix, Leygue, de Castel-Sarrazin, le meilleur des hommes, le plus dévoué des amis, que j'ai pu surtout apprécier à Genève, où je l'ai retrouvé donnant une éducation républicaine à ses trois fils aînés, dont il voulait faire des marins ; Reynard (de l'Yonne), le doyen des proscriptions de Genève et de Nice. Celui-ci passait ses étés dans la première de ces villes, ses hivers dans la seconde; combinaison que doivent adopter ceux qui, n'étant pas attachés au sol par la famille ou les intérêts, veulent exprimer de chaque saison, si on peut ainsi parler, ce qu'elle a de plus beau, de plus agréable.

Elzéar Pin, de Vaucluse, ancien constituant, était arrivé sain et sauf sur cette terre de refuge, grâce à M. Fruchier, beau-père de Madier-Montjau, qui l'avait en quelque sorte arraché aux mains des gendarmes. Il consacrait ses loisirs à la poésie, et avait composé un recueil de chansons politiques, dans le genre de celles de Béranger, mais démocratiques et que nous espérons voir enfin publier, lorsqu'on sera libre de les chanter.

Je rencontrai enfin sur cette plage paisible et riante trois de mes vieilles connaissances : Démosthènes Ollivier, toujours aussi expansif, aussi exalté, Servat, de plus en plus mystérieux et silencieux, et Boysset, représentant de Saône-et-Loire, arrivé depuis peu d'Espagne.

Ils occupaient des maisons modestes, louées peu cher, car ils les avaient depuis l'été, — saison qui met en fuite les étrangers, — mais admirablement situées, au milieu des orangers, en plein midi, ayant suivi en cela le conseil du proverbe italien qui dit : Là où le soleil n'entre pas, le médecin entre.

Je pris une chambre et me mis en pension chez mon ami Boysset, qui avait près de lui son jeune fils Émile et sa femme. Boysset, qu'à l'Assemblée on disait avoir une certaine ressemblance avec Robespierre, était un républicain de son temps, démocrate, socialiste, ayant l'amour de la famille comme celui de la patrie. Il voulait donner ses principes à ses enfants; aussi bien, l'un de ses plus cruels tourments était de ne pouvoir surveiller l'éducation de ses jeunes filles, confiées, en France, à une tante dont les opinions religieuses lui inspiraient d'assez vives inquiétudes. Supportant avec une grande résignation la mauvaise fortune, sa femme faisait toute seule le ménage, confectionnait ses vêtements, même ses chaussures. Elle savait, en même temps, rendre gaie et douce à tous les siens la vie d'exilé.

Bien souvent, du haut du Mont-Gros, dont les gazons sont émaillés de violettes et d'anémones, les pentes ombragées d'oliviers au feuillage pâle et triste, de chênes et de pins d'un vert sombre, nous venions tous ensemble saluer la terre de France qui nous apparaissait, souriante, vers Antibes, avec sa ceinture de flots bleus, frangée de blanche écume.

Parfois, faisant des excursions plus longues, nous allions manger de la *bouillabaisse* au promontoire de Saint-Jean, ramasser sur les coteaux des pommes de pin pour notre provision de chauffage, ou grimper sur le rocher d'Essa, qui, portant sur sa tête décharnée un village et un château en ruines semblables à des nids d'aigles, voit à ses pieds sortir de la mer un jardin, où viennent en pleine terre les produits des tropiques. Par une belle journée d'hiver, nous poussâmes même jusqu'à Monaco, la principauté qui tient, tout entière, dans un plat de pierre posé sur un écueil entouré d'eau, et dont le souverain est gardé par une garnison de dix hommes. Nous y avions été en bateau, nous en revînmes à pied, avec Boysset, par la route de la Corniche, pour mieux voir une côte accidentée, que celle de Sorrente à Amalfi, avec sa luxuriante verdure, ses forts démantelés, ses rochers dentelés, ses vallées ombreuses, surpasse seule en pittoresques beautés.

C'est pendant mon séjour à Nice que j'ai vu pour la première fois Garibaldi, né dans cette ville, dont est un des glorieux enfants, aussi, Masséna, qui, commandant une armée de la république, sauva, à Zurich, la France de l'invasion. Garibaldi y était venu, après la prise de Rome, se reposer et attendre les événements, dans une petite maison située au milieu d'un jardin, sur les bords de la mer.

Chasser l'Autrichien du sol sacré de la patrie, faire *une* l'Italie ayant Rome pour capitale, voilà ce qui, plus que les questions de formes, de principes, préoccupait le vaillant capitaine, assez disposé alors à accepter, d'où qu'il vînt, le secours de la force mise au service du droit.

Celui qui devait donner les royaumes de Naples et de Sicile à la jeune Italie, espérait déjà que son pays serait bientôt indépendant et libre; mais il ne prévoyait pas que sa ville natale serait, à ce moment, détachée de la patrie italienne, abandonnée à la France, et qu'il ne serait plus, au milieu de ses concitoyens, qu'un étranger. S'il avait cru cela possible, ce n'est sans doute pas pour Victor-Emmanuel, son roi galant homme, qu'à la tête des mille de Marsala il aurait chassé les Bourbons de leurs États.

A Londres, j'avais été présenté à Mazzini et à Kossuth, ces deux grandes figures de notre époque, où il y a tant de petits hommes.

L'exil m'a donc au moins été utile de plus d'une manière. Il m'a fait visiter des pays et connaître des amis politiques, étrangers ou Français, dont il me reste, à l'heure de la méditation et du repos, un souvenir ineffaçable. Je ne regrette qu'une chose, c'est de n'avoir pas franchi l'Océan, pour aller étudier les institutions et les mœurs des États-Unis de la jeune Amérique. Mais, je l'avoue à ma honte, j'ai redouté les ennuis et les fatigues d'un long voyage en mer, ayant appris par expérience, dans de courtes traversées, combien l'on goûte peu les agréments du voyage, quand on n'a ni le pied, ni l'estomac marins.

Beaucoup de nos amis ont été plus courageux, plus hardis que moi ; rien ne les a arrêtés dans leur marche vers l'inconnu.

A cette époque, en effet, il y avait presque dans tous les coins du monde des représentants de la proscription. Ceux-ci, allant droit devant eux, pèlerins de la liberté, s'étaient arrêtés là où ils espéraient pouvoir vivre à l'abri des dangers, des besoins, des ennuis qu'ils laissaient derrière eux. Beaucoup y ont trouvé le repos, mais le repos éternel.

Indépendamment des exilés que nous venons de nommer et de ceux qui étaient restés en Europe, voici où étaient alors et ce que faisaient quelques-uns de nos amis.

A Rio de Janeiro, Ribeyrolles, le brillant rédacteur en chef de *la Réforme* et de *l'Homme*, écrivait les *Filles de Séjan*, admirable livre, fermé avant la fin par la mort de l'écrivain, et qu'on n'a pas édité. Avec Front, photographe, en qui on a toujours voulu voir le fameux pompier du 15 mai, il publiait le *Brésil illustré*, ouvrage dont le texte et les dessins ont fait si bien connaître le beau pays que l'esclavage flétrit encore et empêche même de prospérer.

A côté d'eux, Chomette (de Thiers) et Duhamel s'occupaient de commerce.

Dans le Chili, dont un de mes vieux amis d'enfance, Aimé Pissis, vient de faire la carte, d'une manière si remarquable, qu'Élie de Beaumont a appelé mon compatriote le Cassini de l'Amérique du Sud ; à Valparaiso, Boch (du 13 juin), exilé volontaire, avait créé une agence d'affaires. Gent, en sortant de Noukahiva, où il avait été emprisonné avec Longomazino et Odde, vint aussi dans ces parages, qu'il abandonna bientôt.

Dans le Venezuela, Avril, l'un des condamnés du 13 juin, disait, dans un volume plein de détails intéressants, qu'Hetzel vient d'éditer avec un grand luxe, les impressions d'un proscrit au milieu des forêts vierges. Dubreuil y étudiait les mœurs et les institutions du pays.

A la Nouvelle-Orléans ou dans ses environs, notre ancien collègue Lafon et le docteur Lachamp (de Thiers) s'étaient fait une excellente clientèle. Lachamp se disposait à appeler sa famille près de lui, lorsque la fièvre jaune, qu'il prit en soignant ses malades, l'enleva en quelques heures.

Jules Reusse, cuisinier, échappé de Cayenne, tenait un restaurant à Paramaribo, dans les possessions hollandaises.

A Montevidéo, Quentin (du Nord), journaliste, actuellement l'un des rédacteurs du *Réveil*, et Pénaut (de Paris), donnaient des leçons. Ils voyaient tomber, à côté d'eux, Jacques, professeur distingué de l'École normale, et Dutheil, un des chefs des paysans du Midi soulevés en décembre.

Non loin de là, Auguste Bravard (d'Issoire), géologue intrépide, ayant volontairement quitté la France, autant par haine du despotisme que par amour de la science, périssait dans une ville du même État, écrasé sous les ruines causées par un tremblement de terre dont il voulait étudier les effets.

Jules Bravard, du Puy-de-Dôme, ancien conseiller de préfecture sous la République, à Clermont-Ferrand, était allé chercher en Australie, non pas de l'or, mais une occupation appropriée à ses aptitudes, à ses goûts; il dut, en arrivant, pour se tirer d'embarras, prendre un métier de manœuvre, et gagner à la sueur de son front la subsistance du jour.

Au Mexique, le docteur de Nolhac (du Puy-de-Dôme) faisait de la médecine avec un succès qui l'aurait attaché à Mexico, si le mal du pays ne l'avait forcé à se rapprocher de la patrie. Il vint à Genève, où il a été enlevé par un cancer à la langue, gardant jusqu'au bout, au milieu des plus cruelles douleurs, son courage comme sa foi politique. Lefebvre, membre du comité socialiste de Paris, avait créé dans la même République un journal français que la néfaste invasion de l'étranger a balayé avec lui du sol américain. Forcé de se réfugier à Londres pendant l'occupation napoléonienne, il n'en a pas moins continué à défendre avec beaucoup d'énergie la cause de l'indépendance mexicaine et de la justice.

L'ouvrage qu'il vient de donner sur l'intervention française, abonde en documents importants.

Peuméja, de Cahors, journaliste, rédigeait un journal à Bucharest.

Un des frères Terrier, du Donjon, condamné à mort, dans l'Allier, faisait du commerce en Californie.

Antide Martin, de la Loire, vieux républicain que la Cour des pairs avait déjà voué à la déportation en 1834, s'était exilé dans l'un des ports de mer de l'Amérique du Sud, pour y ouvrir un comptoir.

Les proscrits avaient même pénétré jusqu'en Chine : de Genève, Sallabel était parvenu, d'étapes en étapes, jusque dans une des villes de l'empire du milieu, et il y fonda un établissement commercial.

IV

ENCORE L'HOSPITALITÉ BELGE.

Avec les graciés et les émigrants, la Belgique perdit aussi les républicains bannis de France, par les commissions mixtes, pour un certain nombre d'années, et qui rentrèrent après avoir fait leur temps d'exil.

Le gouvernement belge n'était pas satisfait de tous ces départs volontaires. Il força à quitter la Belgique ceux de nos amis qui, dans sa pensée, pouvaient porter ombrage à son voisin d'outre-Quiévrain, et sur lesquels on faisait pleuvoir le plus d'accusations menaçantes ou calomnieuses. Tous les prétextes furent bons pour motiver les arrêtés royaux d'expulsion contre les réfugiés dont on voulait se débarrasser. On expulsa le colonel Charras, parce qu'il agissait trop; Étienne Arago, parce qu'il écrivait trop; Ch. Lagrange, parce qu'il parlait trop.

Pour ne pas aller, avec une escorte d'honneur à Ostende, route d'Angleterre, pays où on aurait bien voulu les envoyer promener, nos amis, avant que l'arrêté ne fût mis à exécution, entrèrent par le plus court chemin en Hollande. Ils y furent tous bien accueillis; mais bientôt Étienne Arago et plus tard Charras quittèrent La Haye pour la Suisse.

Edgard Quinet s'y était rendu de Bruxelles, volontairement mais non sans motifs. Sa femme et lui voulant, pour raison de santé, respirer l'air vivifiant de la mer, il avait prévenu l'administrateur de la sûreté publique que son intention serait d'aller passer quelques jours à Blankenberghe. Sur le refus de M. Verheyen, trop méticuleux pour permettre une pareille licence, il fallut qu'un conseil de ministres levât l'interdit. Seulement, sur les bords de cette sombre mer du Nord où il avait été se reposer, se recueillir, le proscrit restait sous la surveillance des gendarmes qui, à son insu, venaient, dans son hôtel même, prendre chaque jour des renseignements sur ses faits et gestes.

Devinant, aux regards effarés que les plus huppés de l'endroit jetaient sur lui, à la promenade, qu'on le prenait pour un repris de justice, notre compagnon d'exil en chercha la cause. Dès qu'il l'eut connue, il avait abandonné Blankenberghe et la Belgique.

Plus que jamais, ensuite, la Belgique fut entourée d'un cordon sanitaire. Les ordres les plus sévères furent donnés, les mesures les plus rigoureuses prises pour qu'aucun homme politique ne pût franchir la frontière sans être possesseur d'un passe-port bien en règle et visé d'une manière toute spéciale par l'ambassadeur belge à Paris.

Eugène Sue ne put point obtenir l'autorisation de passer quelques jours en Belgique, où il voulait venir voir ses amis. Il n'était lui, pourtant, sur aucune liste de proscription ; et son *Juif errant*, ses romans anticléricaux étaient très-applaudis par tout le parti libéral. Les catholiques habitants de la petite ville où vécurent saint François de Salles et Marie de Chantal furent plus hospitaliers. Ils firent à notre ami, sur les bords de leur lac d'Annecy, une douce et tranquille retraite, et lorsque l'exilé, mort en libre penseur, les quitta pour toujours, ils accompagnèrent jusqu'au cimetière de la ville son convoi, sur le passage duquel les populations des campagnes voisines étaient venues faire la haie.

Les réfugiés tolérés en Belgique qui sortaient du royaume sans en demander la permission, ne pouvaient eux-mêmes plus rentrer. C'est ce qui me serait arrivé si je n'avais, au retour d'un long voyage, traversé la frontière avec le passe-port d'un Belge. L'administrateur de la sûreté publique fit la grimace en me revoyant, mais il me laissa tranquille. J'avais eu soin, bien entendu, de ne pas dire comment j'étais revenu au bercail.

Alors cependant le gouvernement de Léopold n'avait plus à craindre l'invasion de hordes menaçant la propriété belge, le travail belge, la religion belge, la royauté belge. Les arrivants étaient des réfugiés connus, isolés, contre lesquels il n'existait souvent même pas de décret d'exil, d'arrêt de condamnation.

Les ministres faisaient de l'art pour l'art.

Parmi le petit nombre d'élus qui n'avaient pourtant pas été appelés, Proudhon et Pascal Duprat sont les seuls que nous croyons avoir été admis sans opposition.

Proudhon, condamné en France pour un ouvrage anticlérical, et que l'on croyait devoir continuer, en Belgique, sa guerre contre le parti prêtre, ne pouvait être, sans qu'on jetât les hauts cris, repoussé par le libéralisme officiel. Chez Pascal Duprat, l'économiste couvrait l'auteur des *Tables de proscription*. Duprat put même bientôt donner dans la Belgique des conférences sur le libre échange. Par sa grande érudition, son élocution facile, élégante, il devint l'un des principaux propagateurs de la ligue réformiste.

Quelques réfugiés se glissaient bien de temps en temps, sans papiers, à travers les fentes de la frontière, et, comme Combier, représentant, Janot, ancien rédacteur de l'*Émancipation* de Toulouse, ils restaient cachés à Bruxelles, sans se déclarer, sans donner signe de vie ; mais la situation était peu agréable, et ils abandonnaient vite la place, pour ne pas être prisonniers volontaires dans l'exil.

D'autres se laissaient prendre au gîte.

Attibert s'était échappé de Cayenne, en bravant des dangers de toutes sortes. Après un court séjour en Amérique, puis en Angleterre, il avait traversé sans encombre les lignes de la douane belge. A Bruxelles, il vivait très-retiré, composant l'ouvrage où il a fait le récit navrant des souffrances, des tortures, que ses compagnons de captivité et lui ont eu à supporter, au milieu des marais empestés dans lesquels le proscripteur avait envoyé ses victimes mourir par les maladies ou les mauvais traitements.

Le livre, composé et publié, l'auteur fut immédiatement découvert par la police et expédié en Angleterre.

Revenu, quelques mois après, pour régler ses affaires avec l'imprimeur, Attibert fut arrêté et condamné, pour rupture de ban, à trois mois de prison, qu'il fit aux Petits-Carmes, prison où les détenus politiques sont confondus avec les voleurs et les assassins. Un autre Français, Baujoin, rédacteur du *Bien-être social*, s'y trouvait déjà pour le même motif, ayant été expulsé à cause de son journal.

Presque à la même époque, Morel, ancien instituteur, qui vendait des journaux dans le passage et donnait aux ouvriers des leçons qu'on trouvait trop démocratiques, subit un traitement semblable, après avoir été calomnié à la tribune par le ministre Tesch, qui voulait le faire passer pour un réfugié non politique.

―――

Maradeix était venu de Londres chercher en Belgique les moyens d'employer, pour le repiquage des limes, un procédé qu'il avait inventé et croyait pouvoir être d'un grand avantage dans l'industrie. Il passait ses journées à travailler, aspirant des miasmes toxiques qui altérèrent gravement sa santé, et ne sortait que le soir, pour rester quelques instants avec nous, au petit café de madame Henri.

Un jour, nous étions là plusieurs, lorsqu'un monsieur très-poli vint lui dire qu'on le demandait à la porte. Notre ami sortit et ne revint plus. Inquiets, nous fûmes aux informations; nous apprîmes bientôt que Maradeix avait été conduit, par des agents de police, à l'Amigo, où il passa la nuit sur un grabat.

Le lendemain, Labrousse et quelques autres personnes obtinrent qu'on mît en liberté le proscrit, coupable d'être rentré dans un pays d'où on l'avait, après le coup d'État, forcé de partir; il put ensuite résider à Bruxelles, pendant le temps nécessaire à ses expériences.

Maradeix était ce maire de Beaumont qui, sous le coup d'une condamnation à la transportation, alors qu'il devait se cacher avec soin, en attendant une occasion favorable pour quitter l'Auvergne, fut audacieusement, en plein jour, mettre un *non* dans l'urne ouverte pour le plébiscite destiné à consacrer le coup d'État.

Pourchassé bientôt par plusieurs compagnies de la garnison de Clermont mandées en toute hâte, Maradeix avait passé par miracle, sain et sauf, sous la grêle de balles que les soldats tiraient sur lui, en le poursuivant dans les rues et jusque sur les toits.

Avec un dossier pareil, l'ancien maire républicain devait être considéré en Belgique comme un grand malfaiteur. Il était même si compromettant, qu'un de ses compatriotes, pour s'être intéressé à lui, faillit être compromis. Silvestre, du Puy-de-Dôme, était venu à Bruxelles faire la *commission* pour de grandes maisons commerciales de France et d'Angleterre. Il y était estimé des Belges comme des proscrits; il n'avait rien donc à démêler avec la police. Aussi fut-il fort surpris de voir, un beau matin, deux estafiers venir le prendre pour le conduire près de l'administrateur de la sûreté publique, en ne lui permettant même pas de se rendre seul dans le cabinet de ce magistrat. Son crime était d'être allé voir Maradeix en prison ! Toutefois on n'osa pas motiver sur un fait de cette nature, le mandat d'amener illégalement lancé contre lui. M. Verheyen donna pour prétexte de cette comparution forcée, qu'on cherchait un Sylvestre venu d'Angleterre ou devant en venir. Il savait fort bien probablement que ce Sylvestre-là ne devait arriver que le 31 décembre, et qu'il le trouverait dans le calendrier.

Alors, du reste, toute absence, toute démarche, toute réunion suspecte à l'autorité, étaient matière à dénonciations ou à vexations policières. La cherté des denrées alimentaires ayant provoqué une émeute à Liége, Joubert fut accusé d'être un des principaux perturbateurs. Lui qui n'avait jamais joué de sa vie... sur les grains, et que la hausse ou la baisse... des pommes de terre n'empêcha en aucun temps de dormir, il dut faire constater, par acte notarié, que le jour coté en la plainte, comme on dit au palais, il se trouvait à Spa et n'était pas sorti de la Redoute.

Ce fut une querelle d'un autre genre qu'on cherchât à Burgard. Notre collègue, ayant beaucoup de famille et peu de revenus, n'avait trouvé aucune occupation lucrative à Saint-Hubert, où il avait été interné. A bout de ressources, il vint à Bruxelles, sans autorisation, demander au travail les moyens de nourrir lui et les siens. Par l'entremise d'Étienne Arago et de Dupuichaud, il put être nommé inspecteur d'une compagnie d'assurance dans les Ardennes. Au moment où il se disposait à regagner, joyeux, les montagnes dans lesquelles le gouvernement l'avait d'abord envoyé, il reçut ordre de rester à Bruxelles, qui lui avait été fermé jusque-là. La police belge voulait, on l'eut dit, faire de l'internement un *carcere duro*, où l'exilé était condamné à mourir de faim. Ajoutons, toutefois, que grâce aux protestations indignées d'Arago, l'ordre fut ensuite révoqué.

—————

Des mesures plus étranges encore, si c'est possible, et qu'on ne sait comment qualifier, furent prises contre d'autres Français; ceux-ci étaient républicains sans doute, et des meilleurs, vieux repris de justice monarchique, il est vrai, et que d'anciennes condamnations à la prison, à la déportation, rendaient suspects. Mais ils n'étaient point en rupture de ban, ni poursuivis pour le plus petit délit. Ils venaient habiter librement, volontairement la Belgique, parce qu'il ne leur plaisait pas de vivre en France, et ils sortaient des prisons d'État par la volonté de Louis-Napoléon.

C'étaient Armand Barbès et F.-V. Raspail; le gouvernement belge leur interdit son royaume.

Sur la terre étrangère, les exilés pouvaient repousser dédaigneusement, les faveurs impériales qu'on leur lançait des Tuileries sans même crier gare. Il n'en était pas de même pour les prisonniers; les portes des cachots ouvertes, les protestations les plus énergiques étaient inutiles : il fallait devenir libre malgré soi, partir, l'indignation et le regret au cœur, en laissant ses amis aux mains des geôliers.

Barbès d'abord, Raspail ensuite, avaient été ainsi, sans qu'on tînt compte de leurs résistances, de leurs protestations, enlevés de leurs cellules de Belle-Ile et séparés de leurs compagnons de captivité.

Pour se donner de la popularité, Louis-Napoléon, lorsqu'il n'y vit aucun danger, voulut jouer à l'*Auguste*. En parodiant le fameux vers de Cerneille :

Soyons amis, Cinna, c'est moi qui t'en convie.

Il espéra, sinon se rallier les deux vaillants combattants, rendus à la liberté malgré leur volonté, au moins faire croire au peuple qu'il était assez fort pour *faire grand*, et assez habile pour que ses ennemis déclarés subissent silencieusement, dans l'empire, son pouvoir consolidé par la guerre de Crimée.

Barbès et Raspail n'étaient pas des Cinnas ; ils ne voulaient pas respirer, un seul jour, cet air de la liberté qui pour eux était celui de la servitude, et Paris ne fut pas dupe de la comédie renouvelée des Césars.

A peine sorti de prison, tout malade qu'il fût, Barbès se hâta de quitter la France. Le sachant à Paris, Colard était accouru chez lui; il l'avait vivement engagé à aller habiter Bruxelles, convaincu que notre ami pourrait y rester sans être inquiété, s'il parvenait à traverser la frontière, fermée alors à tous les condamnés politiques, anciens ou nouveaux.

Barbès était parti muni du passe-port de Colard ; celui-ci, abandonnant ses affaires, l'accompagnait, sous un autre nom, avec sa nièce. A Quiévrain, première station de la douane belge, pendant la visite des bagages, plusieurs voyageurs reconnurent Barbès, dont on ne peut oublier la mâle et expressive figure quand on l'a vue. Quelques-uns prononcèrent son nom à haute voix en le désignant. Le gendarme chargé de l'inspection, venant de lire le passe-port dont était porteur Barbès, s'approcha de celui-ci et lui dit d'un air jovial : « Ces farceurs croient me faire aller ; ils prétendent que vous êtes Barbès ; mais je sais bien que vous êtes Colard, à preuve que voilà votre signalement, et que lorsque je suis allé à Bruxelles j'ai vu votre enseigne dans la rue de la Madeleine ! » Barbès s'inclina en souriant, sans répondre, et fut prendre sa place dans le waggon. Colard, le vrai Colard, pour clore l'incident, offrit le petit verre du voyageur au gendarme, qui l'accepta et le but sans se faire prier, pendant que, dans un coin, un commis-voyageur fredonnait sur un air connu la fameuse chanson :

> Dans la gendarmerie,
> Quand un gendarme rie,
> Tous les gendarmes rient
> Dans la gendarmerie.

Notre gendarme belge ne ressemblait guère, on le voit, aux gendarmes français. Ceux-ci sortent des zouaves ; et quand ils ne sont plus bons à rien, on en fait, pour leur donner une retraite lucrative, des juges de paix, comme cela s'est vu, deux fois de suite, au Puy, dans le Var et ailleurs. Le Belge était à coup sûr du corps des bons gendarmes d'Odry qui prenaient si facilement des rhumes de cerveau. On ne l'en obligea pas moins à porter ses culottes de peau à Bruxelles ; mais il en fut quitte pour un savon, sa bonne foi ayant été reconnue pleine et entière.

Toutes les démarches faites pour que Barbès pût rester en Belgique furent inutiles. Bien que Louis-Napoléon, consulté officieusement, eût répondu que celui qu'il avait fait sortir de prison était libre d'habiter où il voulait, le ministère belge donna à l'exilé volontaire quarante-huit heures pour sortir du territoire. Barbès n'attendit pas un jour. Secouant la poussière de ses pieds, il abandonna la ville dans laquelle il espérait pouvoir vivre au milieu de nombreux amis, et fut à La Haye.

Quelque temps après, Raspail arriva à Bruxelles sans avoir été reconnu en route. Il reçut également l'ordre de quitter sans délai la Belgique. Raspail eût été forcé de se soumettre aux exigences de la politique belge, s'il n'eût trouvé dans M. Vilain XIIII un protecteur puissant qui fit reculer le ministère libéral. M. Vilain XIIII avait connu Raspail en France dans sa jeunesse : il le reçut avec empressement à Bruxelles. Voyant le gouvernement décidé, malgré ses pressantes sollicitations, à faire exécuter l'arrêté d'expulsion pris contre Raspail, le représentant, clérical, noble, royaliste, offrit dans sa maison un logement au républicain français, et il déclara qu'on ne lui arracherait son hôte que par la force. Les ministres libéraux cédèrent.

V

LES CLÉRICAUX AU POUVOIR.

La distance qui sépare les républicains des cléricaux, est certes infiniment plus grande que celle qui se trouve entre les républicains et les libéraux. La liberté de conscience, la liberté de pensée, la liberté de la presse, tous les principes de 89 mettent entre le catholicisme et la démocratie républicaine un abîme qui ne peut que s'élargir, à mesure que le droit moderne refoulant dans le moyen âge les principes de droit divin, d'autorité, d'intolérance, se réalise dans les institutions, s'incarne dans la société nouvelle.

Les libéraux appartiennent du moins à la grande armée de la liberté, dont ils sont les traînards. Les moins avancés d'entre eux se contentent d'enrayer, d'embourber le char du progrès, que les républicains veulent pousser en avant, les cléricaux ramener en arrière.

Si nous passons de la théorie aux faits, nous pouvons également dire que, dans tous les débats soulevés entre les libéraux et les cléricaux belges, nous eussions certainement pris parti pour les premiers, si nous avions été appelés à nous mêler de la question intérieure du pays.

Eh bien! le ministère dont les proscrits républicains ont eu le moins à se plaindre, le seul qui n'ait pas craint de prendre hautement leur défense, c'est celui dont faisaient partie les hommes de la droite.

Tous les ministres libéraux que, pendant notre séjour en Belgique, nous avons vus au pouvoir, se sont, sans exception, montrés pour les étrangers en général, et pour les réfugiés politiques en particulier, durs, malveillants, injustes.

Le caractère personnel des hommes placés à la tête du gouvernement, est sans doute un des motifs qui peuvent expliquer un pareil contraste. Par nature, en effet, on est ou on n'est pas loyal, généreux, indépendant, équitable.

Cependant, c'est la situation, l'esprit des partis en Belgique qui a principalement influé, nous le croyons, sur la position faite aux exilés.

MM. Vilain XIIII et Dedecker étaient les chefs, les représentants d'un parti nombreux, puissant, compacte, bien organisé, celui du clergé et de l'aristocratie. Ce parti, Léopold le regardait comme le véritable parti conservateur; il avait toute confiance en lui, en aimait les grands noms. D'autre part, Louis-Napoléon ne pouvait accuser ses membres d'être des ennemis de l'*autorité*, des partisans des révolutionnaires. Devenus ministres, les hommes de la droite pouvaient donc suivre, sans avoir à subir aucune pression, la ligne politique tracée par leur conscience ou leurs antécédents.

Pour garder le pouvoir, gouverner sous le roi, il ne leur était pas nécessaire de courtiser la faveur royale, de donner de gages à personne, de faire oublier leurs anciennes opinions, leur origine, leur drapeau. Indépendants de caractère, il leur était permis de l'être en politique.

Les ministres libéraux, au contraire, regardés par le roi comme des gens de *peu*, soupçonnés de doctrines suspectes, étaient subis plutôt qu'acceptés; ils avaient leurs preuves à faire, des garanties à donner.

En sacrifiant les soldats du parti qui avait renversé Louis-Philippe de son trône et combattait l'empire, ils jouaient le jeu du roi et de l'empereur, se rendaient possibles. Depuis que la succession paternelle avait été rendue aux enfants de Léopold, et que les craintes d'annexion s'étaient éloignées, les deux gouvernements, en effet, voisinaient de la meilleure grâce du monde.

Les libéraux ne se départirent donc jamais du système de précautions, de défiance, de police, dont ils se trouvaient si bien. S'ils combattirent certaines mesures, certaines dispositions de lois qui empiraient la condition des étrangers, altéraient l'esprit de la

Constitution, étaient réactionnaires, ce fut lorsque, sortis du pouvoir, ils se retrouvèrent dans les rangs de l'opposition.

En reprenant le portefeuille, ils reprirent leur premier rôle; ils acceptèrent, défendirent et appliquèrent avec un nouveau plaisir, tout ce qu'ils avaient combattu naguère au nom des principes et de l'honneur national.

M. Vilain XIIII, représentant, avait noblement rempli, dans l'affaire Raspail, les devoirs de l'hospitalité; ministre des affaires étrangères, il osa donner aux proscrits un témoignage public d'estime; voici à quelle occasion.

Les journaux napoléoniens avaient publié que l'abbé Verger, avant de frapper l'archevêque Sibour, était venu chercher le mot d'ordre parmi les exilés, dans les sociétés secrètes de la Belgique. Ils demandaient qu'on livrât les complices du meurtrier.

Interpellé par des représentants de la gauche, désireux de savoir ce qu'il y avait de vrai dans ces accusations, et ce que le gouvernement comptait faire, M. Vilain XIIII, dans la séance du 30 janvier 1857, répondit :

« Il n'y a pas de sociétés secrètes parmi les Belges; et je puis affirmer qu'il n'y a pas de sociétés secrètes, non plus, parmi les réfugiés à qui nous accordons un asile. Les réfugiés, à très-peu d'exceptions près, honorent l'hospitalité que nous leur donnons.

» J'éprouve pour les exilés une pitié profonde et une sympathie respectueuse dues à la plus grande infortune qui puisse, dans tous les temps, atteindre l'homme. Quand je puis donner aux exilés une preuve de ma sympathie, je n'y manque jamais. Je leur ai dit que ni leurs noms, ni leurs antécédents politiques avant leur arrivée en Belgique ne leur nuiraient jamais vis-à-vis du gouvernement, et que je me rendais garant qu'ils ne seraient jamais inquiétés pour des faits antérieurs à leur arrivée parmi nous; mais je leur ai déclaré que s'ils faisaient en Belgique, vis-à-vis des puissances étrangères, des actes qui fussent de nature à porter atteinte aux bons rapports que la Belgique a le devoir d'entretenir avec les puissances, j'agirais contre eux avec la plus grande fermeté, avec vigueur; que nous les expulserions. »

Les proscrits, comme l'affirmait le ministre, n'ont jamais formé de sociétés secrètes en Belgique; et tout en se déclarant ouvertement, carrément, les ennemis implacables de l'empire, ils n'ont point, par leurs actes pas plus que par leur présence, compromis le pays où ils avaient trouvé un refuge.

———

Ceux de nos compagnons d'exil qui entrèrent dans le journalisme et durent se mêler plus activement à la politique, n'ont eux-mêmes, pas plus que les autres, donné prise à l'accusation de troubler les bons rapports de la nation belge avec les puissances voisines. Louis-Napoléon n'a jamais pu tirer de leurs écrits, occasion ou prétexte de violence, de menaces, de guerre contre la Belgique, ainsi que l'avait fait Louis XIV, cherchant contre la Hollande un *casus belli*, dans les publications des *gazetiers réformés* que la révocation de l'édit de Nantes avait jetés dans les Pays-Bas.

Avant l'amnistie, il n'y a eu de poursuite pour délit de presse contre aucun d'eux. Cependant, littérature, philosophie, science, art, politique, nos amis ont touché à tout, écrit dans des feuilles et sur des matières différentes ; mais ils ont su être fermes sans être violents, et sauver le fond par la forme.

Un d'eux pourtant, souleva par une phrase, dans les régions gouvernementales, une tempête dont il faillit être victime. Camille Berru, dans une revue théâtrale très-spirituelle et pleine de ces mots heureux dont il se rend encore coupable à l'occasion, faisait paraître sur la scène, d'après l'usage aristophonesque admis en Belgique, des personnages politiques du pays.

Un grand défenseur, — par l'ardeur sinon par la taille, — de l'ordre, de l'autorité, de la *doctrine*, se plaignait des excès de la mauvaise presse, qui, selon lui, ne respectait ni les grands ni les petits hommes de la Belgique ; il demandait que pour arrêter ce fléau, Dieu et ses saints, ou n'importe qui, lui vinssent en aide. Sur ce, une vieille fée sortait d'un nuage, et lui offrait une machine de provenance française, brevetée avec garantie du gouvernement. Cette machine, c'était une muselière.

Oser laisser supposer que sous l'empire, la presse française n'était pas libre, quel crime abominable! Sur la plainte d'un secrétaire d'ambassade très-zélé, le ministre Nothomb exila, pour un mois en attendant mieux, notre ami à Ostende.

Grâce à M. Bérardi, directeur de l'*Indépendance*, la durée de sa peine fut abrégée de quelques jours ; mais, revenu à Bruxelles,

Berru fut prévenu par l'amnistrateur de la sûreté publique que si les journaux rendaient compte de ce qui venait de se passer, il serait expulsé.

Vainement Berru fit observer à son digne magistrat, que la muselière de la pièce était en carton ; que par conséquent eut-il l'envie de s'en servir, en faisant le Bonaparte, elle ne lui serait d'aucune utilité, surtout en Belgique, où les journalistes avaient, de par la loi, leur franc parler. Il ne put faire entendre raison à M. Verheyen, dont la leçon était faite par le ministre, et qui ne voulut pas en démordre. Heureusement, il ne fut plus question de rien ; et Berru échappa au voyage d'Angleterre.

———

Voici, au surplus, ce qui montre que pendant leur séjour en Belgique, depuis 1852 jusqu'à l'époque où nous sommes, les réfugiés ne sont pas restés sans rien faire.

Pascal Duprat a fondé la revue de la *Libre recherche*, où des écrivains belges, français, étrangers, entre autres, MM. Laurent, Émile de Lavelaye, le général Klapka, Ludwigh, Bilbao, Chauffour, ont donné avec lui des articles importants. Raspail faisait paraître sa revue de pharmacie et de médecine dont le succès grandissait tous les jours. Tavernier était chargé, à l'*Observateur*, de la question extérieure qu'il connaissait à fond. Péan dirigeait le *National*, transformation de la *Nation* tombée sous les condamnations.

Le nouveau journal, fait avec une modération qui contrastait bien un peu avec la vigueur que nous aimions dans celui de Labarre, était devenu l'organe du jeune libéralisme. Il contribua beaucoup à faire triompher, dans trois élections, les candidats de ce parti, qui malheureusement, dans ses choix, n'eut pas la main heureuse.

Nous avons eu à l'*Indépendance*, pour la partie littéraire, Deschanel, Thoré (Berger), Berru, Aubanel; à *la Nation*, Étienne Arago, Madier-Montjau, Deleau ; au *Levant*, Houliez ; au *Nord*, pour les compte-rendus, d'ouvrages allemands, Rolland ; au *Prolétaire*, de Coulon, Morel ; plus tard, le docteur Watteau et Tridon, à *Candide* ; Vézinier, à la *Tribune des peuples* ; Ernest Lebloye, à l'*Uylenspiegel*, publié alors par Fontaine, le dévoué démocrate sous les auspices duquel a pu paraître *la Cloche*, du républicain russe

Herzen ; à la *Rive gauche*, Rogeard, Longuet, Luzarche ; à Bruxelles enfin Henri Rochefort est venu rallumer sa lanterne, éteinte à Paris, et Charles Bacheléry a commencé de sonner le tocsin de la *Révolution*.

Précédemment, Proudhon donnait à l'*Office de publicité* des articles philosophiques et politiques. La *Feuille du Cultivateur*, remplie de conseils utiles et de précieux renseignements, paraissait rédigée par Joigneaux et le docteur Moreau. Roselli-Mollet enseignait dans l'*Art musical* une théorie nouvelle sur l'harmonie, et vulgarisait les lois de Kœpler sur la musique. Allix aîné, inventeur d'une excellente méthode, pour apprendre à ses élèves à lire et à écrire en quelques jours, tout en faisant tourner leurs tables, rédigeait, sous la dictée des esprits frappeurs, le journal du spiritisme. Tout récemment enfin, une feuille qui manquait à la Belgique, et a bientôt conquis sa place dans la science, l'*Art médical*, compte au nombre de ses fondateurs et de ses principaux rédacteurs le docteur Laussedat. Eh bien ! jamais le gouvernement belge n'a formulé directement aucune plainte contre les réfugiés qui se sont servis de la presse pour parler au public ; jamais le pays n'a songé à leur faire un reproche des opinions émises par eux dans la presse.

Je me trompe, il y a eu encore ici une exception. Les habitants d'Ixelles, faubourg très-peuplé de Bruxelles, ont voulu faire voir comment ils entendaient la liberté de la presse et comprenaient la plaisanterie.

―――

Proudhon écrivait dans une feuille où régnait Lebègue et où gouvernait Hymans. Il ne pouvait donc pas penser à faire de l'agitation sociale et politique, comme au temps où il était le rédacteur en chef du journal *le Peuple*. Pour exprimer ses pensées sans trop effaroucher la pudeur libérale et faire passer des vérités trop hardies, il employait souvent l'ironie : cette ironie profonde, fine, à facettes, dont il a tant usé et abusé, que bien d'autres que les Ixellois, n'ont pas toujours su, si le redoutable polémiste faisait ou non du paradoxe.

Une phrase où cette ironie, qu'on peut appeler proudhonienne, éclatait de façon néanmoins que les plus aveugles pussent l'apercevoir, fut l'occasion d'une émeute. Une foule menaçante vint assiéger chez lui, comme annexioniste et impérialiste, l'écrivain condamné en France pour outrage à la religion et qui, à Bruxelles, dans les *Nouvelles de la Révolution*, portait à l'empire de si rudes coups.

Les gens intéressés à briser une plume également redoutée par le libéral et le clérical, avaient fait croire à cette tourbe ignorante, qui ne lit pas de journaux et est prête à tout faire pour de l'argent, que Proudhon demandait l'annexion de la Belgique à la France. L'esprit de patriostisme et d'indépendance, excusable à certains points, même dans ses écarts, se mêlant à une manifestation provoquée par les *habiles*, de nombreux rassemblements se formèrent autour de la maison de Proudhon, brisèrent les vitres à coups de pierres et ne se retirèrent que dispersés par la police. D'honorables citoyens de Bruxelles et d'Ixelles, instruits de ce qui se passait, étaient venus de leur côté protéger l'écrivain dans son domicile. Craignant une visite du même genre dans quelque autre circonstance pareille, Proudhon, préoccupé surtout des dangers que venait de courir sa famille, dit adieu à la Belgique. Étant compris dans un décret d'amnistie, il revint à Paris, où il mourut peu de temps après, pauvre et en libre penseur, comme il avait vécu.

Ce fut le seul réfugié qui, désirant habiter la Belgique, n'en sortit pas par ordre du gouvernement.

Les orléanistes n'étaient pas restés inactifs. MM. Campan et Callet écrivaient dans l'*Étoile belge*. Deux des leurs, qui n'étaient pas proscrits, mais voulaient fonder dans l'intérêt de la dynastie de Louis-Philippe un journal hostile à l'empire, vinrent publier à Bruxelles le *Bulletin français*. C'étaient le comte d'Haussonville, aujourd'hui académicien, et Alexandre Thomas, professeur de l'Université. Irrité des attaques dirigées contre lui, le gouvernement français demanda qu'on poursuivît les écrivains coupables de flétrir le coup d'État et de combattre l'empire naissant. Malgré les sympathies politiques que les partisans des d'Orléans rencontraient en Belgique, à la cour comme à la ville, le gouvernement belge dut s'exécuter : il fit traduire devant le jury le gérant du journal, Alexandre Thomas. Celui-ci fut acquitté mais expulsé, et vint mourir fou dans une maison de santé d'Uccle, abandonné sans ressources, comme le fut également Callet, par ces Bourbons de la branche cadette qui sont tous, aussi avares qu'ambitieux. Riche et grand seigneur, le comte d'Haussonville rentra à Paris. Le *Bulletin français* était tué. Tout ce qui avait été saisi fut restitué à Briard, l'imprimeur, mais à moitié moisi : on n'aurait pas mieux fait en France.

VI

LES LIBÉRAUX AU MINISTÈRE.

MM. Vilain XIIII et Dedecker sont, il faut le dire, des catholiques inconséquents, peu orthodoxes. Ils appartiennent à cette fraction du parti clérical qui veut concilier l'inconciliable : l'encyclique, le *syllabus* et les principes de 89, l'autorité et la liberté, l'obéissance au pape et la fidélité à la Constitution.

M. Vilain XIIII, à la révolution de septembre 1830, était dans les rangs de l'aristocratie libérale et religieuse, qui avait combattu les Nassau et s'était unie aux républicains, pour rendre à la Belgique son indépendance.

Quelque temps après, en 1831, les saints-simoniens, accusés alors d'être les ennemis de la religion, de la propriété, de la famille (ils en ont bien rappelé depuis), étant venus faire leurs prédications à Bruxelles, avaient été en butte aux menaces d'une partie de la population et aux vexations de la police. Ce fut encore ce comte catholique qui, au nom de la liberté des opinions, demanda à la tribune, obtint, qu'on les protégeât et qu'on les laissât continuer leur propagande. Son collègue, M. Dedecker, écrivain et orateur distingué, est le ministre qui, entendant lire le catalogue des ouvrages d'instruction en usage dans certains étatablissements religieux, s'écria qu'avec un pareil enseignement on ferait une génération de crétins.

Cette branche bâtarde du cléricalisme ne fleurit guère plus

qu'en Belgique, où, au congrès de Malines, elle a été même fortement endommagée. Ceux qui la cultivent tendent, comme les gallicans, les lamennaisiens, les néo-catholiques, à disparaître, à se fondre dans l'ultramontanisme, la vraie doctrine de l'Église catholique, apostolique et romaine, à devenir des cléricaux noir foncé, pur sang. Or, ces derniers ont beau parler de leur amour pour la patrie, ils ne peuvent avoir et ils n'ont, on l'a dit depuis longtemps, que du *papiotisme*.

Sous la pression du gouvernement impérial, qu'agaçaient singulièrement les piqûres des journaux étrangers, un ministère métis avait fait voter une loi punissant de peines sévères ceux qui, par des écrits, images ou emblèmes quelconques, se rendraient coupables d'offenses envers la personne des souverains étrangers et leurs *augustes familles*. Cette loi reçut et garda le nom de loi-*Faider*.

Pour mettre la légalité belge d'accord avec la politique de Louis-Napoléon, qui voulait avoir le moyen, à l'occasion, de se faire livrer ses ennemis, le ministère Vilain XIIII, Dedecker, dont faisait partie, comme ministre de la justice, le très-orthodoxe clérical M. Nothomb, fit lui aussi modifier la législation dans un sens réactionnaire. Par une disposition additionnelle à la loi sur les extraditions, il fut statué que l'attentat contre la personne du chef d'un gouvernement étranger, ou contre celle des membres de sa famille, lorsque cet attentat constituait le fait de meurtre, d'assassinat ou d'empoisonnement, ne serait pas réputé délit politique, ni fait connexe à un pareil délit.

Désormais en Belgique, les hommes politiques pouvaient, sous l'accusation d'attentat, être livrés, comme coupables de crimes du droit commun, à une justice étrangère, assez habile ou assez perfide pour mettre dans l'acte d'accusation, tout ce qui pouvait amener l'extradition.

Ce fut à l'occasion de l'affaire Jacquin que cette loi fut présentée. Englobés par la police française dans un de ces attentats qui couraient alors les chemins de fer, les Jacquin emprisonnés, nous l'avons vu, étaient sous le coup de l'extradition réclamée par le gouvernement français. Un jugement du tribunal de première instance pouvait donner au ministère un prétexte, pour extrader les détenus revendiqués par le gouvernement français au nom du droit des gens et des lois de l'empire.

L'émotion fut grande à Bruxelles. C'était la première fois qu'on aurait vu, au mépris d'une loi formelle, violer les principes admis jusqu'alors pour les extraditions en matière politique. Les représentants de l'opposition libérale firent entendre à l'assemblée des paroles indignées, d'énergiques protestations.

Appelée par le code à donner son avis, la chambre des mises en accusation de la cour d'appel rendit, sous la présidence de M. Tielemans, un arrêt déclarant que l'extradition des Jacquin, en la cause, serait illégale.

Qu'auraient fait en pareilles circonstances les libéraux au pouvoir ? nous n'en savons rien. M. Vilain XIIII, lui, fit mettre immédiatement en liberté les proscrits arrêtés; puis, la loi qui mettait les réfugiés à la merci des jugeurs de tous les despotes de l'Europe, fut portée aux Chambres et adoptée.

M. Frère-Orban, dans la discussion, avait adressé ces fières paroles à M. Nothomb, qui, d'après des documents récents, les avaient en partie méritées : « Il y a quelque chose de plus déplorable que de « se courber sous la volonté de l'étranger, c'est d'aller au devant « de ses convoitises pour les satisfaire. »

Revenu au pouvoir, M. Frère et ses amis laissèrent dans les codes, le texte de loi témoignant que les *convoitises* de l'étranger avaient été satisfaites. Ils trouvaient bien fait, ce qui l'avait été sans qu'ils en eussent la responsabilité.

Ce fut à la suite d'une manifestation extra-parlementaire que les libéraux triomphants rentrèrent au pouvoir. Aussi, le parti clérical a accusé les hommes qui profitaient des événements, d'avoir fomenté les troubles dont la discussion sur la loi de bienfaisance fut le signal, et fait voter les électeurs aux cris de : *A bas les couvents*, après avoir envoyé leurs agents secrets casser les vitres de quelques représentants et journalistes de la droite. Il a donc appelé ce ministère Rogier, Frère, Tesch, le ministère de l'émeute.

Celui-ci, appuyé sur une grande majorité, et fort de l'appui du libéralisme tout entier, que les lois moyen âge présentées par le parti prêtre avec l'approbation du roi, avaient rallié à lui, devait répondre à ses adversaires en inaugurant à l'intérieur comme à l'extérieur, une politique digne de la libre Belgique. Il n'en fut pas ainsi.

Les ministres n'étaient pas du bois dont on fait les grands citoyens.

Dans cette triade gouvernementale, où fut incarné pendant si longtemps le doctrinarisme, chaque ministre avait son rôle à part, sa spécialité. M. Frère s'était réservé en toute propriété le clérical. Absolu, entier, dominateur, il a, en certaines occasions, assez d'orgueil pour tenir plus à son opinion qu'à sa position; mais pourvu qu'il ne soit pas directement en cause, il laisse faire, laisse passer tout ce que veulent ses collègues, avec qui il s'entend fort bien. Sachant d'ailleurs se ménager une porte de derrière pour rentrer plus tard, ou faisant une fausse sortie, s'il y a lieu, il se retrouve, mieux assis que jamais, dans la place qu'il semblait avoir abandonnée pour toujours.

Ayant en face de lui un adversaire puissant, impérieux, menaçant, comme le gouvernement impérial, le ministre aurait été obligé trop souvent de rompre ou de quitter le pouvoir.

En luttant dans le parlement contre le parti clérical, il était, avec son caractère et son talent, assuré de triompher presque toujours. M. Frère est, en effet, le seul orateur qu'ait le parlement belge, depuis que le doctrinarisme s'est infiltré dans le pays et gouverne l'État.

Elles se taisent ou se sont éteintes, les voix éloquentes, patriotiques, passionnées, qui aux grands jours du Congrès et des assemblées, animées du souffle révolutionnaire, retentirent dans la Belgique et dans l'Europe entière.

Il y a certainement dans les deux Chambres et dans les divers partis, des hommes qui parlent bien, défendent avec habileté, logique ou talent, leurs opinions et les intérêts comme les droits de ceux dont ils sont les mandataires, par exemple, MM. Delhougne, Bara, Dechamps, de Theux, Orts, Dedecker, Jacobs, Nothomb, Guillery, Sabatier, Vanhumbeck, Tesch, etc., mais les discours écrits sont beaucoup plus nombreux que les discours improvisés; et sans les retouches, les corrections faites aux *Annales parlementaires*, bien des improvisations laisseraient fort à désirer.

Chacun veut sur une question importante dire son mot, faire son speech. Les débats deviennent ainsi, fatigants, interminables, et l'on croirait assister à une séance d'un conseil communal.

Par suite, les discussions, excepté dans les grandes occasions, offrent un intérêt médiocre, n'attirent qu'un petit nombre de spectateurs, et dans les journaux, qui leur consacrent une place microscopique, sont à la dernière page.

Indépendamment de ce qu'il y a peu de supériorités acceptées, qu'on laisse donner seules, les médiocrités ont pour se faire entendre une autre raison. Tous les orateurs parlent de leur place, comme cela se fait dans le parlement anglais. Pour aborder la tribune, il faut certaines qualités oratoires, dont peut manquer celui qui, au milieu de ses amis politiques, bien campé sur son banc, peut lire ou dire, sans mise en scène, ce qu'il veut ou croit utile.

Cet usage de parler de sa place est excellent dans les discussions d'affaires et les questions où une simple causerie, un échange de renseignements, d'observations, amènent plus vite ou plus sûrement une bonne solution, que les discours à grands fracas de la tribune. Aussi bien, nous voudrions qu'il fût introduit en France dans nos assemblées nationales, tout en laissant debout la tribune, car la tribune, illustrée par tant de grands orateurs, est, en France au moins, le lieu sacré où la liberté, le droit, la justice pouvent être proclamés, défendus, glorifiés avec le plus d'éloquence, de retentissement, de puissance, d'éclat. Il nous semblerait bien également que les représentants du peuple, libres de parler de leur banc ou à la tribune, eussent le droit, comme ils l'ont en Belgique, de s'abstenir de voter, en motivant leur abstention. Il est des cas dans lesquels, soit par scrupule de conscience, soit faute de connaissances spéciales, on ne peut pas donner un vote éclairé ou conforme à ses principes.

M. Frère a de l'orateur la voix, le geste, la passion, l'improvisation facile et brillante. Ce qui lui manque, ce sont les grands mouvements de l'éloquence, la hauteur de vue, l'élévation de la pensée. Irritable à l'excès, il est plus violent qu'entraînant, donne à la question personnelle le pas sur la question politique, et aime mieux écraser ses adversaires que les convaincre. Aucun de ses discours ne sera probablement relu, ne restera.

De tout ce qui s'est dit dans le monde parlementaire, depuis que nous sommes en Belgique, une seule parole surnagera : cette parole c'est le ministre renversé par l'émeute, un de ces cléricaux si souvent foulés aux pieds par M. Frère, qui l'a prononcée.

Un représentant de l'opposition ayant demandé si le gouvernement belge céderait, dans le cas où l'empire exigerait des modifications à la Constitution, M. Vilain XIIII, d'une voix fière et vibrante s'était écrié : Jamais ! Et l'assemblée tout entière, les tribunes, le pays l'avaient acclamé.

L'administration de la sûreté publique relevant du ministère de la justice, les proscrits ont attribué surtout à M. Tesch les mesures de police prises contre eux. D'un esprit étroit, d'un caractère bilieux, M. Tesch est cité pour son érudition comme légiste, sa dialectique dans la discussion. Il avait, disait-on autour de nous, porté le bonnet rouge en 1848 ; nous ne devions pas être surpris qu'il se montrât d'autant plus dur, plus injuste envers ceux dont il avait un instant partagé les opinions : il fallait bien qu'il fît oublier ses antécédents. Dans son ardeur de néophyte, ce ministre ne cherchait même pas à adoucir ses refus, par ces banales formules de politesse que l'on appelle, l'*eau bénite de cour*.

Louis Blanc avait demandé l'autorisation de passer quelques jours à Bruxelles, pour s'y rencontrer avec son frère Charles, qui ne pouvait, à cause de sa santé, traverser la mer. La demande fut présentée, apostillée par l'un des plus honorables citoyens de Bruxelles, à M. Rogier, qui la transmit à M. Tesch. Ce dernier eut à peine jeté les yeux sur la lettre, que, sans égard pour les motifs invoqués, ni pour les personnes qui s'adressaient au gouvernement, il prit une plume et ajouta sous l'apostille ces mots simples mais expressifs : Non, non, non !

Pendant son dernier séjour à Paris, M. Frère s'est montré sous un jour nouveau. Le ministre raide, cassant, absolu, qui devait trancher le nœud gordien de la question franco-belge, tout emporter de haute lutte, a su être si bien avec le monde impérial, qu'on l'a fait sauter à la cour, fumer chez le prince Napoléon, dîner avec la princesse Mathilde, en laissant dormir dans les cantons diplomatiques, l'affaire pour laquelle il était venu.

C'est cependant le ministre des affaires étrangères, M. Rogier, sur qui retombe la principale responsabilité de tous les actes, dont les réfugiés et les étrangers ont eu à se plaindre.

Bienveillant dans la vie privée, et d'un libéralisme terre-à-terre mais persévérant, en théorie au moins, M. Rogier n'a jamais couru après la fortune, jamais cherché, comme M. Tesch, son collègue, à cumuler les avantages du pouvoir et les profits des entreprises industrielles. Il s'est si peu enrichi dans les hautes fonctions qu'il a remplies si longtemps, que le parti libéral a dû lui offrir, par souscription, une petite maison où il finira paisiblement ses jours, lorsqu'il sera mis définitivement à la réforme.

A l'inverse de M. Frère, cet homme politique tient plus à sa place qu'à son opinion, et il louvoie en conséquence entre les partis. Ambitieux bourgeois, il aime le pouvoir pour le pouvoir même, ou plutôt, peut-être, pour le portefeuille qui en est le symbole. L'ayant conquis par la révolution de septembre à laquelle il a pris une part active, il croit être né ministre et veut mourir ministre.

Plaire à son roi, ne pas trop froisser l'opinion publique et, sans se faire de grands ennemis dans le cléricalisme, rester à la tête du parti libéral, voilà le problème qu'il s'était posé et qu'il a résolu avec assez de bonheur. Dans de pareilles conditions, M. Rogier devait, suivant qu'il était ou n'était pas ministre, avoir des doctrines diverses. Ceux dont ils n'avaient rien à craindre ou à espérer étaient naturellement destinés à recevoir le contre-coup. Les Français réfugiés l'ont, depuis 1830, appris à leurs dépens.

———

C'était ce ministre qui, dans les premières années du règne de Léopold, avait obtenu l'arrêté d'expulsion contre Labrousse, déjà connu de lui et ayant des raisons pour compter sur sa bienveillante intervention. Avant comme après le coup d'État, ce fut lui qui présida à toutes les mesures de rigueur dont furent victimes nos amis. Ce fut lui encore qui, presque à la veille de l'amnistie, rendit impossible à Charras le séjour de la Belgique.

Sous la première impression des événements de décembre, M. Rogier avait eu le désir et, par l'entremise de son parent Aubry, du Nord, alors momentanément réfugié à Bruxelles, l'occasion de se mettre en relation avec Charras. Lorsque notre ami fut obligé de quitter la Belgique par arrêté royal, MM. de Brouckere, Faider, etc., étaient ministres. Peu de temps après, le ministère Vilain XIIII, Dedecker, Nothomb s'étant constitué, Charras obtint l'autorisation de venir passer quelques jours à Bruxelles, pour se faire traiter d'une maladie des yeux. Il y revit M. Rogier, et reçut du ministre en disponibilité, à qui M. Verhaegen l'avait, cette fois, vivement recommandé, l'assurance formelle que sa rentrée ne souffrirait aucune difficulté, le jour où le ministre, revenu sur l'eau, reprendrait avec ses amis la direction des affaires.

Ce jour arriva. Le colonel Charras put revenir à Bruxelles pour corriger les épreuves de son ouvrage sur la campagne de Waterloo. Il trouva alors très-froid, très-réservé, M. Rogier. Ce ministre, après avoir éludé toute réponse directe, le fit enfin prier, par M. Verhaegen, d'aller provisoirement, en Suisse, attendre que le ministère fût assez consolidé pour pouvoir le laisser revenir sans inconvénients. Charras partit. De Bâle, où il résidait, n'entendant parler de rien, il somma M. Rogier de tenir sa parole ; le ministre répondit par un refus formel.

Alors le colonel Charras, indigné, écrivit, dans ce style militaire dont il se servait à l'occasion avec certaines gens, la lettre, publiée à cette époque par les journaux, et dont nous ne citerons que ces quelques lignes :

« Monsieur le ministre, vous êtes un malhonnête homme ; il y a
« entre nous une distance que je ne puis franchir maintenant,
« mais j'espère que je vous rencontrerai un jour, etc.

M. Rogier renvoya la lettre avec quelques mots dédaigneux.

C'était à peu près dans le même temps que Mazzini, pourchassé dans le canton de Genève, adressait à Fazy, son ancien ami, une lettre écrasante commençant par ces mots : « *Monsieur, je vous méprise.* »

Comme M. Rogier, Fazy est un homme de la Révolution, qui l'avait fait chef du gouvernement. Comme lui, il a reçu de ses amis un hôtel acheté par souscription, et il a expulsé, pour complaire à l'empire invoquant de vieux traités, un grand nombre de proscrits, dont beaucoup, il est vrai, sont ensuite rentrés par une autre frontière dans son canton de Genève, et n'ont plus été inquiétés. Ce qui le distingue de M. Rogier, c'est que lui, radical, il a fait un bien plus grand pas que le libéral, vers les ennemis naturels de la liberté, les cléricaux.

Pour garder, et, lorsqu'il l'eut perdu par ses fautes, pour reconquérir le pouvoir, qu'il exerçait en petit despote, ne souffrant ni opposition ni contradiction, il s'allia avec les catholiques contre les socialistes, unis, chose fort étrange aussi, aux conservateurs protestants.

En 1867, au congrès de la paix, il était devenu si bon chrétien, qu'il provoqua, au nom du salut public, une espèce d'émeute contre les républicains et les libres-penseurs, réunis à Genève sous la présidence de Garibaldi ; et cela parce que Garibaldi avait poussé contre la papauté temporelle, le cri du vieux Caton : *Delenda Carthago.*

Charras, lui, n'a plus revu la Belgique. Il est mort à Bâle, dans la vigueur de l'âge. Certes, les soins ne lui ont pas manqué, car il avait à côté de lui sa jeune femme, si courageuse, si dévouée, et toute la famille Kestner, ces excellents amis. Cependant, s'il eût pu venir, avec celle qui était devenue sa compagne, habiter Bruxelles, où il était acclimaté et où il avait, à sa portée, tous les éléments du grand travail dont il s'occupait dans ses derniers jours, la maladie rapide qui l'a enlevé l'aurait probablement épargné. Laussedat, son ami et son médecin, connaissait son tempérament : il l'aurait sauvé. Sa mort a été une grande perte pour notre parti. Tout militaire qu'il fut, Charras était resté citoyen ; à un moment donné, il eût servi la cause républicaine. M. Rogier dut être félicité en haut lieu d'en avoir débarrassé la Belgique et la France.

L'épée qu'on lui avait arrachée en décembre, et qu'il ne pouvait consacrer à la France, Charras voulut la mettre, un jour, au service de l'Italie. A la suite d'une entrevue avec Garibaldi, il fit venir de Bruxelles ses armes et son équipement de guerre. Le patriote italien et le républicain français avaient résolu de chasser de Rome les étrangers commandés alors par le général Lamoricière. Les préparatifs ayant traîné en longueur, le colonel Charras, comme le pressentirent plus tard aussi, Jules Maigne et Kersausie déjà en Italie pour prendre part à la lutte contre les Bourbons de Naples, ne tarda pas à voir que l'on allait se battre pour la royauté seulement.

Sous le roi *galanthomme*, nos amis avaient deviné le Victor-Emmanuel d'Aspromonte et de Mentana.

Ce n'est point sans protestations, sans réclamations, hâtons-nous de le dire, que les proscrits ont été ainsi, en Belgique, expulsés, arrêtés, laissés à la discrétion de toutes les polices.

A toutes les époques, dans la presse, dans les assemblées, il s'est trouvé des écrivains, des orateurs, qui ont demandé compte au gouvernement de ses actes, revendiqué, au nom des principes, de la dignité du pays, le droit à l'hospitalité pour les victimes des discordes civiles.

Parmi ceux qui ont élevé la voix en leur faveur, nous citerons MM. Orts, Guillery, Vanhumbeek, Defré, Verhaegen, Dumortier, etc. Nous devons d'autant plus les remercier de leur intervention, qu'ils ne partageaient pas nos opinions et ne nous connaissaient personnellement pas.

VII

LES ÉTRANGERS EN BELGIQUE.

Si la Belgique n'avait rejeté de son territoire, sous le premier prétexte venu, que des réfugiés politiques, la pression du gouvernement impérial, bien que ses agents en Belgique aient prétendu n'avoir demandé aucune expulsion, pourrait expliquer le luxe de rigueurs déployé contre les proscrits, atténuer la responsabilité des ministres belges ; mais les choses ne se sont pas passées ainsi.

Dans le pays cité entre tous pour son hospitalité, c'est l'infime minorité des expulsés qui appartiennent à la politique; les chiffres en font foi.

En juin 1865, lors du renouvellement de la loi sur les étrangers, loi dont le vote fut arraché à la majorité libérale par MM. Frère, Tesch et Rogier, malgré l'opposition de la gauche avancée et de la fraction la moins rétrograde de la droite, le gouvernement dut déclarer exacte, officielle, la statistique qu'Adolphe Demeur avait produite au meeting de la Louve.

Or, cette statistique se résumait ainsi : depuis 1835, date de la mise à exécution de la loi sur les étrangers, jusqu'en 1865, il y a eu en Belgique : étrangers expulsés pour défaut de papiers et de moyens d'existence, 17,750; conduits à la frontière par suite de condamnations, 6,074 ; par feuilles de route, 5,899 ; auxquels l'accès du pays a été interdit à la frontière, 9,780 ; renvoyés, par arrêté royal pour cause politique, 75 ; à la suite de condamnations et pour conduite compromettant la sûreté publique, 2,178 ; sans arrêté, pour motif politique (de 1848 à 1852), 689 ; total, 42,346, non compris encore les républicains français, transbordés immédiatement des frontières à Ostende, après le coup d'État, et dont le nombre s'élève à plusieurs milliers. Voilà l'hospitalité belge ! Dans ces 42,000 expulsés se trouvent des étrangers, Italiens, Espagnols, Allemands ; toutefois les Français, depuis 1848 surtout, forment le plus grand contingent.

Tous les étrangers, sans distinction aucune, quelle que soit leur position, leur fortune, peuvent, en vertu d'une loi qui n'est pas restée une lettre morte, on vient de le voir, être arrachés arbitrairement, violemment, à leurs familles, à leurs affaires, à leurs établissements de commerce ou d'industrie, au moment où ils s'y attendent le moins, où leur présence serait le plus nécessaire. La police a tout pouvoir sur eux. Des lettres anonymes, les dénonciations d'un ennemi ou d'un concurrent, une querelle avec un habitant du pays, un retard dans le paiement de quelque dette, une provocation en duel, un procès devant les tribunaux correctionnels, civils ou de justice de paix, sont, autant que le délit de vagabondage ou l'accusation de *compromettre les rapports internationaux*, de troubler le pays, des motifs d'expulsion.

Les agents de la police subalterne, assez pacifiques de leur nature, et ne travaillant pas dans la politique de la même manière que ceux de Paris, se gardent bien d'intervenir dans une manifestation populaire, de paraître dans un meeting. Dans la rue même, ils restent ordinairement plantés comme des bornes, regardant ce qui se fait sous leur nez, sans rien empêcher. Au contraire, pour la question étrangère, ils sont tout de feu. Ils recueillent les cancans et les commérages du voisinage contre tout ce qui n'est pas belge, et s'empressent d'en faire à leurs chefs des rapports qui, souvent faisant foi, motivent seuls les ordres d'expulsion. Alors ils empoignent, toujours avec empressement, l'étranger peu pressé de partir, et parfois ils se permettent des brutalités que ne tolérerait sans doute pas le collège échevinal, autrement dit l'administration municipale, s'il le savait. Il faut dire, du reste, que les gardes de ville et agents de police ne sont guère moins grossiers envers les Bruxellois eux-mêmes, quand ceux qui ont affaire à eux ne leur paraissent pas en position de parler haut, d'avoir le bras long, de se faire respecter.

La loi en vertu de laquelle les étrangers sont livrés à l'arbitraire de la police est conçue en ces termes : « L'étranger résidant en Belgique, qui par sa conduite compromet la tranquillité publique, ou qui a été poursuivi ou condamné à l'étranger pour des crimes ou délits qui donnent lieu à l'extradition, peut être contraint par le gouvernement de s'éloigner d'un certain lieu, d'habiter dans un lieu déterminé ou même de sortir du royaume. » Ces dispositions ne peuvent être appliquées, en temps de paix, à l'étranger autorisé à établir son domicile, à l'étranger marié à une femme Belge dont il a eu des enfants nés en Belgique pendant sa résidence, ni à l'étranger décoré de la croix de Fer.

Cette loi arme le gouvernement, vis-à-vis des étrangers, de pouvoirs exceptionnels assez étendus pour qu'il n'ait rien à demander de plus. Eh bien ! cela ne lui a pas suffi. La loi elle-même est dépassée dans l'application par l'arbitraire, et ouvertement ou hypocritement violée.

Ainsi, c'est le gouvernement seul qui peut contraindre un étranger à quitter le pays. Par conséquent, un arrêté royal et non pas un simple ordre de police devrait motiver chaque expulsion. Or, sur les quarante-deux mille étrangers renvoyés de Belgique, il y en a eu *soixante-quinze* seulement qui l'ont été par les formes légales ; les autres n'ayant pas résisté, comme c'était leur droit, soit par ignorance de la loi, soit parce qu'ils n'ont pas voulu être conduits par la gendarmerie, ont été mis à la porte sans formes de procès, par l'injonction d'un commissaire de police quelconque.

Les proscrits, eux, étaient condamnés ou poursuivis pour faits politiques ne donnant pas lieu à *l'extradition*. N'ayant encore rien dit, rien fait, rien écrit en Belgique, ils ne pouvaient pas être accusés, au moment où ils venaient de mettre le pied dans ce royaume, de compromettre la tranquillité publique ; ils n'étaient donc pas dans la catégorie de ceux qu'on avait le droit d'interner ou d'expulser. On sait comment ils ont été traités.

La loi de 1835 n'est pas applicable à l'étranger *domicilié ;* mais l'ordonnance royale qui autorise cet étranger à établir son domicile, peut être rapportée par une autre ordonnance royale, et rien n'empêche celle-ci d'être suivie d'un arrêté d'expulsion.

Ah ! le bon billet qu'a Lachâtre !

En 1841, les législateurs ont supprimé, comme trop libérale, la disposition relative au mari d'une femme belge. Ils ne l'ont rétablie qu'en 1865, grâce aux vives discussions de la presse et des meetings d'alors; ce qui prouve, une fois de plus, que des protestations et des pétitions souvent renouvelées servent à quelque chose.

Il est une autre catégorie d'étrangers qui, sans être tombés sous le coup de la législation dont nous venons de parler, n'ont pas eu à se louer du gouvernement de Léopold : ce sont les professeurs protestants ou libres penseurs, dont l'enseignement illustrait les universités belges, et les officiers que, dans les temps difficiles, on avait appelés à la défense de l'indépendance du pays.

Pour flatter la vanité nationale en mettant partout des hommes *nationaux*, et servir en même temps les intérêts des cléricaux, le roi, protestant et anglo-allemand, sous le couvert de M. de Theux, l'un des chefs les plus actifs du parti prêtre, fit descendre de leurs chaires, les hommes éminents qui auraient rendu et pouvaient rendre encore de grands services à l'instruction.

On renvoya, de l'Université de Liége, MM. Deuzinger, professeur de philosophie, et Bronn, professeur de minéralogie ; de celle de Louvain, qui n'était pas encore université catholique, MM. Mone et Holtins, d'autres établissements encore, le Hollandais Kinker, professeur de littérature, le philologue Limburg-Brouwer et le professeur de mathématiques Van Reess.

Le commandant en chef de l'armée belge, Sckrynesky, si célèbre par ses victoires et ses combats pendant l'insurrection de la Pologne, et les autres généraux polonais, mis à la tête des troupes, alors que l'Europe absolutiste menaçait la Belgique à peine sortie victorieuse de sa révolution, durent donner leur démission, prendre leur retraite, lorsque l'Empereur de Russie voulut bien envoyer un ambassadeur à la cour de Léopold. La pension de retraite, bien qu'élevée, ne dédommageait pas les généraux de la perte de leur grade et de leur position ; et elle était une lourde charge pour le trésor public. Mais il fallait bien donner satisfaction à la vanité royale.

Déjà même d'ailleurs, pour aller au-devant des désirs ou des craintes du roi choisi par l'Angleterre, et effacer toutes traces de la révolution, les hommes du lendemain avaient dissous les corps de volontaires belges ou étrangers qui contribuèrent tant, en 1830, à chasser les Hollandais, et ils avaient fait disgracier ou écarter du pouvoir leurs chefs et les hommes de septembre, ce qui fut une des causes de la catastrophe de Louvain.

Les officiers français, venus en 1830 aussi, pour combattre comme volontaires avec les patriotes belges, ou pour réorganiser l'armée démoralisée par cette déroute de Louvain, dont la nation ne peut pas être rendue responsable, furent constamment en butte aux méfiances, aux préventions, aux jalousies de ces courtisans du pouvoir, qui croient avoir seuls des droits aux faveurs royales et ministérielles.

Ils se virent, en diverses circonstances, mis sous une surveillance mal déguisée, et furent obligés de se soumettre à des conditions qui ne leur avaient pas été faites, lorsqu'on avait besoin d'eux.

Trouvant sur leur route les passe-droits, la mise en non activité, toutes sortes d'obstacles, ils durent brusquement terminer leur carrière, en quittant le service sans compensations suffisantes.

Un de ces officiers, Chirac, alors major, avait, par une lettre au ministre de la guerre Anoul, protesté avec autant de convenance que de fermeté, dans l'intérêt de ses compagnons d'armes français, contre les exigences du gouvernement belge, qui, après l'avènement de Louis-Napoléon à l'empire, se montrait plus soupçonneux que jamais. Il fut mis en disponibibilité et interné à Bruges. Il perdit là, pour l'avancement, quatre ans, pendant lesquels d'autres officiers, moins anciens de grade, firent leur chemin et lui passèrent sur le corps.

En 1830, lorsque les amis du peuple envoyèrent de Paris à la défense de la révolution belge un corps de républicains français commandés par Hovelt, Chirac avait conduit de France en Belgique une compagnie de volontaires qui l'avaient choisi pour capitaine. Avec eux, comme les deux Jenneval, Lamarche, littérateur, et Pontécoulant, colonel de la légion française, il prit part à quelques-uns des combats qui suivirent les journées de septembre. Officier distingué, aimé des soldats, estimé de ses chefs, il allait, malgré le temps perdu dans des loisirs forcés, recevoir les épaulettes de général, lorsque Léopold II, au début de son règne, fit, ce qui n'avait pas eu lieu jusque-là, mettre à la retraite, avec les autres officiers, les colonels ayant atteint la limite d'âge fixé par les règlements.

Notre compatriote avait gardé l'amour du pays natal ; il aurait brisé son épée le jour où il aurait dû la tourner contre la France ; il n'en était pas moins dévoué à son pays d'adoption, et le serment de fidélité qu'il avait prêté, il l'avait toujours loyalement tenu. Néanmoins, à deux époques bien différentes pourtant, mais où la France semblait menacer la Belgique, lors de l'échauffourée de *Risquons-Tout* et après le coup d'État, Chirac fut mis en suspicion, comme si on eût craint une trahison de sa part, parce qu'il était Français. Il datait, il est vrai, d'une révolution et ne savait pas faire sa cour.

Ayant des opinions modérées quoique indépendantes, et malgré ses goûts d'artiste, son amour pour la campagne, restant homme du monde, Chirac accueillait avec la plus grande cordialité, les Français, quelles que fussent leurs opinions, avec qui il était mis en relation. A Mons, il chercha à rendre agréable, autant qu'il le put, le séjour de la ville au général Bedeau, dont il était très-apprécié comme militaire et comme homme. Il vit Charras à Bruxelles ; à Bruges, il ouvrit sa maison à nos amis Maigne, Cholat, Dubief, et à Anvers, il fut souvent l'un des auditeurs de Madier-Montjau. S'il ne suivit pas, à Ypres, les conférences de Baucel, dont il appréciait le talent, c'est que notre compagnon d'exil avait fait, sur les armées françaises, de ces épigrammes vives et mordantes que bien peu de militaires croient fondées ou opportunes, tant l'esprit de corps et l'honneur du drapeau parlent haut dans l'esprit même des plus intelligents.

Pour moi, j'avais retrouvé en Chirac un parent, un vieil ami d'enfance. Pendant mon séjour en Belgique, je suis allé passer chaque année de bonnes journées près de lui et vivre de la vie de famille. Le jour, nous visitions les curiosités de la ville où il était en garnison, ou bien nous faisions de longues promenades dans la campagne, discutant sur la politique ou les événements du jour, que nous envisagions à des points de vue souvent différents. Le soir, on faisait de la musique. Madame Chirac recevait chez elle avec tant de grâce et de distinction, que partout j'ai trouvé dans ses salons une société choisie, composée de quelques notabilités du pays et d'officiers instruits.

Si en Belgique l'hospitalité officielle est un mythe, les Belges peuvent cependant se vanter, et être vantés, de faire aux étrangers un accueil qui ne laisse rien à désirer.

Que des personnages ayant un titre officiel, une célébrité quelconque, que des écrivains, des artistes de renom, des congrès, des réunions d'orphéons, des concours de jeux, de tirs, de chants, soient annoncés dans une ville, les autorités communales, les habitants et les sociétés diverses, rivalisent de zèle pour les bien recevoir.

Entrée triomphale, vin d'honneur versé libéralement, drapeaux aux fenêtres, escorte avec musique, gardes civiques, troupes de la garnison et sociétaires médaillés, discours, acclamations, fêtes de toute nature, rien ne manque au programme.

Ceux qui ont vu la réception faite aux riflemen anglais venus au tir international, peuvent seuls avoir une idée de ce que les Belges savent faire en pareille occurrence.

Pendant huit jours, ce n'a été que banquets, spectacles, revues, manifestations de toutes sortes. La soixantaine de gardes nationaux, décorés par leur empereur, ficelés dans leurs tuniques comme des saucissons, et qui représentaient les boutiquiers de la rue Saint-Denis, ont bien pris leur part de toutes ces fêtes ; mais ils faisaient assez triste figure au milieu des deux mille volontaires anglais, presque tous jeunes, lestes et pittoresquement costumés. On voyait bien que ce n'était pas pour eux que Bruxelles s'était mis en frais.

Les membres du congrès international pour l'avancement des sciences sociales ont, de leur côté, gardé le souvenir de l'accueil princier qui leur a été fait par le bourgmestre de Gand, M. de Kerckove.

En dehors de ces solennités extraordinaires, on fait, certains jours aussi, pour ses visiteurs ou ses invités, les choses en grand. Dans leurs fêtes, l'aristocratie, la banque, la grande industrie déploient un luxe ébouriffant. Les salons, somptueusement meublés, lambrissés d'or, ruissellent de lumières. Il y a des fleurs partout. Le vestibule, l'escalier sont éclairés à *giorno*. De nombreux laquais en livrée font espalier dans les antichambres. Les mets les plus délicats, les vins des meilleurs crus sont prodigués aux convives. Des buffets en permanence, des rafraîchissements abondants, des soupers arrosés de champagne, un orchestre excellent sont à la disposition des danseurs, et les maîtres de la maison, dans le costume de rigueur, font les honneurs dans toutes les règles. Le lendemain, les beaux meubles sont mis sous la housse ; les laquais endossent une simple veste en laine rouge et le tablier de percaline verte, ce qui les fait ressembler à des perroquets ; l'escalier est à peine éclairé par un modeste bec de gaz ; les fleurs sont rapportées dans les serres ; l'argenterie de parade, remise dans les tiroirs, est remplacée par du ruolz ; la grande salle à manger est froide ; la table, dressée dans le petit salon, est modestement servie ; toutes les fenêtres de la maison sont sombres : une seule brille, c'est celle où madame la comtesse, en déshabillé, passe sa soirée seule, et n'y étant pour personne que pour l'ami de la maison, qui a les grandes et les petites entrées.

Ces soirées intimes, sans cérémonie, ces réunions de femmes aimables, d'hommes d'esprit, où la conversation fait si vite passer les heures, sont presque inconnues en Belgique. La France en avait jadis, pour ainsi dire, le monopole : le luxe, la politique, le tabac, les mœurs débraillées du jour, les auront bientôt fait disparaître.

Le dimanche est, pour la bourgeoisie et le commerce, le jour où tout se transforme. Dans la semaine, les dames restent, en costume assez négligé, dans la salle à manger, le magasin ou la cuisine de cave, s'occupant des enfants et des affaires du ménage. Le dimanche, elles font une toilette tapageuse, reçoivent des visites dans leur salon, la seule pièce qui, avec la chambre à coucher, ait des meubles de luxe ; et, afin que la journée soit bien remplie, elles font, le matin à l'église, leurs dévotions, se rendent, après midi, sous les arbres du Parc, pour entendre la musique des grenadiers, et vont le soir, au Jardin zoologique, assister au concert des guides et manger un bifteck en famille. Les maîtresses de maison donnent rarement chez elles des fêtes, grandes ou petites, comme bals, repas ou soirées ; et c'est ordinairement au restaurant, où ils régalent bien, que les maris invitent à dîner leurs amis. Chez eux, ce qu'ils offrent, à toute heure du jour, avec un égal empressement, à leurs connaissances, c'est un verre de bordeaux, de bourgogne ou de madère, ce que dans le Hainaut on appelle inviter à prendre le café. Dans les classes laborieuses, on donne à ses visiteurs ce qu'on a : la tasse de café sans sucre et la tartine beurrée.

Il est des cas où l'invité paie en quelque sorte son écot ou fait son cadeau. Pour les mariages, chacun offre un bouquet plus ou moins beau à la mariée, qui en emplit une corbeille, mise ensuite sous verre. Parmi les ouvriers, l'usage veut que les personnes engagées à la noce portent aux époux des ustensiles de ménage. Dans plusieurs villes, notamment à Gand, chez l'aristocratie même, on a l'habitude de laisser la pièce blanche aux gens de la maison où l'on vient de dîner. En revanche, on ne donne aux garçons ou aux filles de restaurant et de café, que dans les établissements où les modes parisiennes ont pénétré.

Les Belges rachètent donc individuellement, on le voit, les torts de leurs gouvernants, toutes les fois que cela dépend d'eux, on peut flatter l'amour-propre national.

Avec leurs habitudes, leurs mœurs, leurs institutions libérales, un gouvernement constitutionnel, un pays dans lequel les étrangers de toutes les nations viennent vivre de leurs revenus, de leur industrie ou de leur travail, et dont tant d'habitants vont chercher chez leurs voisins la fortune, l'aisance, les moyens d'existence, comment se fait-il que les Belges aient laissé si longtemps fonctionner, sans protestation, cette loi des étrangers qui entache la vieille hospitalité belge ?

Avant que les meetings ne se fussent emparés de la question, le public ignorait en partie quelle était la portée de la loi et comment elle était appliquée. Il n'en devait plus être ainsi en 1865, lorsque les orateurs des réunions de la *Louve* eurent averti et agité la Belgique par leurs discours, les chiffres qu'ils donnèrent, les pétitions envoyées couvertes de signatures aux Chambres.

Alors, dans le pays cependant, la réprobation, il faut le dire, ne fut ni vive, ni générale. Dans les Chambres malgré, d'énergiques appels à la justice, une majorité, composée de cléricaux et de libéraux, replaça, pour trois ans, les étrangers sous le pouvoir discrétionnaire de la police, qui use et abuse, comme on sait, de la permission.

VIII

LE DROIT DES ÉTRANGERS.

I. — RÉFUGIÉS NON POLITIQUES.

Les nécessités de la politique, les intérêts de parti, les doctrines égoïstes du *chacun chez soi, chacun pour soi*, ont sans doute, en 1865, beaucoup contribué au maintien de la loi. Toutefois, la cause principale, selon nous, c'est que les adversaires et les défenseurs de cette loi ont également confondu sous la dénomination d'*étrangers*, trois catégories très-distinctes : 1º les citoyens exilés, proscrits ou réfugiés pour cause politique; 2º les gens sans aveu, sans papier, repris de justice ou condamnés pour crimes et délits de droit commun; 3º les habitants des autres pays, résidant volontairement en Belgique pour leur santé, leurs plaisirs ou leurs affaires. Tout le monde a voulu qu'on appliquât la même loi aux trois catégories; seulement, le gouvernement demandait que cette loi fût pour lui le pouvoir discrétionnaire; l'opposition voulait qu'elle devînt pour les étrangers le droit commun.

De la combinaison de ces deux principes modernes, la solidarité des peuples et l'autonomie des nations, il nous paraît au contraire résulter que ni l'opposition ni le gouvernement ne sont ici dans le vrai. A notre sens, les repris de justice et les réfugiés dits de commerce doivent être placés sous la main de la police; les proscrits et les réfugiés politiques peuvent rester sous la surveillance du gouvernement ; tous les autres étrangers sont appelés à jouir du droit commun.

Il s'agit, en effet, de concilier sur ce point, les lois du pays, le droit des gens et les devoirs de l'hospitalité ; de sauvegarder les bonnes relations internationales en même temps que la tranquillité, la sûreté et l'indépendance du pays. On ne peut y parvenir qu'en laissant chaque catégorie d'étrangers sous une législation spéciale.

Pourquoi ceux qui ont forfait à l'honneur, manqué à leurs engagements ou à leurs devoirs, qui ont des comptes à régler avec la justice, seraient-ils admis, aussitôt qu'ils ont franchi la frontière, à profiter des prérogatives et priviléges des citoyens du pays où ils ont trouvé un refuge ? Pourquoi, en mettant tout simplement le pied sur le sol étranger, seraient-ils là investis des droits qu'ils n'ont plus chez eux, auraient-ils la faveur d'être réhabilités, avant d'avoir subi leur peine ou satisfait à leurs obligations ? Faudrait-il dire aussi des délits et méfaits : *Vérité en deçà des Pyrénées, erreur au delà !*

Qui donc, excepté les individus tenus de supporter la responsabilité de leurs actes, aurait à se louer de la confusion établie par la loi ? Personne. Ni les nationaux, ni les réfugiés politiques, ni les compatriotes de la gent suspecte ou tarée, ne seraient flattés d'être assimilés aux hommes qui ont eu des malheurs d'un genre si spécial.

Chaque pays, de plus, deviendrait le Botany-Bay des nations voisines, et en écoulant sa lie sur les autres, recevrait leur écume : les petits seraient submergés.

En quittant leur patrie, les individus de la classe dont nous parlons ont échangé la prison contre le bannissement ; les agents de l'autorité et les exécuteurs de la justice du pays d'origine ne peuvent pas les poursuivre, sauf dans certains cas, sur la terre étrangère.

Si en trouvant la liberté sur cette terre, ils sont soumis par les autorités locales à une surveillance particulière, ils ne peuvent ni s'en étonner, ni s'en plaindre. Le pays qu'ils habitent n'a qu'à s'en louer. Les peuples, les gouvernements, voyant les arrêts de leur justice partout exécutés, les méfaits toujours punis, quoique d'une manière différente, se trouvent rattachés les uns aux autres, par des liens qui les unissent et les uniront de plus en plus, sans jamais les enchaîner. Pour cela aussi, l'extradition doit être étendue au plus grand nombre de cas possible. Il faut toutefois accorder à ceux que la justice de leur pays réclame, les garanties nécessaires pour que les innocents ne soient pas livrés à la police, et que les lois de l'État qui donne l'asile ne soient pas violées.

Ce qui est humain, normal, juste, c'est que les réfugiés non politiques, pendant le temps de l'expiation, puissent vivre, tranquilles, de leur industrie ou de leurs revenus, sans être exposés aux brutalités et à l'arbitraire de la police subalterne; c'est ensuite qu'ils entrent de droit dans la catégorie des étrangers domiciliés, lorsque, par la prescription ou de toute autre manière, ils ont satisfait à la loi, éteint leur peine.

Ce ne sont point, en effet, des condamnés à mort ou au bagne, ces fugitifs échappés à la prison. Leur enlever par des vexations habituelles, des expulsions sans motif, tout moyen d'existence, c'est les frapper au cœur, ou les réduire à une misère, souvent à un désespoir qui peuvent avoir pour eux, pour leur famille, pour la société, les plus graves conséquences. Afin de remédier aux abus dont ils ont à souffrir, il suffirait que les étrangers de cette catégorie ne pussent être internés et expulsés, que sur le rapport d'un commissaire de police, l'incriminé ayant été préalablement entendu par l'administrateur de la sûreté publique ou un de ses délégués.

II. — RÉFUGIÉS POLITIQUES.

Prenant la défense des proscrits, dans la presse et les meetings, avec la passion qui vient du cœur, la conviction que donnent les principes, les démocrates et les libéraux avancés, dont nous avons dit les noms, ont en toutes circonstances demandé que les réfugiés politiques eussent à répondre, en Belgique, à la justice seule, de leurs paroles, de leurs écrits, de leurs actes.

Le sentiment dont nos amis belges s'inspiraient, est trop honorable, trop noble, trop loyal, pour que tous les étrangers, et les proscrits plus que personne, n'aient pas des remercîments à leur faire, des applaudissements à leur donner.

En présence des expulsions nombreuses, brutales dont elle était le témoin indigné, la démocratie belge aurait semblé être complice de son gouvernement, abandonner les exilés à l'arbitraire de la police, si elle n'avait pas énergiquement revendiqué pour eux, comme pour tous les autres étrangers, la protection de la justice.

Seuls, les proscrits, peut-être, ont le droit, la mission, de se mettre en dehors de la loi commune, afin d'assurer autant que cela dépend d'eux, le repos, la paix des pays où ils trouvent une patrie nouvelle, et de reconnaître ainsi l'hospitalité qu'ils reçoivent.

Les anciens croyaient que le laurier attirait la foudre, et la Bible raconte que Caïn portait en tout lieu gravé sur son front le signe du meurtre.

Eh bien! la proscription, l'exil, lorsqu'on les subit pour avoir combattu le despotisme, défendu la liberté, soutenu une juste cause, c'est le laurier qui appelle les orages politiques, les foudres monarchiques, sur les exilés ayant bien mérité de leur patrie et de l'humanité.

Ceux que leur pays repousse avec horreur et mépris, condamne à un exil sans fin, parce qu'ils ont voulu attenter à la souveraineté populaire, détruire la liberté, violer la Constitution, usurper le pouvoir, trahir la patrie, ou parce qu'ils ont sacrifié à de mauvaises passions, à des intérêts de parti, un de ces grands citoyens, comme Lincoln, dont la vie devrait être inviolable, ceux-là, s'ils échappent par la fuite au châtiment, restent marqués, ainsi que par un fer rouge, de la flétrissure du forfait.

Bien que si différents les uns des autres, les réfugiés de ces deux classes ont tous également, à l'étranger, une position exceptionnelle.

Suivant leur parti, les causes de l'exil, ils sont les amis ou les ennemis politiques des peuples et surtout des gouvernements qui les reçoivent.

Les républicains ne doivent pas s'attendre à trouver, dans une monarchie absolue ou même constitutionnelle, le même accueil que dans une république; ils peuvent, ici, recevoir des ovations, là, être traités en suspects, parfois en prisonniers de guerre, ainsi que le furent le général Lafayette à Olmütz et plusieurs proscrits français en Belgique.

Dans l'une et l'autre hypothèse, les réfugiés restent pour leur propre gouvernement des adversaires d'autant plus à craindre, qu'ils sont à l'abri de ses coups. Ce gouvernement, ne pouvant atteindre, sur une terre où son pouvoir n'est pas reconnu, ceux qui le menacent, le bravent ou l'inquiètent, fera tous ses efforts pour les éloigner le plus possible des frontières de ses États.

Ombrageux, méfiant, faible et ayant, avec de justes sujets d'inquiétude, le droit de se défendre contre un danger imminent, il pèsera par ses réclamations, par sa diplomatie, par ses lettres autographes, sur le gouvernement allié ou ami, qui donne asile à ses ennemis.

Puissant, violent, aimant à se lancer, quand il croit le moment favorable, dans les aventures, avide de batailles, de conquêtes, d'annexions, il parlera haut, la main sur la garde de son épée, sera raide, cassant, impérieux, afin de faire une querelle d'Allemand au voisin.

Au besoin, il trouvera facilement un motif de guerre dans la présence de proscrits qui ne désarment pas, et parmi lesquels on peut même glisser quelques agents provocateurs, chargés d'exciter des troubles, de compromettre les réfugiés autant que le pays de refuge.

Que fera le gouvernement de ce dernier pays? Si ce sont des hommes, dont il déteste ou redoute les doctrines, qu'il veut protéger, garder envers et contre tous, au risque de rompre ses bonnes relations avec un allié, parfois de se mettre en guerre contre lui, c'est de l'héroïsme ou de la folie. Cela ne s'est jamais vu ; personne ne peut le demander.

Les peuples émancipés par notre grande Révolution ne songèrent certes pas un seul instant à combattre la République de 92, pour garder sur leur sol les émigrés armés contre leur patrie. Au contraire, ils furent les premiers à repousser l'ennemi commun loin de la France, et ils firent ce qu'ils devaient.

Si ce sont des coreligionnaires politiques à qui on donne un asile, il est dur, humiliant, triste sans doute de *courber la tête*, ainsi que le disait M. Frère, sous la volonté de l'étranger. Mais si alors le gouvernement résiste à toute pression, il est exposé à se voir accusé d'être le fauteur des complots qui s'ourdissent sur son territoire et des entreprises que l'on prépare, le complice de ceux dont les actes, les paroles, les écrits, la présence seule, sont regardés par le proscripteur comme des provocations, des outrages, des périls.

L'Helvétie sait ce qu'il lui en a coûté, sous Louis-Philippe, pour avoir voulu garder dans ses montagnes ce Louis-Napoléon qu'elle croyait un républicain, et dont elle avait fait un citoyen suisse.

Les meilleurs amis des proscrits ne demandent pas, il est vrai, pour les réfugiés l'inviolabilité ni l'impunité. Ils veulent seulement que les étrangers de cette catégorie n'aient à répondre de leurs actes, comme les Belges, que devant la justice, et ne soient frappés, s'il y a lieu, que par la pénalité ordinaire.

Au premier abord, cela paraît simple, naturel, rationnel, juste; cependant l'intervention de la justice, loin de remédier aux difficultés, aux inconvénients, aux dangers que nous venons de signaler, les empire, les aggrave.

Le genre de délits dont les proscripteurs accusent les proscrits, les faits et gestes des réfugiés qui sont entre les gouvernements un sujet d'inquiétudes, de récriminations, de menaces, de conflits, ne tombent pas en général sous l'application d'un article de loi. Des rassemblements, sans armes apparentes, sur la frontière, des communications fréquentes entre les exilés et leurs amis de l'intérieur, la présence, dans certaines réunions, sur certains points, d'hommes actifs, énergiques, connus par leur influence ou leur audace, cet ensemble de propos, de démarches, de manœuvres, faisant pressentir sans l'établir la conspiration, le complot, la prise d'armes, offense, irrite, mécontente les gouvernements et les pousse à provoquer ou à mettre à exécution des mesures de rigueur. Mais tout cela ne peut être incriminé, poursuivi, puni par la justice ordinaire. Celle-ci ne doit frapper que les délits et crimes prévus par la loi écrite, établis par des preuves incontestables.

La magistrature peut, il est vrai, en accordant tout, les yeux fermés, rendre des services et non des arrêts, ainsi que cela se fait dans des États fort connus. Alors elle se déshonore et démoralise la nation, qui voit la justice se prostituer à la force. Lorsqu'au contraire cette magistrature remplit son devoir jusqu'au bout, malgré les conséquences qui peuvent en résulter, refusant de condamner des étrangers sauvegardés par le droit commun, la lutte avec le gouvernement qui réclame, par un ultimatum menaçant, ce qu'il croit avoir le droit d'obtenir, est inévitable. Le pays, le parlement, le pouvoir, sont tenus de faire respecter, quoi qu'il puisse arriver, les décisions de leur justice, de prêter main forte à la loi contre tous, même contre les gouvernements étrangers appelant des jugements aux armes.

Qu'on laisse au pouvoir exécutif le droit de décider du sort des réfugiés politiques, placés d'ailleurs pour les choses ordinaires de la vie dans la loi commune, les choses se passent autrement. Les ministres sont juges de ce qu'exigent la dignité, l'honneur et la sûreté du pays. La raison d'État, les preuves morales, les nécessités de la situation, ils peuvent tout peser, tout apprécier ; et quand ils ont pris une décision, ils n'ont point engagé le pays ; ils ont assumé sur eux seuls la responsabilité d'actes dont le parlement, la presse, l'opinion publique, ont toujours le droit de leur demander compte.

L'opinion publique, voilà surtout ce qui doit protéger les vaincus, les faibles, les proscrits, contre les mesures arbitraires, vexatoires, violentes, des gouvernements. Là où l'opinion publique laissera faire sans s'indigner, sans protester, les ministres se permettront tout. La magistrature elle-même accordera sans marchander ce qu'on exigera d'elle. Là où elle sait se faire entendre, écouter, les ministres seront conspués, flétris, brisés, s'ils ont compromis l'honneur de la nation, ou usé de rigueurs inutiles, injustes, et là aussi la justice restera impartiale, intègre.

En Angleterre, c'est l'opinion qui plus que toute autre chose, fait des réfugiés politiques des *hôtes* auxquels nul ne peut toucher.

On aurait tort cependant, dans la question des *étrangers*, d'invoquer l'exemple de cette nation.

Si la Grande-Bretagne reçoit et garde tous ceux qui viennent chercher un asile chez elle, ce n'est point seulement parce qu'elle peut repousser la force par la force, ou veut avoir en réserve, pour s'en servir au besoin, les prétendants et les vaincus de tous les partis. C'est encore parce qu'elle est entourée de tous les côtés par la mer ; qu'ainsi les puissances voisines ne peuvent pas se croire ou se dire menacées par une poignée d'hommes perdus, au delà de l'Océan, dans la foule, au milieu d'un peuple dont ils ne parlent pas la langue.

Dans ce pays de liberté absolue, les étrangers résidant, domiciliés, n'ont pas le droit, du reste, d'acquérir une propriété foncière, lorsqu'ils n'y sont pas nés ou naturalisés, et le parlement est investi par la Constitution, contre eux comme contre les nationaux, des plus grands pouvoirs. Quand il le veut, il peut suspendre, pendant un temps indéterminé l'*habeas corpus*, c'est-à-dire, mettre un voile sur la statue de la liberté anglaise, jusqu'au rétablissement de la tranquillité, et voter l'*alien bill*, c'est-à-dire, expulser en détail ou en masse les hôtes de la nation, les réfugiés politiques aussi bien que les autres étrangers.

L'Irlande bien souvent et Londres en plusieurs circonstances, spécialement dans des mouvements chartistes provoqués par la révolution de 1848, ont vu mettre à exécution ces mesures d'exception. Dans ces grandes occasions, quand la troupe ne suffit pas, les simples citoyens s'en mêlent. Ils se font *constables volontaires* pour réprimer l'émeute ou maintenir l'ordre. C'est ainsi que le personnage, appelé aujourd'hui l'empereur des Français, figura un jour avec beaucoup d'avantages, on s'en souvient, parmi ces agents de police amateurs.

Ce n'est pas tout, les comtés, les villes ont des franchises, des lois particulières avec lesquelles elles se débarrassent, aussi bien qu'on le fait sur le continent, de ceux qui leur déplaisent.

A propos d'une décoration envoyée à l'intime allié, Félix Pyat disait dans une de ses lettres que la reine Victoria avait mis Louis-Napoléon au bain. Les habitants de Jersey ne comprirent pas mieux le jeu de mots de Pyat, que les Ixellois n'avaient compris l'ironie de Proudhon. En loyaux sujets de leur *queen*, ils voulurent saccager les bureaux du journal l'*Homme* qui avait publié la lettre. Les réfugiés français résidant dans l'île s'armèrent et se tinrent prêts à soutenir le siége. Devant cette énergique attitude, les Anglais s'en tinrent aux menaces et aux injures. Vingt-sept de nos amis, qui avaient protesté contre les violences dont ils étaient menacés, et adressé à la France un manifeste énergique contre l'empire, furent obligés de quitter l'île. Ce fut alors que Victor Hugo, ses fils, Dulac et la plupart des signataires de la protestation allèrent habiter Guernesey, où étaient déjà Landolphe avec le général Leflô, orléaniste. Ribeyrolles, abandonna l'Angleterre pour le Brésil, et l'*Homme* cessa de paraître.

Quelques mois après, Gersey, où une minorité ignorante et ultra royaliste avait entraîné la population, soulevée à la suite d'un meeting *d'indignation* rappelait les proscrits : ils ne revinrent pas.

IX

DEVOIRS DE L'HOSPITALITÉ POLITIQUE.

Les réfugiés politiques peuvent et doivent, ainsi que nous venons de le montrer, rester en Belgique, comme partout, sous la surveillance du gouvernement ; mais ils sont les hôtes de la nation à laquelle ils ont demandé un asile. A ce titre, ce qu'ils ont à espérer dans les États constitutionnels, c'est de ne pas être jetés à la mer sans avoir le temps de se reconnaître, ou écrasés sans bruit entre deux portes.

Pour eux, le droit, c'est de ne pas être traités en forçats, en criminels, c'est-à-dire, de ne pas être livrés, au dedans à la police, au dehors à leurs ennemis.

En conséquence, la loi doit statuer ce qui suit :

Les réfugiés politiques relèveront, non plus des préfectures de police, administration de la sûreté publique ou magistrature analogue, mais du ministère de l'intérieur. Si par leur conduite, leurs actes, ils ne donnent aucuns sujets de plaintes, ils vivront, comme tous les autres citoyens, sous la garantie des lois du pays, sans être soumis à aucune mesure vexatoire, humiliante, arbitraire ou injuste. Accusés de faits de nature à entraîner l'expulsion, ils seront admis à se défendre devant un délégué du ministre, et ne pourront être renvoyés du territoire que par une ordonnance royale motivée, après un délai suffisant pour qu'ils aient le temps de mettre ordre à leurs affaires.

L'ordonnance royale et les autres garanties que nous demandons, ne seront pas une digue bien forte contre le mauvais vouloir d'un ministre, décidé, par de bonnes ou de mauvaises raisons, à sévir. Il y aura peut-être encore parfois d'injustifiables, de scandaleuses expulsions. Mais ces expulsions seront rares, car les ministres auront à en répondre devant l'opinion comme devant le parlement. L'on ne pourra plus voir, du moins, de bons citoyens, des hommes honorables, d'illustres victimes de la politique, arrêtés comme des voleurs, assimilés à des repris de justice et des galériens, conduits avec des menottes, au milieu de gendarmes, à la prison ou aux frontières. Il ne sera plus possible non plus de sacrifier sans motifs, sans raison, ou d'abandonner aux vexations des hautes et basses polices, des exilés inoffensifs, parce qu'ils seront obscurs, malheureux, sans protection.

Quand on sait que sur quarante-deux mille étrangers expulsés en vertu de la loi des étrangers, soixante et quinze seulement l'ont été par un arrêté royal, et qu'à l'avenir les réfugiés politiques en mesure de repousser les accusations portées contre eux seraient soutenus, défendus par les représentants et la presse de l'opposition, on comprendra sans peine qu'un très-petit nombre de ces réfugiés se verraient condamnés par la raison d'État à quitter la Belgique ou tout autre pays.

Si nous admettons des circonstances où l'expulsion peut-être prononcée par les gouvernements, nous ne reconnaissons à aucun pouvoir, pas même à la justice, le droit d'extrader des réfugiés condamnés ou poursuivis dans leur pays pour cause politique.

Depuis longtemps il était admis par le droit des gens, reconnu par les traités, écrit dans les codes (1), accepté par la conscience publique, que les étrangers ne pouvaient être punis ou poursuivis pour aucun délit politique antérieur à l'extradition, ni pour aucun fait connexe à de semblables délits ; que ceux-là seuls, mis en accusation ou condamnés par les tribunaux des pays étrangers, pour crimes ou délits non politiques commis sur leur territoire, devraient être livrés aux gouvernements de ces pays, réclamant ces coupables.

---

(1) Code belge. — Loi sur les extraditions, 1ᵉʳ octobre 1835.

Pourquoi cette différence? Est-ce que les délits ou crimes politiques sont moins dangereux pour la société que les autres? Bien loin de là; troubler l'ordre public, prendre les armes pour renverser par la force un gouvernement, ensanglanter une ville par l'émeute, allumer la guerre civile dans un pays, sont des actes que les vainqueurs, la société officielle, la justice du moment, doivent condamner et punir avec plus de sévérité que l'assassinat d'un seul individu, l'incendie d'une maison, les coups et blessures donnés dans une rixe ordinaire.

Si donc l'échafaud, que la démocratie a juré de renverser avec toutes les tortures, toutes les iniquités de la vieille société, restait debout, la peine de mort devrait être abolie plutôt pour les crimes ordinaires que pour certains crimes politiques.

La différence, en fait d'extradition, vient de ce que les crimes et délits politiques ne sont pas de la même nature que les autres. Ceux qui sont mêlés à ces faits d'où dépendent la victoire ou la chute d'un parti, n'ont point, ordinairement du moins, les passions viles, basses, cupides ou féroces qui inspirent à tous l'horreur et le mépris. Ils affirment hautement leur droit, proclament la légitimité des principes ou des intérêts qu'ils veulent faire triompher, obéissent au sentiment du devoir, au désir de servir la patrie ou aux excitations d'une ambition, égoïste souvent, criminelle parfois, mais parfois aussi avouable, et se cachant toujours, d'ailleurs, sous les grands mots de gloire, de bien public, de salut du peuple. Ils peuvent être coupables sans se déshonorer.

De plus, suivant les temps, les lieux, les partis, ce qui est pour les uns scélératesse est héroïsme pour les autres; et l'histoire appelle souvent *vertu* ce que l'on a flétri hier comme un crime. Enfin, pour les hommes politiques, si la roche Tarpéienne est toujours près du Capitole, l'exil est quelquefois aussi le chemin du pouvoir.

Les soldats d'une cause vaincue ont pu être frappés, condamnés, proscrits par leurs vainqueurs. Ils n'ont été jugés que par leurs ennemis. C'est donc à leurs ennemis, non à une justice impartiale, qu'on les livre, en les extradant du pays où ils avaient trouvé un refuge.

Sous le vent de réaction qui, depuis le 2 décembre, a soufflé dans l'Europe monarchique, toujours battue en brèche, malgré tout, par la démocratie, les porte-couronnes ont senti le besoin et eu le pouvoir de faire entre eux une assurance mutuelle pour garantir leur vie, par suite, se ménager un règne long et paisible.

Par leur ordre ou pour leur complaire, les sophistes du droit, de la jurisprudence, ont jésuitiquement distingué ce qui avait été confondu jusque-là. Les assemblées législatives, en Belgique notamment, ont voté un petit article de loi ainsi conçu : « Ne *sera pas réputé* « délit politique ni fait connexe à un semblable délit, l'attentat « contre la personne du chef d'un gouvernement étranger ou « contre celle des membres de sa famille, lorsque ledit attentat « constitue le fait soit de meurtre, soit d'assassinat, soit d'empoi- « sonnement. »

Par cette légère modification au code, le régime des extraditions est complétement dénaturé. Sous le coup d'une accusation que les polices, par les moyens dont elles disposent, les procédés qu'elles emploient, peuvent faire peser sur le premier venu, et appuyer sur de prétendues preuves ou pièces, produites, au besoin fabriquées par elles, il n'y a pas un seul réfugié politique qui, à l'aide de ce mot si vague d'attentat, puisse être à l'abri d'une extradition, se soustraire par la fuite, l'exil, à la vengeance d'un implacable vainqueur, d'un ennemi puissant.

L'attentat fût-il réel, eût-il eu un commencement d'exécution, fût-il accompli, il ne constitue en fait et en droit qu'un acte politique.

Eh quoi ! c'est faire de la politique, en tirant du haut d'une barricade sur des soldats combattant l'insurrection, au péril de leur vie, sur les ordres de leurs chefs, et ce n'est pas en faire que de tirer, dans la rue, sur le chef du pouvoir qui, du fond de son palais, abrité contre tout danger, a déchaîné la proscription, la mitraille, l'incendie, la terreur, la mort, sur un pays tout entier !

Cela n'est point sérieux : les rois peuvent le dire, les peuples ne doivent pas l'admettre. Lorsque les partis se mettent hors la loi, attenter à la vie de ceux qui sont aux premiers rangs ou aux derniers dans l'armée ennemie, c'est toujours un *attentat*. Ces deux ordres de faits peuvent être plus ou moins flétris, acclamés, condamnés, récompensés, selon le succès ou la défaite, ils sont les uns et les autres de nature politique. Les vaincus, à qui on en fait un crime, arrêtés sur leur territoire, les expient par les peines que le vainqueur ou la loi leur infligent. Réfugiés à l'étranger, ils ne doivent être extradés sous aucun prétexte.

Dans la révision du code pénal, le ministère Bara, Frère et

compagnie, en détachant du titre des extraditions, pour n'avoir ni à le repousser ni à l'accepter, l'article introduit par M. Nothomb pour les attentats non politiques, s'est volontairement, sciemment, rendu complice d'un acte contraire aux principes du droit moderne, antilibéral.

Il ne suffit pas, en effet, pour ne pas avoir la responsabilité de ce que l'on peut empêcher, de dire avec Pilate : *Ce n'est pas moi qui l'ai fait, je m'en lave les mains.*

Les ministres doctrinaires, escamotant la discussion dans un Parlement où ils avaient la majorité, ont bien réellement maintenu, consacré une législation qui peut, un jour, imprimer sur la Belgique une tache de honte et de sang. Depuis, ils ont fait un pas de plus. Le fameux article réservé vient d'être glissé sournoisement, par eux, dans le nouveau traité entre la Belgique et la France sur les extraditions.

Il est sans doute des cas où le meurtre, l'assassinat, l'empoisonnement des chefs du gouvernement, ont pour mobiles des motifs, non politiques ni connexes, à la politique ; mais c'est dans les cours, les familles ou la domesticité des princes, qu'on trouve ceux qui s'en rendent coupables pour des raisons d'intérêt personnel. Ceux-là seuls restent et doivent rester soumis à l'application des lois pénales ordinaires.

Sous la réserve des considérations que nous venons de présenter et des garanties qui nous paraissent légitimes, nous, proscrits, nous déclarons que nous ne reconnaissons ni ne réclamons le droit à l'hospitalité. Lorsque la France sera redevenue républicaine, nous inscrirons dans la loi, comme nos pères dans leur Constitution de 1793, ces fières paroles qui résument notre pensée :

« Le peuple français donne asile aux étrangers bannis de leur
« pays pour la cause de la liberté ; ils le refusent aux tyrans. »

Que les tyrans repoussent de leurs États ceux qui ont combattu pour la liberté, c'est leur droit. Vaincus, les soldats des justes causes iront chercher ailleurs une terre libre !

X

ÉTRANGERS DOMICILIÉS, RÉSIDANTS.

Est-ce un asile, un refuge, l'hospitalité que viennent demander les étrangers qui passent librement, volontairement, d'un pays dans un autre ? Évidemment non !

Depuis que l'homme n'est plus enchaîné à l'homme par l'esclavage, à la terre par le servage, à la patrie par la loi (*ne quis in patriâ teneatur ut in carcere*), et que le grand principe de la liberté individuelle est proclamé, accepté par tous ; lorsque les peuples ne sont plus parqués dans des enceintes tracées par les constitutions, les religions, les mœurs, ni séparés les uns des autres par des barrières infranchissables, alors, aller, venir, rester, c'est pour tous, pour chacun, un droit inviolable et sacré.

A une époque où le travail, l'industrie, le commerce, aussi bien que les chemins de fer, les bateaux à vapeur, le télégraphe, rapprochent et mêlent de plus en plus les membres des agglomérations appelées nations, demander qu'un peuple, tout en gardant son indépendance, son autonomie, ne s'entoure pas d'une muraille de Chine, ne s'isole pas du reste du monde, ne voie plus dans l'étranger un ennemi, mais s'harmonise avec ce qui l'entoure, et vive de la vie générale, ce n'est pas faire de l'utopie ou du cosmopolitisme, c'est affirmer et vouloir réaliser la solidarité des peuples.

Oui ! de nos jours, toute nation, par devoir autant que par intérêt, est tenue d'offrir chez elle toutes les garanties désirables à celui qui confiant dans les traités, sous la protection morale de son gouvernement, vient du pays voisin acheter ses produits, étudier ses mœurs, admirer ses monuments, peindre ses paysages, respirer son air libre, lui porter des objets utiles, curieux ou nécessaires à la vie, l'enrichir de son travail ou de son intelligence, s'y associer à des entreprises industrielles. Celui-là prend sa place au soleil en vertu de son droit; dès qu'il s'assied au foyer de l'étranger en payant, il n'est plus un hôte.

En étant juste, chez elle, chaque nation assure à ses émigrants la réciprocité chez les autres peuples, et elle se donne de nouveaux citoyens qui embellissent, fécondent, enrichissent son pays.

Or, la seule garantie efficace, équitable, rationnelle, qu'un État, qu'un gouvernement, qu'un peuple, peuvent ou doivent donner à tout individu qui habite son territoire, c'est le droit commun; l'étranger n'a rien de plus à prétendre, à espérer. En abandonnant son pays pour un autre, il n'a plus à invoquer les lois de la patrie; il ne doit même compter sur la protection de son gouvernement, que si le droit des gens était violé en sa personne.

Les lois que s'est données une nation indépendante et souveraine chez elle, l'étranger doit, quand il y réside, s'y soumettre, les respecter. En retour, il a droit, comme les autres habitants, à ce que sa personne, son travail, sa sûreté, son repos, sa fortune soient sous la protection de ces lois. Il peut encore obtenir plus et mieux par la naturalisation, qui lui confère les droits politiques aussi bien que les droits civils. La naturalisation, moyen certain d'augmenter la population, de faire de l'étranger un véritable citoyen, est chose utile, souvent nécessaire; les formalités, pour l'obtenir, ne doivent donc être ni coûteuses, ni difficiles.

Toutefois, la raison politique exige que chaque peuple défende, au moyen de certaines précautions, son autonomie, sa Constitution, ses lois, contre l'invasion de l'étranger, que cette invasion soit pacifique ou violente.

Pour exercer sa part de souveraineté dans un État, être chargé des affaires du pays, remplir des fonctions publiques, avoir une place dans les assemblées de la nation, il ne suffit pas à l'étranger, qui demande à être naturalisé, d'avoir renoncé à sa nationalité, formé un établissement, rendu même un service signalé. Il faut encore un certain apprentissage, pour ainsi parler, un temps d'épreuves, pendant lesquels ceux qui veulent devenir citoyens de leur patrie d'adoption, doivent se faire connaître, donner des garanties, s'initier à des coutumes, à des mœurs, à des lois souvent nouvelles pour eux. Sans ces précautions, les peuples libres, principalement les petits peuples, courraient le danger de voir leur autonomie, leur Constitution, leurs libertés, submergées sous les flots des nouveaux venus, qui seraient alors véritablement les barbares.

Dans tous les actes de la vie privée, de la vie civile, au contraire, la justice ordinaire sera toujours en mesure de réprimer les contraventions à la loi, commises par des étrangers, quel que soit leur nombre. Le gouvernement aura, en toutes circonstances, le pouvoir de faire mettre à exécution les arrêts de la justice.

Ici, tout le monde : nationaux, étrangers, gouvernements, trouve avantage, profit, dans l'application du droit commun aux étrangers de la catégorie dont nous venons de parler, et l'équité est d'accord avec l'intérêt. Il n'y a d'exceptions possibles que lorsque les rapports internationaux sont rompus par la guerre étrangère ; les relations des citoyens, la sécurité du pays, compromises par la guerre civile ou des mouvements insurrectionnels. Pour ces cas, le pouvoir législatif doit être investi, comme aux États-Unis, où *l'alien bill* n'a jamais été mis à exécution, et en Angleterre, où on en use à l'occasion, d'attributions lui permettent de prendre contre toutes les classes d'étrangers, sans distinction, les mesures qu'exige la situation.

Cette distinction entre les diverses catégories d'étrangers n'est pas nouvelle ; nous n'avons pas la prétention de l'avoir inventée : elle existe par le fait en France. A cet égard, il nous est bien permis d'entrer dans quelques détails, puisque *l'Office de Publicité*, plus tard *l'Écho du Parlement*, organes du parti doctrinaire, journaux dirigés ou rédigés par M. Hymans, le plus grand ambitieux et le plus petit orateur de la Chambre belge, ont si étrangement mis en cause, pour justifier leur loi des étrangers, les représentants républicains de la Constituante et de la Législative. En disant de quelle manière la République en France a traité les étrangers venant librement, pacifiquement, sur son sol, se mêler à ses citoyens, nous ferons, peut-être, tout en rétablissant les faits, cesser la confusion volontaire et habile introduite dans les débats.

Proclamant les grands principes que la société moderne adopte, en théorie au moins, pour sa loi, la première Constituante, par la Constitution de 1791, garantit à tout homme, comme droit naturel, la liberté d'aller, de rester, de partir, sans pouvoir être arrêté ni détenu que selon les formes déterminées par la Constitution. Elle décrète que les étrangers qui se trouvent en France sont soumis aux mêmes lois criminelles et de police que les citoyens français, sauf les conventions arrêtées avec les puissances étrangères; que leur personne, leurs biens, leur industrie, leur culte, sont également protégés par la loi.

D'après les Constitutions de 1794 et de l'an III, la naturalisation s'opère de plein droit par l'accomplissement de certaines conditions.

Le 28 mars 1848, le gouvernement provisoire décrète que la naturalisation, après enquête sur la moralité du demandeur faite par les autorités compétentes, sera conférée par le pouvoir législatif, et, en attendant qu'il soit constitué, par le ministre de la justice, aux étrangers qui, sans avoir accompli les conditions exigées par les lois précédentes, justifieraient d'une résidence de cinq ans. Il décrète, en outre, que tout étranger naturalisé aura les droits d'électorat et d'éligibilité, c'est-à-dire, pourra siéger dans toutes les assemblées de l'État et participer à la souveraineté du peuple, droits que ne donnent pas la grande naturalisation en Belgique, où il faut payer un cens plus ou moins élevé pour être électeur, conseiller, représentant, sénateur.

Presque en même temps, par une proclamation solennelle, le gouvernement provisoire, pour protéger les ouvriers des pays voisins contre les siens, confiait l'honneur de la République hospitalière à la générosité du peuple français.

Au milieu de ce peuple qui avait donné trois mois de misère à la République, des groupes d'ouvriers ignorants, avaient, sous l'irritation de la faim, attribué à la concurrence de l'étranger le chômage, l'abaissement des salaires, toutes les privations dont ils souffraient par suite de *l'émigration* des capitaux, à laquelle poussaient les ennemis de la République à l'intérieur ; ils menaçaient d'expulser les ouvriers étrangers. La proclamation mit fin aux troubles et rétablit l'harmonie dans la grande famille des prolétaires.

La Constituante ne changea rien aux dispositions concernant la naturalisation ; elle laissa en vigueur le décret du gouvernement provisoire. Le 25 octobre 1848, le général Lamoricière présenta, pour le ministre de l'intérieur, M. Dufaure, un projet de loi tendant à proroger jusqu'en 1849 la loi du 22 avril 1832, relative aux *réfugiés politiques* étrangers. Dans l'exposé des motifs qui occupe 50 *lignes* dans le *Moniteur* (p. 300), le ministre demandait, au nom du droit des gens, pour un délai très-court, — un an, — que le gouvernement restât armé des mesures exceptionnelles consacrées par cette loi, parce que des réfugiés étrangers, formant des rassemblements sur les frontières du Rhin et des Pyrénées, alors que le duché de Bade et l'Espagne étaient en fermentation, pouvaient compromettre, par une invasion à main armée dans leur pays, les rapports internationaux.

D'après un des articles de la loi, ceux qui avaient résidé depuis cinq ans en France, sans qu'aucune condamnation criminelle ou correctionnelle eût été prononcée contre eux, ne pouvaient être expulsés sans arrêté motivé.

L'assemblée décida que le projet serait renvoyé dans les bureaux, où il aurait été discuté à fond. Par une cause que nous ignorons, il n'en fut pas ainsi. Le projet fut porté au comité de l'intérieur, composé de cinquante membres ; le rapport fut fait par le représentant Renouvier (de l'Hérault), républicain, sinon de l'extrême gauche, au moins de la veille, nous devons le dire ; il occupe plus de place encore dans le journal officiel que l'exposé de motifs.

Le rapporteur reconnut que l'agitation qui régnait dans l'Espagne, le duché de Bade et une partie de l'Europe, et les rassemblements d'hommes armés sur les frontières, exigeaient que la France empêchât des nations avec qui elle était en paix d'être attaquées violemment. Il ajouta qu'au lendemain d'une révolution, les villes de l'intérieur elles-mêmes pouvaient être troublées par la présence d'étrangers soudoyés par les monarchies ; et il dit que s'il proposait de voter le projet de loi, tout en regrettant d'avoir à maintenir des mesures d'exception, c'est parce que le comité s'était assuré de la bienveillance et de la sympathie de la police de l'intérieur pour les réfugiés politiques.

Eh bien ! voici comment *l'Écho du Parlement*, dans sa discussion avec *l'Indépendance belge*, a rapporté les faits. Supprimant tout ce qui s'était fait, jusqu'au jour du vote, dans des séances dont le *Moniteur* rend compte aussi fidèlement que de celles citées par lui, le journal doctrinaire résume ainsi les débats sur la loi :

(Séance du 12 décembre 1848) :

« *Le citoyen Dufaure.* — Je prierai le président de mettre à « l'ordre du jour de demain la prorogation de la loi sur les réfu-« giés.

« *Le citoyen président.* — Il n'y a pas d'opposition ? Adopté.

« (Séance du 13 décembre) :

« L'ordre du jour appelle la délibération de l'Assemblée sur la « prorogation de la loi relative aux réfugiés politiques, loi dont « l'assemblée a décrété l'urgence. L'article unique de la loi est « mis aux voix et est adopté (*Moniteur universel* du 16 décem-« bre 1848, et non 1849). L'Assemblée nationale a adopté et déli-« béré en séance publique.

« Le président et les secrétaires : ARMAND MARRAST, etc.

« Le *Bulletin des Lois*, en publiant la loi, renvoie le lecteur « aux séances des 6, 13 et 20 novembre. Le compte-rendu officiel « de ces trois délibérations constate que pas un mot n'a été dit « dans aucune de ces trois circonstances pour ou contre la loi.

« Voilà une concision éloquente s'il en fut. »

Or, en Belgique, le dépôt du projet de loi demandant la prorogation de la loi de 1865, fut fait de cette manière : « La loi du 7 juillet, relative aux étrangers, cessera d'avoir force obligatoire le 17 juillet prochain. D'après les ordres du roi, j'ai l'honneur de vous présenter un projet de loi destiné à proroger cette loi pour un terme de trois ans.

Le ministre de la justice,
BARA. »

« Éloquente concision, avait dit *l'Indépendance*, cela s'appelle exposé de motifs, » c'est ce que relevait surtout *l'Écho du Parlement*, par l'article que nous venons de citer.

On peut voir maintenant de quel côté, République française et monarchie belge, les formes parlementaires ont été le mieux observées, le sort des étrangers mis en question avec le plus de dédain, et qui a demandé l'arbitraire sans phrases.

L'urgence ayant été décidée, la loi fut votée, il est vrai, sans discussion, cela se comprend. C'était trois jours après que Louis-Napoléon avait été nommé président, c'est-à-dire, à un moment où l'émotion la plus vive régnait dans l'assemblée aussi bien que dans le pays ; lorsque les véritables républicains avaient les préoccupations graves, les craintes démocratiques, que l'avenir devait montrer si fondées; alors que le gouvernement liquidait rapidement l'arriéré pour rendre la place nette et vide au nouveau pouvoir.

Comment la gauche de la Constituante a-t-elle voté? Je l'ignore, n'étant pas alors représentant.

Le nom d'un de ses membres proscrit depuis, nom que l'on trouve au bas de la loi, ne prouve rien. Comme secrétaire, notre ami Laussedat, l'un des représentants les plus fermes et les plus avancés de la Constituante, s'est trouvé plus d'une fois, au *Moniteur*, en bien mauvaise compagnie. Par exemple, sa signature, dans le procès-verbal de la nomination du président de la république, figure au-dessous de la signature de l'homme qui, au 2 décembre, devait violer son serment et proscrire ses anciens collègues de l'Assemblée nationale.

L'*Écho* fera-t-il pour cela un napoléonien, du républicain exilé et resté toujours sous le drapeau de la démocratie.

XI

LES ÉTRANGERS EN FRANCE SOUS LA RÉACTION.

L'Assemblée législative fut, à son tour, appelée en 1849 à délibérer sur la prorogation de la loi relative aux réfugiés politiques. La réaction alors était complétement maîtresse du terrain. Aussi, le rapporteur de la loi était M. Hubert Delisle, de la droite; il avait été nommé par une commission entièrement composée de membres de la majorité, et parmi lesquels figuraient deux représentants réfugiés à Bruxelles après le coup d'État, mais orléanistes, MM. Baze et Callet.

Cette loi se composait d'un article unique ainsi conçu : « Les lois du 22 avril 1832, 1er mai 1834 et 24 juillet 1839, relatives aux étrangers refugiés, sont prorogées de trois ans à dater du 1er janvier 1850. » Cette loi, comme les autres, donnait au gouvernement le droit d'interner, d'expulser les réfugiés qui compromettraient la sécurité publique, et de prendre certaines mesures contre ceux de ces réfugiés dont l'établissement *près des frontières* pourrait inquiéter l'ordre public.

En même temps, des subsides étaient accordés aux réfugiés. Ces subsides, en 1840 s'étaient élevés à cinq millions six cent mille francs. Leur chiffre montait encore à 1,600,000 francs.

Dans son rapport, en date du 30 octobre, M. Hubert Delisle disait : « La France ne voudra sans doute jamais consentir à li-
« vrer aux récriminations des partis les hommes qui ont atteint

« ses frontières à la suite de catastrophes politiques. La commis-
« sion est d'avis que la France ne peut recueillir que les véritables
« proscrits menacés dans leur liberté ou leur vie, ceux surtout
« disposés à reconnaître et respecter les institutions du pays qui
« les reçoit, mais non pas ces *ennemis implacables de toutes
« sociétés, qui ont promis de poursuivre à outrance les principes
« les plus sacrés dans tous les pays où ils les rencontreront.* Elle
« demande, vu l'état de souffrance des populations et la gêne
« financière, que les subsides soient concentrés sur les émigrés
« politiques sérieux. »

Le 20 novembre suivant, cette loi fut votée par assis et levé, sans discussion, ainsi que l'a dit *l'Office de Publicité*, mais non pas à *l'unanimité*, comme l'a affirmé sans preuves d'aucunes sortes le rédacteur de l'article, M. Hymans, dans sa lettre à Bancel.

Ni le *Moniteur*, ni aucun autre journal n'ont constaté un fait d'autant plus remarquable, qu'il se serait produit pour la première fois sous la Législative, spécialement depuis le 13 juin, où la Montagne fut décimée.

Au milieu des orages qu'amenaient presque toutes les discussions; quand pour quelques paroles échangées dans les débats, trois de nos amis proscrits par le coup d'État, Baune, Testelin, Valentin, se battaient : le premier avec l'orléaniste de Ladevansaye, le second avec un légitimiste, le marquis de Coislin, le dernier avec le bonapartiste Clary, les partis étaient si hostiles, les opinions si tranchées, que systématiquement la majorité repoussait toutes les propositions faites par la gauche, et que la minorité votait contre toutes les lois présentées par la droite, lois toutes réactionnaires d'ailleurs.

On ne trouverait pas en effet, nous l'affirmons, un seul vote sur le projet de loi le plus insignifiant, le moins empreint de politique, qui ait eu lieu à *l'unanimité*. En relevant dans le journal officiel les scrutins sur les lois de finance, où le vote par appel nominal était obligatoire, on en verra la preuve évidente.

Ce n'est pas, certes, dans une loi dirigée contre des amis politiques accusés par les réactionnaires, comme nous l'étions nous-mêmes, de poursuivre à outrance dans tous les pays les principes les plus sacrés, que nous aurions pactisé avec nos ennemis, abandonné notre ligne de conduite, dit blanc avec les blancs. Tout le monde devra nous croire lorsque, avec Bancel mis nominativement en cause, nous dirons que la gauche entière s'est levée en masse contre la loi pour la rejeter.

Personne n'a parlé contre ; voilà ce qui est vrai, établi. Or, en vertu du vieux proverbe : *Qui ne dit rien y consent*, nous avons été accusés par M. Hymans d'être les compères de MM. Rouher, Baroche, Frère, Bara et *tutti quanti*. En Belgique, les libéraux et les cléricaux du Parlement, différents par la forme, se ressemblent tant au fond que pour n'être pas confondus ensemble, et poser avantageusement devant leurs électeurs, tous veulent faire leur discours-ministre.

En France, il n'en était pas ainsi sous la République. Les partis, séparés par un abîme, laissaient les principaux orateurs discuter la question. Les cinq sixièmes, pour ne pas dire plus, des membres de ces grandes assemblées se contentaient, quand le scrutin n'était pas demandé, d'opiner par assis et levé, sans penser être *pour*, en se levant silencieusement *contre*.

Dans la loi dont il s'agit, aucun orateur de la gauche n'a pris la parole, parce que l'opposition, quelle que fût son opinion sur la théorie, sur les principes, était certaine que son intervention serait plus nuisible qu'utile à ceux dont elle aurait pris la défense, puisqu'on leur accordait du moins des subsides. Elle savait ensuite que personne ne s'était jamais plaint, n'avait jamais eu à se plaindre de la mise à exécution des mesures exceptionnelles édictées par la loi des réfugiés, mais laissées sans usage dans le code.

Lorsque sous tous les gouvernements, avant l'empire, la France avait donné aux étrangers, bannis pour cause politique, une hospitalité digne d'un grand peuple, elle ne pouvait pas, malgré la réaction, étant en République, manquer à sa tradition.

———

Les débats dont fut immédiatement suivi le vote de cette loi disent assez au surplus quel était l'esprit et quelle fut l'attitude de la gauche en cette circonstance.

Le jour même où la prorogation de la loi des réfugiés politiques fut adoptée, la discussion s'ouvrit sur une proposition concernant le séjour et la naturalisation des étrangers proprement dits.

M. Hymans, à qui on ne peut pas faire le reproche de pécher par ignorance et de n'avoir pas le courage de ses opinions, le sait et l'a rappelé. Mais lui et les défenseurs du projet ministériel, après avoir vu la distinction radicale, profonde, faite en France entre les étrangers des diverses catégories, n'en ont pas moins continué de confondre sous un même titre, pour les besoins de leur cause, tous les étrangers résidant en Belgique. Par cette confusion habile, introduite dans les débats pour enlever la loi, ils ont fait sacrifier l'immense majorité des étrangers, ceux placés en dehors de la politique, au moyen d'arguments applicables seulement à l'infime minorité, aux réfugiés politiques.

Sous la Législative, la proposition de loi avait été faite par MM. Lefebvre-Duruflé, qui devait être ministre de Louis-Napoléon au coup d'État, et Vatisménil, le plus fougueux accusateur royaliste de la Restauration. Dans la commission nommée pour l'examiner, et qui en fit un projet de loi, il n'y avait que des membres de la droite, à l'exception de M. Henri Didier, du centre gauche, représentant qu'il ne faut pas confondre avec le Henri Didier, mort fou il y a quelque temps, dans un transport d'admiration pour l'éloquence de M. Rouher. Le rapporteur était M. de Montigny, un napoléonien du lendemain.

Le projet de loi portait que la naturalisation serait accordée par le pouvoir exécutif, c'est-à-dire alors par le président Louis-Napoléon, sur l'avis favorable du conseil d'État et après enquête sur la moralité du demandeur, à l'étranger ayant été préalablement autorisé, après sa majorité, à établir son domicile en France, et y ayant résidé dix ans depuis cette autorisation. Par d'autres articles, l'autorisation d'établir son domicile pouvait, tant que la naturalisation n'était pas obtenue, être révoquée par décision du gouvernement, qui devait prendre l'avis du conseil d'État. Le ministre de l'intérieur pouvait, par mesure de police, enjoindre à tout étranger voyageant ou résidant en France de sortir du territoire français et le faire conduire à la frontière.

Il avait le même droit à l'égard de l'étranger qui avait obtenu l'autorisation d'avoir son domicile en France, mais seulement après que cette autorisation aurait été révoquée. Dans les départements des frontières, le préfet était investi du même droit à l'égard de l'étranger non résidant, à la charge d'en référer immédiatement au ministre de l'intérieur.

L'emprisonnement, l'amende, frappaient ceux qui rentraient sans la permission du gouvernement. De plus, les naturalisations accordées, depuis la République, à des étrangers n'ayant pas résidé dix ans, étaient nulles et annulées.

Voyant ainsi en quoi ces dispositions se rapprochent ou diffèrent de la législation de 1835, on reconnaîtra que la loi belge, qui ne s'occupe pas de la naturalisation régie par le code, mais englobe les réfugiés politiques, est moins libérale encore que l'œuvre de nos réactionnaires.

———

La discussion de ce projet, soumis, suivant le règlement, à trois délibérations, fut longue, animée, orageuse. Les représentants Joly, Michel (de Bourges), Jules Favre, Mathieu (de la Drôme), Bourzat, Crémieux, Chamiot, prirent à diverses reprises la parole pour le repousser.

Nos collègues demandèrent le maintien du décret du gouvernement provisoire qui fixait à cinq ans de résidence le temps nécessaire pour obtenir la naturalisation, et donnait au pouvoir législatif, comme en Belgique, le droit de conférer cette naturalisation; et ils combattirent l'effet rétroactif de la loi, qui aurait privé de leurs droits politiques beaucoup d'étrangers naturalisés en vertu du décret de 1848, enlevé de son siége de représentant un de nos collègues. Tous, ensuite, protestèrent énergiquement et contre les mesures exceptionnelles auxquelles on voulait soumettre les étrangers résidant en France, et contre les pouvoirs discrétionnaires attribués soit aux ministres, soit aux préfets. Tous invoquèrent les devoirs de l'hospitalité, la solidarité des peuples, les principes républicains, et déclarèrent, au nom de l'opposition, qu'ils ne voulaient pas d'une loi dépassant en arbitraire, en rigueur, celle de vendémiaire an VI, cette loi née dans les jours où la nation française, profondément troublée, menacée dans son existence, en avait fait une arme pour se défendre, et qu'on regardait comme abrogée.

M. Chamiot, l'un des représentants les plus modérés de la gauche, développa surtout, avec autant de cœur que d'élévation, les principes que nous n'avons fait que poser dans ce chapitre. Après avoir établi une distinction entre les réfugiés politiques et les autres étrangers, il dit :

« Jamais, sous la monarchie, on n'a autorisé l'expulsion d'un
« étranger résidant en France sous le bénéfice de l'art. 13 du
« Code civil. Votre législation est plus rigoureuse... Si vous voulez

« donner au gouvernement le droit d'expulsion, allez jusqu'au
« bout ; faites une loi complétement impitoyable ; déclarez que la
« France a perdu son caractère d'hospitalité ; déclarez que l'étran-
« ger ne peut plus créer aucun intérêt autour de sa personne ;
« qu'il ne peut plus contracter aucun lien de famille, parce que
« sous la peur qui agite le gouvernement de la France en 1849,
« aucun de ses droits ne sera respecté. (*Murmures à droite.*)

« M. *Lefebvre-Duruflé.* — On a fait l'éloge de l'étranger, on
« nous permettra bien de faire l'éloge de la patrie ?

« M. *Chamiot.* — Ce n'est pas nous qui avons fait l'éloge de
« l'étranger. Nous avons combattu les étrangers, mais l'étranger
« isolé est pour nous un concitoyen.

« M. *Lefebvre-Duruflé.* — On reproche à la nation française
« de perdre dans cette assemblée son caractère d'hospitalité. A
« cela je réponds que quand la population surabonde sur tous les
« points (*vive interruption à gauche*), quand nous avons tant de
« souffrances matérielles, tant de misères à soulager et à guérir,
« il ne faut pas abaisser d'une manière si facile les justes barrières
« qui nous séparent de l'étranger ; il faut être hospitalier envers
« l'étranger, mais ne pas pousser l'excès jusqu'à oublier la natio-
« nalité même.

« M. *Chamiot.* — La doctrine qui vient d'être soutenue peut
« être admissible vis-à-vis des populations nomades, de l'étranger
« résidant temporairement, voyageant en France ; mais je tiens
« religieusement comme impie toute doctrine qui prétend que
« Dieu n'a pas mis entre la fécondité de la terre et les hommes
« qu'elle peut porter une juste proportion. (*Réclamations nom-*
« *breuses à droite.*) Scientifiquement, je tiens l'homme pour une
« force productive ; et il n'y a que les impuissants qui refusent
« d'avoir des forces productives à leur disposition. (*Rumeurs à*
« *droite.*) »

Dans une autre séance, M. Chamiot, proposant un amende-
ment sur la naturalisation, ajouta :

« La monarchie enseigne aux peuples que les divisions territo-
« riales qui partagent les États, créent non-seulement des intérêts
« différents, mais créent aussi des intérêts hostiles, qui doivent
« amener entre eux des sentiments hostiles.

« La République, au contraire, enseigne aux peuples que si les
« conditions de races, de climats ; que si les considérations tirées

« de l'administration du globe, si je puis m'exprimer ainsi, ont
« établi des divisions territoriales, les intérêts différents qui en
« résultent ne doivent pas faire naître entre les peuples des sen-
« timents hostiles ; que tous les hommes, en dehors de leur patrie
« limitée et circonscrite, ont une patrie commune qui est la terre,
« un même père qui est Dieu ; que de cette paternité d'un ordre
« supérieur et commune à tous résulte le plus grand des prin-
« cipes qui puisse régir le monde, le principe de la fraternité hu-
« maine. De grands penseurs nous font entrevoir dans l'avenir
« une République universelle. Ils ont raison ; mais avant de déter-
« miner les conditions de la République universelle, il faut sauve-
« garder les intérêts de la République française et de la démocratie
« dans le monde. . . . .
« D'où la nécessité de certaines conditions pour la naturalisation
« des étrangers. »

Dans la séance du 3 décembre 1849, la loi, modifiée par quelques amendements qui supprimaient la rétroactivité, donnaient à
l'Assemblée législative le pouvoir d'accorder par une loi le droit
d'éligibilité à l'étranger, après deux ans de résidence, pour services rendus, fut adoptée, sur appel nominal, par 415 voix contre
194.

Le scrutin constate que la loi a été repoussée par toutes les
nuances de la gauche qui, dans aucun vote, n'a été si unie, si
nombreuse, bien qu'elle eût alors trente de ses membres les plus
avancés livrés par la majorité à la haute cour de Versailles. Parmi
les 194 opposants dont les noms sont au *Moniteur*, figurent, bien
entendu, Bancel, Charras, Victor Hugo, Chauffour, Lamennais,
Pierre Leroux, que M. Hymans a désignés comme ayant dû voter
pour la loi contre les réfugiés, et tous les représentants proscrits
réfugiés à Bruxelles, à l'exception de Brives, Belin, absents par
congé, et de Madier-Montjau, Laboulaye, Ennery, Guilgot, qui
ne faisaient point encore partie de l'Assemblée.

Voilà comment M. Hymans écrit l'histoire !

Cette question des étrangers, nous nous y sommes arrêté longtemps, trop longtemps sans doute ; mais elle est d'un intérêt général dans un siècle où les rapports entre les peuples deviennent
chaque jour plus fréquents, plus intimes, les communications plus
rapides, plus nombreuses. Nous, d'ailleurs, proscrits, ayant été
compris successivement dans les trois catégories : repris de justice,

réfugiés politiques, étrangers volontairement résidant, pouvant par conséquent apprécier pour nous-mêmes la portée, les conséquences, les anomalies de la législation en vigueur, nous sommes en mesure, mieux que personne peut-être, d'en signaler les vices, les inconvénients, les dangers.

La loi belge reparaissant devant le Parlement tous les trois ans, il était, en outre, utile, opportun de venir porter notre contingent de preuves, de griefs, pour la lutte prochaine, qui sera, nous l'espérons, décisive en faveur du droit.

XII

DERNIÈRES ATTEINTES A LA LIBERTÉ DE RÉSIDENCE.

La discussion sur la prorogation de la loi contre les étrangers avait, en 1865, soulevé de véritables orages dans les meetings, les journaux et le Parlement belge. Elle a passé presque inaperçue en 1868. Les démocrates et les libéraux avancés ont voulu probablement attendre, pour recommencer la campagne, le renouvellement d'une Chambre qu'on ne pouvait espérer voir se déjuger.

Peut-être aussi comptaient-ils un peu sur le jeune ministre de la justice, M. Bara. On le croyait ou on le disait un homme progressif, ayant gardé, en législation au moins, ses généreuses opinions d'autrefois, bien qu'en politique il fût entré avec armes et bagages dans le camp des doctrinaires, dont il est devenu un des chefs. Ministre, il avait demandé l'abolition de la peine de mort, de la contrainte par corps, de l'art. 1781 du Code, donnant aux patrons et maîtres le droit d'être crus sur parole dans leurs discussions d'intérêts avec leurs ouvriers ou domestiques ; il devait donc être le premier, cela était supposable, à vouloir briser un autre anneau de cette législation barbare du passé qui faisait de l'étranger l'ennemi.

La grande part qu'il a prise à la prorogation de la loi des étrangers en 1868 a fait voir que le jeune ministre est, lui aussi, un faux libéral, ennemi, comme ses collègues, des réformes radicales en tous genres.

En restant au ministère, après avoir vu repousser par les Chambres les réformes pénales proposées ou défendues par lui en qualité de ministre, M. Bara avait déjà donné lieu de penser que c'était pour l'acquit de sa conscience ou afin de conserver sa popularité, qu'il avait parlé en réformateur.

En 1868, le ministre a cru avoir assez fait, pour vivre de sa réputation passée, ou bien tout à fait converti au doctrinarisme, il a brûlé ses vaisseaux et prouvé par ses actes, par ses paroles, qu'autant que ses vieux maîtres, Frère, Rogier, Tesch, il défendra, appliquera la loi anti-démocratique, anti-libérale, dont la Belgique laisse faire un si déplorable usage.

Sous lui comme sous les autres ministres de la justice, la Belgique possède la liberté de la presse tempérée par les lois Faider et Nothomb, les saisies d'écrits et de listes d'abonnés, l'arrestation des écrivains et les procès civils pour dommages-intérêts, la liberté individuelle modérée par le pouvoir discrétionnaire des juges d'instruction et les détentions préventives sans indemnité la liberté des coalitions amendée par les charges de gendarmerie, les coups de fusil et l'emprisonnement.

En 1868, après être venu à la tribune justifier, approuver, comme s'ils les avaient ordonnées, les expulsions de Rogeard et Longuet, dont son prédécesseur était seul responsable, M. Bara s'est vanté, d'un ton si dégagé, avec tant de mauvaises raisons, d'avoir fait sortir de Belgique le général Prim et Vézinier, que MM. Tesch, Hymans, Rogier ont tressailli d'aise et l'ont vigoureusement applaudi.

Plus récemment encore, la droite, qui ne lui pardonne pas son passé, ayant, au Sénat, pendant que la gauche faisait l'école buissonnière, rejeté le budget de la justice, le ministre a accusé les cléricaux d'être des ingrats ; car, pour ne pas leur déplaire, a-t-il dit, il a laissé dormir les lois que le libéralisme attend ou promet depuis si longtemps, celles sur le temporel des cultes, l'enseignement laïque, la propriété des cimetières.

Le général Prim, momentanément en Belgique avec quelques-uns de ses amis politiques, était séparé de l'Espagne par la France, la mer, des ceintures de forts, de douanes, de montagnes. Qu'il conspirât ou non, sa présence à Bruxelles n'était pas plus dangereuse pour le gouvernement absolu de la reine Isabelle, que pour le gouvernement constitutionnel du roi Léopold ; et ni ses actes, ni sa conduite n'autorisaient à l'accuser de chercher à troubler les rapports internationaux entre les deux royaumes catholiques et alliés. Le général n'en fut pas moins mis à la porte du pays avec si peu de formes, de convenances, qu'il écrivit à M. Bara une lettre fort dure, où il lui reprochait *sa grossièreté*,—le mot y était—en termes amers, que les journaux ont reproduits. Avant de partir, Prim avait eu une scène fort vive avec M. Rogier, qu'il avait mal mené. Aujourd'hui, l'expulsé est à la tête du gouvernement espagnol, et les ministres belges ont dû lui envoyer leurs compliments et leurs ambassadeurs, prêts à le saluer du titre de roi, si cet ambitieux et intrigant personnage peut ramasser une couronne dans le sang des républicains, qu'il a fait fusiller et transporter, après avoir si longtemps fait du républicanisme.

Vézinier, proscrit du 2 décembre, expulsé de la Suisse française à cause de ses écrits politiques, condamné à Berlin, où il y avait des juges autrefois, pour une histoire de Louis-Napoléon, était venu habiter Bruxelles ; il y avait fait paraître divers ouvrages.

Accusé d'avoir publié, avec le libraire Rozez, des livres sans nom d'auteur, où l'empire, l'empereur et l'impératrice étaient, disait la plainte, traînés dans la boue, le proscrit fut, sur la demande de l'ambassadeur français, arrêté préventivement et traduit devant le jury, qui le condamna à la prison et à l'amende, en vertu de la loi Faider.

Cette loi fut appliquée avec une sévérité que les jugeurs en France n'emploient que dans les grandes occasions. Ce fut à la prison des Petit-Carmes que Vézinier dut subir, dans un isolement presque absolu, de longs jours de détention, avant, pendant et après le temps prescrit par le jugement comme par le Code. Le gouvernement libéral avait cru devoir laisser libéralement cumuler pour Vézinier les mois de prévention, qu'une loi récente impute sur la durée de la peine, ceux fixés par l'arrêt et, ce dont l'empire fait grâce, le temps destiné à racheter l'amende : total, vingt mois. Ceux-ci auraient été suivis de plusieurs autres, si les réclamations de la presse n'avaient fait ouvrir les portes de la prison au détenu, qui ne profita pas longtemps de la liberté. Impliqué, non par la justice, mais par le gouvernement, dans les affaires de Charleroi, il fut expulsé comme un des instigateurs de la grève et de la résistance des houilleurs.

Dernièrement encore, après la répression sanglante des grèves qui s'étaient déclarées dans les bassins houilliers de Seraing et du Borinage, un autre Français a été la victime expiatoire que le gouvernement, ne pouvant atteindre les Belges, a sacrifié sur l'autel de la peur. Robin, marié à la fille d'un Français domicilié en Belgique, s'est vu, au moment où il venait d'être père, expulsé comme étranger, malgré son recours devant les tribunaux, qui n'ont point admis son système de défense. Celui-ci n'était pourtant point proscrit, n'avait pas fait de livres contre l'empire, mais il donnait avec succès aux ouvriers des conférences sur les sciences, et faisait partie de l'Internationale.

Plus heureux que lui, son beau-père Delessalle, Français, établi depuis de longues années à Bruxelles, et ayant *épousé une femme belge dont il a eu des enfants en Belgique*, a été couvert par la loi sur les étrangers qui le met à l'abri de l'arbitraire ministériel. Directeur de la *Nouvelle Tribune du Peuple*, l'organe d'une fraction de *l'Internationale*, et connu par ses opinions radicales, Delessalle aurait dû, sans l'article protecteur, quitter la Belgique en sortant des Petits-Carmes, où il était resté au secret pendant un mois, accusé d'avoir, pendant les troubles, voulu expédier de la poudre aux insurgés. C'était de la *poudre vicat*, dont il avait un dépôt, qu'on lui demandait du borinage ; mais ceux qui avaient intercepté la dépêche télégraphique avaient pris cela pour de la poudre de guerre. Après tout, comme il s'agissait d'une matière insecticide, les mouches de la ruche policière étaient en droit de craindre pour elles *une tuerie générale*.

Sous le ministre Tesch, une aventure d'un autre genre avait failli conduire à l'Amigo, Aisière, un des braves combattants de Clamecy, resté toujours ferme dans l'exil. Le laborieux ouvrier qui chauffe aujourd'hui à Paris, — il y est charbonnier, — ses coreligionnaires politiques, qu'il *blanchissait* à Bruxelles, appelait la *Montijote* et *Magnan*, la chienne et le chien que, selon l'usage belge, il attelait à la petite voiture dans laquelle il portait le linge à ses *pratiques*. Dénoncé par un de ces mouchards de bas étage dont nous étions alors empestés, le proscrit aurait été poursuivi en vertu de la loi Faider, pour crime de lèse-majesté ; mais l'administrateur de la sûreté publique jugea que le retentissement donné au délit, par des mesures de rigueur, serait plus compromettant pour *l'auguste moitié* du voisin que le délit lui-même.

Au reste, *Magnan* et *la Montijote*, étant l'un et l'autre d'une assez triste espèce, furent renvoyés bientôt comme n'étant bons à rien.

Dans la période triennale pendant laquelle la loi a fonctionné sous l'égide du jeune Bara, il y a eu encore 6,324 expulsions, dont cinq par arrêté royal ; ce qui doit porter, cette année, à cinquante mille le chiffre des étrangers de toutes les catégories expulsés de Belgique depuis l'éclosion de la célèbre loi. Cette loi n'a pas chômé, on le voit; il est donc grand temps de l'effacer des Codes. C'est aux démocrates, aux véritables libéraux de le faire. Qu'à l'avenir ils demandent : la mise sous la surveillance de la police des repris de justice et des condamnés non politiques, prescrivant leur peine par l'exil, une hospitalité digne et franche pour les réfugiés politiques contre lesquels le gouvernement n'aura pas de justes sujets de plainte, le droit commun pour tous les autres étrangers, hors les cas de guerre et de révolution ; leur voix sera entendue, écoutée : ils obtiendront une loi conforme aux principes de 1789, à l'esprit moderne, aux intérêts de leur pays.

Mise en vigueur en Belgique, la loi belge, — elle mériterait d'être appelée ainsi, — s'imposerait rapidement à tous les peuples civilisés. Les Belges, résidant en si grand nombre dans les pays voisins, spécialement en France, dont un seul département, celui du Nord, renferme 100 mille étrangers, presque tous venus de Belgique, en profiteraient les premiers.

La réciprocité ne fût-elle ni stipulée, — cela n'est plus de notre temps, — ni accordée par les autres puissances, la Belgique y gagnerait encore de donner à la légalité ce qu'elle ôterait à l'arbitraire. L'un des plus sûrs moyens de sauvegarder sa dignité, sa liberté, son droit, c'est de sauvegarder la dignité, la liberté, le droit des autres.

En laissant les étrangers sans garanties contre le pouvoir discrétionnaire de leur police et les violences de leurs gouvernants, les citoyens d'une nation libre s'exposent à se donner une police brutale, inquisitoriale, vexatoire, et à voir le gouvernement, corrompu par le droit de tout faire, l'abus du bon plaisir, tourner contre eux la force, l'arbitraire, dont on l'a laissé investi contre les étrangers.

———

Il est un usage, un réglement de police, dont il faut aussi débarrasser les étrangers et par contre les habitants qui en souffrent tout autant. Je veux parler de celui des déclarations de domicile.

La Belgique, qui a tant de libertés, ne possède pas la liberté la plus ordinaire, la plus simple de toutes, celle que la France a gardée sous l'empire, la liberté de résidence.

Pour aller d'une province dans une autre, de la ville dans les faubourgs, d'une rue dans la rue voisine; pour changer de résidence, en un mot, il faut, sous peine d'amende, aller déclarer au bureau de police du lieu que l'on quitte son intention de prendre un autre logement, et porter cette déclaration, visée, approuvée, au bureau de police des parages où l'on vient habiter.

Si l'on n'a pas de pièces bien en règle, qu'on ne se présente pas en personne, ou qu'il ne soit pas possible de justifier, soit par lettres, soit par témoins connus, des causes d'empêchement, on est renvoyé indéfiniment de Molenbeek à Etterbeek, de Caïphe à Pilate.

A la fin, quand on a fait, pendant des heures entières, le pied de grue dans une salle où les commis, riant, causant, taillant des plumes, font en français, en flamand, en wallon, une foule de questions et feuillettent plusieurs énormes bouquins, avant de trouver le bon, on reçoit le bienheureux carré de papier qui permet d'aller coucher chez soi, sans craindre de payer un supplément de loyer au fisc, ou d'être logé à l'Amigo.

Ces formalités, inventées, maintenues par la bureaucratie, qui brave toutes les révolutions et survit à tous les régimes, font perdre aux gens de service, aux ouvriers, aux commerçants, à tous les employés, un temps précieux, de l'argent, par conséquent, et ennuient tout le monde, sans nécessité aucune.

Le résultat le plus clair qui en résulte, c'est que les résidants sont reliés en veau dans des registres où ils sont enterrés tout vivants, de telle sorte qu'il est impossible de les y retrouver.

Vainement, en effet, on demanderait à leurs conservateurs l'adresse d'un habitant de la ville; le premier facteur de la poste ou un employé de l'administration de la sûreté publique vous aurait indiqué le domicile de la personne cherchée, avant que la poussière des livres de déclaration soit secouée.

Paris et Londres, villes aussi grandes, aussi peuplées, je suppose, que Bruxelles, Anvers, Gand, n'ont point de pareils règlements; cependant la police y est aussi bien faite qu'ailleurs. Le mouvement de la population, des étrangers, y est connu, surveillé, peut-être mieux qu'en Belgique. Dans un pays, d'ailleurs, où on a supprimé les passe-ports de l'extérieur, il n'y a aucune raison d'exiger des passe-ports de l'intérieur. Le moment est venu de décréter la liberté du domicile. Barrières des États, des routes, des villes, des habitations, il faut que toutes tombent devant le char du progrès, que rien ne doit arrêter !

XIII

SOCIÉTÉS CIVILES D'INHUMATION.

Les proscrits, presqu'en arrivant en Belgique, virent quelques-uns des leurs partir pour le grand voyage d'où l'on ne revient plus. L'exil, depuis, s'il n'a pas fauché les bannis par centaines, comme Cayenne et l'Algérie, en a fait une ample moisson.

Les premiers qui moururent, s'endormirent, du moins, avec l'espérance que leurs compagnons d'exil reverraient bientôt la patrie libre, la République triomphante. Les autres ont emporté avec eux le regret de laisser l'empire debout, sans avoir vu, du haut de la montagne, la terre promise que les survivants aperçoivent maintenant à l'horizon.

Verdun-Lagarde (du Lot-et-Garonne) ouvre la marche funèbre en Belgique. Voulant déshériter le parent qui l'avait fait proscrire, l'exilé avait, par testament, donné soixante mille francs à sa ville pour créer une école professionnelle, et demandé que son corps fût transporté dans son pays natal. Les gendarmes de Louis-Napoléon laissèrent passer le cadavre du proscrit; mais les juges firent annuler le legs. L'un d'eux était l'héritier dénonciateur; il recueillit, malgré la volonté du défunt, la succession destinée aux ouvriers.

L'exilé qui suivit de près s'appelait Dubief. Il avait été commissaire de police; aucun de nous ne le connaissait; et, peut-être, à cause de ses anciennes fonctions, il se tenait à l'écart, vivait solitaire. A son lit de mort, il n'appela personne; mais il manifesta la volonté d'être inhumé sans l'assistance de ministres d'aucun culte. Nous l'accompagnâmes tous à sa dernière demeure. A cette époque, les corbillards, les cimetières, les fossoyeurs, tout ce qui concernait les enterrements, appartenaient aux fabriques, au clergé, qui en disposaient à leur gré.

Les prêtres, dont on avait repoussé les prières, refusèrent de donner, même en payant, les moyens d'inhumer en terre sainte le maudit. Les proscrits durent porter à bras le corps de leur compagnon d'exil jusqu'à Saint-Gilles, à travers le quartier populeux dont la grande artère est la rue Haute.

Ce quartier, habité par la population ouvrière, serait le faubourg Saint-Antoine de Bruxelles, si ses travailleurs avaient l'intelligence, la vigueur, l'énergie de ceux de notre faubourg révolutionnaire.

Superstitieuses, ignorantes, sous l'influence de leur curé, les femmes, les filles, les enfants, groupés sur les trottoirs, voyant passer ce nombreux cortége, que la croix ne précédait pas, qu'aucun prêtre ne suivait, se moquaient, s'indignaient. Toute cette foule disait sans doute dans son langage marollien, ce qu'en se signant marmottent en pareilles circonstances nos dévotes de France, qu'on *allait enterrer ce mort comme un chien.*

Le cimetière était fermé. Pour le faire ouvrir, après une heure d'attente, il fallut un ordre du bourgmestre et la présence d'un commissaire de police. A l'intérieur, les fossoyeurs refusèrent de faire leur œuvre; quelques-uns des nôtres durent creuser le sol avec des pioches, descendre le cercueil dans la fosse, et étendre la froide couche de terre que le printemps, clément pour tous, devait bientôt couvrir d'un manteau de verdure.

Ce qui venait de se passer, publié par les journaux, fit du bruit, éveilla l'attention sur les abus consacrés par le temps. Lorsque, peu de temps après, l'inhumation d'un Belge amena à Saint-Josse-ten-Noode des incidents du même genre, l'indignation éclata; le parti libéral comprit la nécessité de soustraire les morts aussi bien que les vivants à la domination absolue des prêtres. Les conseils communaux, les corps constitués, demandèrent que les cimetières restassent la propriété de la commune; que les bourgmestres (nos maires) en eussent la police; que des règlements, fixant les heures d'ouverture et de fermeture, fussent publics et devinssent obligatoires pour tous.

Cela se fit dans beaucoup de villes; mais dans la campagne, le clergé resta seigneur et maître des lieux de sépulture. Pour conquérir la liberté de la tombe et l'égalité dans la mort, auxquelles portaient également atteinte l'omnipotence du clergé catholique et les prescriptions de la loi absurde de prairial, les citoyens fondèrent des sociétés civiles d'inhumation.

La première de ces sociétés fut celle des *Solidaires* à Bruxelles. Bien que plusieurs autres : *La Libre Pensée, l'Affranchissement, les Libres-Penseurs,* se soient créées à côté d'elle, les cléricaux belges et étrangers appellent toujours *Solidaires* les membres de toutes les sociétés qui président à l'organisation des enterrements civils.

« Ces sociétés (statuts de la libre-pensée) n'imposent ni
« croyances, ni dogmes ; elles ont pour principe la liberté, pour
« mission de faire disparaître de la vie pratique une inconséquence
« dont profite la superstition, celle de donner à des croyances
« qu'on repousse l'appui de son concours extérieur. Elles n'inter-
« viennent que pour garantir à leurs membres le respect et
« l'exécution de leurs dernières volontés, en faisant, à ses frais,
« leurs funérailles civiles. »

Pour que le but soit rempli, ceux qui veulent mourir comme ils ont vécu adhèrent aux statuts. Par un acte, en forme de testament, écrit, signé de leur main, fait en triple, ils déclarent, lorsqu'ils jugent cela nécessaire, que leurs dernières volontés doivent être exécutées nonobstant toute opposition qui ne résulterait pas d'un écrit postérieur à celui dont ils déposent un exemplaire chez un ami, l'autre aux archives de la société.

Les libres penseurs sont ainsi assurés de ne pas être livrés, après la mort, par les personnes de leur entourage, ainsi que l'ont été le colonel Paz et un de nos braves amis, aux prêtres qu'étant sains d'esprit, pleins de vie, ils ont repoussés, et qui triomphent du rapt d'un mort comme d'une victoire sur l'incrédulité.

Les funérailles des libres penseurs se font simplement, de la même manière pour tous. Un adieu sur le bord de la tombe, fait d'une voix sympathique, remplace la psalmodie lugubre des prêtres.

Afin de rompre tout à fait avec la tradition catholique, il faudrait, ce nous semble, remplacer en même temps par des voiles d'un autre genre ceux dont sont enveloppés la tombe et le corbillard. Bien que les symboles religieux ne s'y trouvent pas, ces draperies noires à larmes blanches, non moins lugubres que les paroles latines du prêtre, rappellent trop par leur agencement, leur couleur, l'idée catholique, le désespoir, le néant.

Pour les masses, les signes ont et auront toujours une grande influence ; il est donc nécessaire de parler aux yeux aussi bien qu'à l'esprit, surtout quand on trouve par ce moyen l'occasion de proclamer, d'affirmer l'idée nouvelle, celle que la mort, quelle que soit la destinée de l'homme dans l'autre monde, est une transformation, un phénomène de l'éternelle vie.

Les draperies du corbillard que l'on placerait sur un char de forme simple et de dimension modeste, devraient être de couleurs non pas gaies, — la mort, qui brise les liens les plus doux, est et sera toujours la plus cruelle des séparations, — mais sévères, peu voyantes. C'est ce qui, sous le rapport matériel, répondrait le mieux à la pensée de l'institution.

Dans une seule société, celle de l'Affranchissement, les membres prennent l'engagement de ne jamais recourir au ministère des prêtres, aux cérémonies de l'église, qu'il s'agisse de leur mariage, de la naissance de leurs enfants, ou de leur mort.

Cette société est sans doute la plus radicale, la plus logique, la plus avancée de toutes. Cependant, c'est celle qui enlèvera à la domination du clergé le moins de fidèles, et trouvera même parmi les libres penseurs le plus petit nombre d'adhérents.

La raison en est simple : celui qui songe à la mort et fait ses dernières dispositions stipule pour lui seul, n'a à prendre conseil que de sa conscience. Qu'à son lit de mort, il persiste dans sa résolution ou en change, sa liberté, s'il a conservé la plénitude de sa raison, est complète, absolue, illimitée. Sa volonté seule est la loi. Voilà pourquoi le libre penseur trouve dans une société à laquelle il a donné librement, spontanément, ses pleins pouvoirs, cette garantie suprême que lorsqu'il aura cessé d'être, il sera enseveli par les siens dans son drapeau de bataille.

Il n'en est pas du mariage comme de la mort. En ce qui concerne le mariage, l'homme n'est plus seul à délibérer, à vouloir, à agir ; il a à compter avec la femme.

XIV

LES DROITS DE LA FEMME.

La femme est-elle l'égale de l'homme, et doit-elle avoir les mêmes droits que lui ? C'est là une grosse question qui a été débattue avec beaucoup de passion dans les réunions publiques, où, excepté la politique, on tolère tout pendant quelque temps, pour y prendre, comme dans un traquenard, la jeunesse socialiste impatiente d'affirmer ses principes. Ce n'est pas ici le lieu de la discuter ; je dois cependant, puisque mon sujet m'y amène, en dire quelques mots.

D'après Proudhon (1), l'homme, représentant la force, et la femme, représentant la beauté, sont devant l'absolu des personnes équivalentes, car la force et la beauté sont des facultés équivalentes.

Dans l'humanité, au contraire, l'homme et la femme ne sont entre eux ni équivalents, ni égaux, mais complémentaires l'un de l'autre, de telle façon qu'ils forment, au moral comme au physique, une personne composée de deux personnes, une âme douée de deux intelligences et de deux volontés. Devant la société, dans l'État, c'est-à-dire, dans tout ce qui concerne les travaux et la direction de la vie, l'administration et la défense de la République, la femme ne peut soutenir, pour la puissance des facultés, la comparaison avec l'homme, ni dans l'ordre politique, économique et

---

(1) *De la justice dans la Révolution et dans l'Eglise*, 11ᵉ étude.

industriel, ni dans l'ordre scientifique, philosophique et littéraire, ni dans l'ordre juridique. Or, ces trois ordres de manifestation, correspondant aux catégories de l'utile, du vrai et du juste, embrassent les trois quarts de la vie sociale.

Ici, l'homme, par le travail, le génie et la justice, est à la femme comme vingt-sept est à huit. La femme ne peut donc avoir les mêmes droits, les mêmes prérogatives que l'homme, ou plutôt elle est légalement et justement représentée par l'homme qui doit l'absorber en quelque sorte.

Dans la vie intime et dans la vie du monde, la femme, il est vrai, reprend l'avantage. Par les grâces de la figure et de l'esprit, par l'aménité du caractère et la tendresse du cœur, elle est à son tour supérieure à l'homme comme vingt-huit l'est à sept ; mais ce n'est pas à la société militaire, industrielle, gouvernementale, juridique, à faire la compensation : l'État ne peut pas connaître des choses de l'idéal. »

En adoptant avec Proudhon ces théories et ces chiffres que l'on peut certes contester, il en résulte du moins ceci : c'est que, même dans l'état, le sexe féminin pèse comme un tiers dans la balance de la justice et doit, par conséquent avoir une partie des prérogatives, des droits que possède l'autre sexe.

Il est de plus évident, incontestable, que si le couple conjugal, représenté par le mari, est ou doit faire la majorité dans les peuples civilisés, il y a un nombre considérable de femmes : les veuves, les filles majeures, les femmes libres, divorcées, séparées de corps ou de biens, dont les intérêts et les droits légitimes ne sont, ni légalement, ni réellement représentés, revendiqués ou défendus par personne. Ceci est contraire à la justice, à l'équité. Qu'y a-t-il à faire ? Émanciper complétement le beau sexe, ainsi que le demandent ses orateurs en jupons et les partisanes de l'égalité absolue, l'appeler au partage de toutes les fonctions, de tous les honneurs, de tous les droits que s'est attribués exclusivement l'autre sexe jusqu'à ce jour ? Non ! telle n'est point notre opinion.

Je suis de ceux qui pensent que par leur organisation, leurs mœurs, leur tempérament, comme par le temps qu'elles ont à consacrer aux soins du ménage, aux devoirs de la maternité, de l'allaitement, de l'éducation des enfants, et par leur véritable mission sociale, les femmes ne peuvent et ne doivent pas plus être administrateurs, législateurs, juges, qu'elles ne peuvent et doivent être soldats, travailleuses de la terre, ouvrières des métiers qui demandent de la force.

Ce que je voudrais, ce qui me paraîtrait juste, légitime, c'est que, comme les grandes minorités politiques, industrielles, etc., elles fussent représentées dans la cité et dans l'État par un certain nombre de citoyens librement choisis par elles, chargés de faire connaître directement leurs vœux, leurs besoins, leurs griefs, et ayant voix délibérative dans toutes les assemblées où siègent seuls, encore partout maintenant, les représentants du sexe le plus fort, qui impose ses lois au sexe le plus faible, sans lui accorder ce qu'on ne refuse pas aux plus grands coupables : la liberté de la défense.

Si l'égalité des deux sexes peut se rencontrer quelque part, c'est dans la famille, dans la famille moderne surtout, où les inégalités se transforment et se compensent en quelque sorte par l'union de tous les membres. La puissance paternelle même, qui a sa source dans l'amour des enfants aussi bien que dans la nature, ne fait pas obstacle à cette égalité.

Le plus grand ennemi de l'émancipation des femmes, Proudhon, dont je viens de résumer les opinions, tout en proclamant que le mari doit être le chef de la communauté, dit lui-même qu'en mariage, l'homme et la femme, au for intérieur, dans la conscience et dans le cœur, *sont égaux, car le mariage, fondé sur un dévouement réciproque, absolu, implique communauté de fortune et d'honneur*.

Malgré le code qui déclare que la femme doit obéissance au mari, il n'est personne non plus, dans les pays un peu civilisés, qui soit assez *mari* pour revendiquer dans le ménage l'autorité absolue. Pour le plus grand nombre, le mariage est ou doit être un état constitutionnel dans lequel la femme règne et le mari gouverne.

Quelles que soient les opinions à cet égard, il n'en est pas moins certain que, pour tout ce qui touche à l'union des sexes, l'homme n'est pas tout-puissant, ne peut pas dire : je veux, ni faire ce que bon lui semble, comme lorsque, seul avec lui-même, il dispose de lui pour l'heure à laquelle tous les liens qui l'attachent à la famille, à la patrie, à l'humanité seront brisés. Sa fiancée, la compagne de sa vie, la mère de ses enfants, sont des personnalités très-tranchées, très-vivantes, qui doivent entrer dans son existence et avoir dans la famille des droits à exercer, puisqu'elles ont des devoirs à remplir.

Quels sont ces droits ? c'est ce que nous allons examiner en revenant à notre point de départ : *le mariage devant les libres penseurs.*

———

Pendant toutes les phases du mariage, il y a en présence deux libertés, deux volontés, deux consciences. Si le jeune homme et la jeune fille qui veulent s'unir ont les mêmes opinions religieuses ou philosophiques, il n'y a ni luttes à soutenir, ni concessions à faire : Tout est pour le mieux. Heureux le libre penseur qui, au premier jour du mariage, rencontre la compagne d'élite avec laquelle il est et doit rester, au milieu des joies de la famille, en communauté de sentiments pendant toute sa vie ! Quiconque dédaignerait une pareille épouse, sous le prétexte qu'il faut une religion aux femmes comme aux peuples, ne sera jamais un rationaliste, un homme de principes ; c'est un de ces tartufes de la philosophie et du libéralisme qui envoient, quand ils ont une école laïque sous la main, leurs fils chez les jésuites, leurs filles dans les couvents, et ôtent le chapeau au catholicisme, parce qu'ils voient encore en lui une des puissances du jour.

Sur cent mariages, combien, de nos jours, y en a-t-il qui se fassent dans des conditions telles que les deux parties contractantes soient également disposées à ne pas faire bénir leur union par un prêtre ? trois ou quatre, au plus, mettons dix. Que décideront, que deviendront les quatre-vingt dix célibataires ayant pris avec eux ou devant une société l'engagement de ne passer sous aucun joug sacerdotal ?

Le plus grand nombre d'entre eux ne tiendront pas un engagement téméraire, contracté alors qu'ils n'étaient pas mis en demeure de prendre un parti d'où peut dépendre le bonheur de toute la vie, d'accomplir une des grandes lois de la société.

Lorsqu'on a les cheveux blancs, que l'on est courbé sous le poids de l'âge, il est facile, commode, de faire du stoïcisme, s'il s'agit d'amour et de mariage ; et encore ! qu'une passion de la dernière heure éclate, comme un volcan sous la neige, dans ces têtes blanchies, l'on verra les vieillards eux-mêmes faire une apostasie en même temps qu'une sottise. Mais ceux qui, jeunes, vigoureux, amoureux, ardents, veulent se faire une famille, en obéissant à la voix de la nature, aux lois du pays, repousseront-ils, parce qu'ils sont athées, déistes, positivistes ou d'une autre religion qu'elle, la belle jeune fille juive, protestante ou catholique qui s'offre à eux avec toutes les séductions du présent, toutes les promesses de l'avenir? cela n'est pas possible.

Il y en aura quelques-uns, sans doute, qui pousseront le respect des principes jusqu'à ses dernières limites; ils ne se marieront jamais, malgré leur amour pour une personne digne de leur affection, si pour l'obtenir ils doivent manquer à leurs engagements ou à leurs devoirs de rationalistes, se soumettre à des formalités regardées par eux comme des superstitions. Ceux-là, lorsqu'ils ne sont ni des libertins, ni des impuissants, et veulent rester chastes, seront des héros ou des saints. Nous ne parlons, nous, que des hommes. Dans toutes les sociétés où le mariage est et restera la loi générale, ils seront l'exception.

Supposons, au contraire, que l'exception soit la règle, que tous les libres penseurs se vouent au célibat plutôt que de manquer à leur foi philosophique, il arrivera ceci : les libres penseurs feront aux sociétés le mal qu'ils reprochent au monachisme et aux armées permanentes de produire ; car le célibat philosophique, étant absolument de la même nature que le célibat monacal et militaire, donnera les mêmes résultats.

Le mariage civil, c'est-à-dire l'union de l'homme et de la femme, consacrée, garantie par la société, est la base de la famille, qui elle-même est la force vive de l'humanité, quoi qu'enseignent les Mormons et toutes les écoles demandant la promiscuité universelle ou même l'union libre; tout ce qui tend à le restreindre, à l'arrêter, à le dénaturer, est mauvais, dangereux, fatal.

Le jour où la grande majorité des jeunes gens et des jeunes filles resteraient dans leur tente du célibat, sous le drapeau de principes opposés, absolus, sans vouloir se faire de concessions, on verrait se produire la démoralisation et la dégénérescence aussi bien que la diminution de la population, l'accroissement de la prostitution et l'augmentation du nombre des enfants illégitimes, qui, par la misère, l'ignorance, l'éducation, tomberaient infailliblement sous le joug de ces prêtres dont il faut affranchir à tout prix les générations nouvelles.

Ce qu'il y aurait de plus étrange en ceci, c'est que le mal naîtrait du bien, s'accélérerait, empirerait, par la fidélité aux principes comme par le mouvement de l'esprit humain, qui mène au rationalisme la partie la plus éclairée de la population mâle.

Puisque le mariage est une nécessité sociale, il doit être favorisé par les libres penseurs aussi bien que par les législateurs.

Le défendre entre les rationalistes et les croyantes, ce serait être plus intolérant que le papisme lui-même qui tolère les mariages mixtes entre protestants et catholiques; c'est rendre à peu près impossible la formation de la famille rationaliste.

Donc, en prétendant agir au nom de la raison, de la morale, des principes, on porterait une atteinte irréparable à la raison, à la morale, et à des principes supérieurs.

———

Le mariage reconnu nécessaire, que se passe-t-il? Voici face à face deux droits égaux, deux libertés semblables. Il faut que l'une des deux personnes décidées à s'unir cède. Laquelle subira la loi de l'autre? celle sans doute qui aimera le mieux ou sera la plus tolérante.

Si cela n'arrive pas, nous estimons que le sentiment religieux doit l'emporter en ce cas sur le sentiment philosophique.

L'homme dans sa jeunesse, et parfois à tout âge, peut bien savoir à quoi il ne croit pas, mais sait-il bien à quoi il croit. Alors même que sa conception de l'infini, de l'absolu, de Dieu, serait assez élevée, assez précise, assez complète, pour qu'il eût l'assurance de posséder la vérité, il ne s'absorbe pas dans l'absolu, ne se perd pas dans l'infini, ne se laisse pas opprimer par son dieu.

Cette croyance, toute vague et indéterminée qu'elle soit, s'il la jette au vent ou la foule aux pieds par faiblesse, par peur, par intérêt, par respect humain, il est certainement coupable. Lorsque, pour la faire respecter dans sa personne ou dans celle des autres, il proteste contre la violence, l'intolérance, la tyrannie, défend au péril de sa vie la liberté de conscience, il use d'un droit, remplit un devoir.

Dans le mariage, le mobile de la capitulation est différent comme la cause. La lutte est entre deux consciences; et l'une des deux doit être vaincue. Pour le jeune homme, l'adversaire, c'est la jeune fille qu'il aime, qu'il veut prendre pour compagne de sa vie.

Celle-ci, elle a sucé avec le lait la religion de sa mère, qui lui a donné, jusqu'à ce jour, le précepte et l'exemple d'une soumission absolue aux commandements de l'Église, d'une croyance sans réserve à la foi de ses pères. Élevée dans les couvents, sous la direction d'un prêtre qui a pétri son âme comme il a voulu, et a été le confident de toutes ses pensées, elle n'a connu du monde que les pompes du culte, n'a lu que des livres de piété, n'a entendu que les sermons des prédicateurs ou les exhortations des confesseurs. Tous et tout lui ont enseigné l'obéissance passive aux ordres d'un dieu tout puissant, jaloux, impérieux, plongeant dans les flammes éternelles ceux que ses ministres n'auraient pas sauvés par leurs prières, leurs sacrements.

Elle arrive à ce jour où tout va changer pour elle, avec la conviction profonde, inébranlable, que son salut dans ce monde et dans l'autre est attaché à l'accomplissement de certaines cérémonies prescrites par l'Église. C'est pour elle une question de vie, de mort, d'éternité, que la célébration du sacrement avec tous ses rites, toutes ses prières.

Il est impossible que cette conscience plie au premier souffle de l'esprit humain. Si, par hasard, la passion l'emporte sur la croyance, celui qui a obtenu ainsi cette concession que le remords et les regrets suivront bientôt, payera cher peut-être plus tard ce triomphe d'un jour. L'enfer, auquel il ne croit pas, il le trouvera, hélas ! trop souvent dans son ménage.

Si par l'enseignement de ses principes philosophiques, par la raison et la logique unies à l'amour, le jeune amant n'a pas su parler à l'esprit comme au cœur de sa fiancée, il peut, lui, sans remords, faire, dans cette circonstance exceptionnelle du mariage, les concessions impérieusement exigées par la femme au nom de la religion ; il n'est pas coupable de la violence faite à ses opinions rationalistes.

A la naissance du premier né, doux fruit de l'amour légitime et partagé, le conflit se renouvelle, plus grave encore, inévitable ; l'homme par sa volonté seule ne peut plus l'éviter : Il y a un *fait accompli*. La jeune mère demande qu'on baptise son enfant ; le père ne le veut pas, qui l'emportera ?

Ici, selon moi, l'égalité même n'existe pas. Eh quoi ! cette mère a porté pendant neuf mois dans ses entrailles ce petit être qui est son bien, sa vie, à cette heure ; elle l'a mis au monde au milieu des plus cruelles souffrances, en courant un danger de mort; elle le nourrit de son lait, de ses baisers, de ses caresses ; veille sur lui, jour et nuit, sans souci de sa santé, de ses plaisirs, de sa beauté. Et le mari, qui n'a souffert que de voir souffrir sa femme et n'a jamais cessé d'aller à ses affaires, à ses amusements; le père qui a accueilli avec bonheur et fierté sans doute son futur héritier, celui qui portera son nom, en qui il revivra, mais qui embrasse le bébé, dont les vagissements l'importunent, seulement quand il est bien lavé; l'homme qui demande peut-être que la femme jouisse de tous les droits politiques et porte culotte dans l'État, ils viendront, au nom du fameux précepte juif dont nos codes ont hérité : *la femme doit obéissance au mari*, s'opposer à ce que cette mère à demi-mourante croit être le salut de son enfant!

Celui qui n'admet pas, et avec raison, que le baptême imprime à tout jamais sur la tête du nouveau-né le sceau du catholicisme, repousserait les prières, les supplications, les larmes de celle qui croit fermement ce sacrement nécessaire pour effacer la tache du péché originel et ouvrir à son petit ange les portes du ciel !

Cela serait aussi inhumain qu'injuste. Celui qui le fait n'est pas le défenseur de la liberté de conscience, il en est l'oppresseur.

———

Le monde est encore tellement imprégné d'absolu, l'idée religieuse sous une forme quelconque est si bien au fond des institutions, des principes, des consciences, de tout, que l'on est presque toujours disposé à sacrifier le connu à l'inconnu, le fini à l'infini, les choses de la terre à celles du ciel, le réel à l'idéal, l'humanité à Dieu.

On fait dans les familles, aussi bien que dans les sociétés, des guerres de religion pour la conquête d'un monde où il n'y aura ni famille, ni sociétés, d'après même ce qu'enseignent toutes les églises, toutes les écoles, qu'elles envoient l'âme humaine à Dieu ou au néant.

Les libres penseurs, au moins, doivent protester par leurs actes, leurs paroles, contre cette folie du passé. Les révolutions politiques l'ont laissée debout; il faut qu'elle disparaisse devant les lumières de la science et les conseils de la raison. Est-ce parce qu'il est dangereux, insensé de marcher vers l'idéal; que Dieu serait le mal, comme l'a dit Proudhon dans une de ces phrases que ses disciples prennent à la lettre? Non, Dieu, pour ceux qui y croient, comme en lui-même s'il existe, ne peut être que souveraine justice, souveraine vérité, souveraine bonté, le contraire du mal; l'idéal est en tout la perfection vers laquelle on doit toujours tendre sans espérer de pouvoir jamais l'atteindre; et il est licite à tous de sonder l'infini, l'absolu, l'inconnu, pour chercher à en découvrir les mystères.

Si les libres penseurs doivent mettre les affaires de cette vie avant celles de l'autre, c'est parce que Dieu, l'idéal, l'absolu, sont incarnés dans l'humanité, dans les nations, par des institutions, des préceptes, des dogmes que des hommes semblables à eux ont inventés, promulgués, imposés par la ruse, l'audace, le mensonge ou la force. C'est encore parce que sous le joug de lois, de règles, de mœurs, extra-humaines, antisociales, les individus, les familles, les peuples, vivent dans l'ignorance de leurs destinées, de leurs devoirs et de leurs droits sur terre.

Or, c'est là ce que la démocratie moderne, pas plus que le rationalisme, ne peut vouloir ni laisser faire. Cette démocratie, dont le caractère, le désir, la loi, sont d'être républicaine, sociale, humaine, doit proclamer que la liberté de conscience est illimitée dans le domaine de l'absolu et ne peut-être opprimée par aucune majorité, même au nom du salut public; mais elle doit proclamer aussi qu'aucune religion, aucune croyance, aucune doctrine métaphysique ou matérialiste, ne sauraient empêcher un mortel, quel qu'il soit, de remplir ses devoirs de famille, de citoyen et d'homme.

Que l'absolu sous toutes ses formes soit éliminé de la société vivante, obéissant désormais à sa loi propre, scientifique, l'apaisement se fait, l'harmonie renaît. Les opinions religieuses et rationalistes ne seront pas plus une cause de divisions, de troubles dans la famille, que ne le sont aujourd'hui les opinions littéraires, scientifiques, artistiques; on sera d'autant plus disposé à se faire de mutuelles concessions, que ce qui n'aura plus d'influence dans la vie publique sera à peu près indifférent dans la vie privée. Et si bien mourir sera toujours le vœu, la volonté, l'espoir, de quiconque a bien vécu, la société ne demandera à ses membres divers qu'une chose: de bien vivre.

Dès à présent j'avoue, pour mon compte, au risque de passer pour un rationaliste de peu de foi, que j'accompagnerai toujours, jusqu'à leur dernière demeure, les amis, les parents, qui mourront dans une autre religion que la mienne, et en passant, sans le moindre scrupule de conscience, au milieu de l'ennemi, à travers l'église, lorsque ces morts regrettés n'y seront pas sous la garde de parents plus proches, d'amis plus intimes.

Je puis bien dire aussi, puisque, désintéressé dans la question, je ne dois pas être soupçonné de vouloir plaider ma propre cause, que je n'adresserai jamais des paroles de reproche, de blâme, à celui qui, par amour pour sa fiancée, par reconnaissance pour la mère de son enfant, subira leur tyrannie. Celui qui étant ainsi moralement contraint, fait céder la rigueur d'un principe absolu devant un autre principe non moins absolu, sacrifie un devoir à un autre, je ne l'accuse pas plus de renier sa foi rationaliste, que je n'accuse de renier sa foi religieuse le protestant qui épouse une catholique, ni de renier sa foi politique le républicain qui paye l'impôt à César et se soumet aux lois votées par le Corps législatif de l'empire, appliquées par ses juges.

Toute condition dont un pouvoir politique, judiciaire, militaire, religieux, n'importe lequel, fait dépendre l'exercice d'un droit, l'accomplissement d'un devoir, est nulle et de nul effet, doit être considérée comme non avenue.

Les puissants qui l'imposent sont les seuls coupables ; seuls ils répondent des conséquences fâcheuses qui peuvent en résulter pour la justice ou pour la conscience. Au surplus, ces empereurs, ces rois, ces juges, ces prêtres, ces rabbins, ces pasteurs, ces chefs militaires, tous les despotes, savent bien eux-mêmes qu'en se soumettant à des formalités nécessaires, indispensables en certaines circonstances, on ne fait pas un acte de foi, mais un acte forcé.

Ne point s'engager imprudemment, à la légère — quand il est si difficile de tenir sa parole, — pour ne pas devenir parjure ; être indulgent envers les autres, afin qu'on le soit pour vous ; ne céder, qu'après avoir disputé le terrain pied à pied, de manière qu'il soit tenu grand compte, plus tard, des concessions ainsi faites ; et, toutes les fois qu'on le peut, mettre ses actes en conformité avec ses principes, voilà ce que peut, ce que doit faire tout homme ne voulant pas l'impossible.

XV

PROPAGANDE RATIONALISTE.

Il est utile, indispensable, d'enseigner par la parole, la presse et l'exemple, aux timides, aux faibles, aux ignorants, la doctrine de liberté et de vérité; d'éclairer les masses en les instruisant; de chasser l'obscurantisme, la superstition, le fanatisme, par la lumière; de combattre sur tous les terrains les oppresseurs de la conscience, les ennemis de la libre pensée; de réaliser, en un mot, dans la société les progrès, les réformes, les lois indiqués par la science et la raison. Cette œuvre, chacun de nous est tenu de la remplir dans la mesure de ses forces, et c'est à l'aide des journaux, des livres, des meetings, des associations, des conférences, qu'elle peut s'accomplir. Mais cela ne suffit pas; il y a plus, il y a mieux encore à faire.

C'est dans la famille même que les maris, les pères ont la plus grande, la plus importante mission à remplir, celle de faire l'éducation morale, philosophique de leur femme, de leurs enfants, en convertissant les unes à leurs doctrines rationalistes, en semant dans le cœur des autres, le germe des principes féconds que le temps fera éclore.

A l'âge où le cerveau, comme une cire molle, garde toutes les empreintes qu'on lui donne, l'enfant doit être mis à l'abri de ces influences pernicieuses, fatales, délétères, qui aujourd'hui l'enveloppent, l'imprègnent, le marquent de leur stigmate si difficile à effacer.

Qu'à ces premiers jours de la vie, le cher enfant s'épanouisse dans sa liberté, sans chaînes d'aucun genre, parmi les fleurs, au grand air, sous le soleil, voilà ce que doit exiger le père, sans que la mère ait à se plaindre d'une exigence qui assure la santé, le bien-être de celui à qui elle a donné le jour. Plus tard il sera temps d'aviser, de semer pour recueillir.

L'école laïque sans couleur, sans drapeau, sera la transition naturelle pour passer, des jours où l'enfant appartenait surtout à la mère, à ceux où il doit dépendre davantage du père.

Dans l'intervalle, le mari, s'il l'a voulu sérieusement, résolument, a eu le temps de transformer sa compagne, par la persuasion, le raisonnement, l'affection. Il aura pu extirper les idées étroites, fausses, incohérentes, malsaines, que le mysticisme a implantées dans l'esprit de la jeune fille, et dont les racines profondes mais faibles céderont sous l'effort d'une main habile; il aura su épurer les jeunes instincts qui bourdonnent confusément, vagues et mêlés, dans le cœur dont tant de sentiments divers se disputent l'empire, et développer l'intelligence de celle qui n'attend que le verbe d'amour et de lumière pour devenir l'égale de l'homme, vivre de sa pensée, croire ce qu'il croit. Il aura ainsi, nouveau Pygmalion, animé sa statue de marbre.

C'est là un doux et facile devoir à remplir. Le mari, le père savent que c'est à eux de pourvoir aux besoins du corps, aux dépenses du ménage, à l'entretien de la famille; eh bien! ils doivent se dire et rester convaincus qu'ils ont aussi charge d'âmes, sont tenus de donner à leur femme, à leurs enfants, le pain de l'esprit. Alors ils trouveront le courage et les forces nécessaires pour obtenir le résultat auquel il faut qu'ils tendent sans cesse: la communion des esprits et des cœurs dans la famille.

Expulsé de cette famille, le prêtre le sera bientôt de l'école, de l'État; car c'est dans la famille qu'il a sa forteresse et, par la femme, l'enfant, rayonne dans la société, la domine.

———

Malgré des influences redoutables, celles de sa mère et de son confesseur, la jeune femme partage ordinairement bien vite les opinions politiques de son mari. Par quelle raison embrasse-t-elle si rarement ses opinions religieuses ? Ces raisons les voici : le mari se préoccupe beaucoup plus de la question politique que de la question religieuse ; là, il est sur son terrain. Entouré d'amis pensant et parlant comme lui, appuyé par un parti puissant, nombreux, actif, qui le soutient, le pousse, il marche en avant, et non-seulement ne fait pas de concessions, mais cherche à convertir à ses principes ceux dont il est entouré.

Il en est tout autrement quand il s'agit des commandements de Dieu et de l'Église. Le mari, que la théologie, le mysticisme, la philosophie, n'empêchent pas de dormir, est seul à lutter, s'il a des velléités d'indépendance, contre l'entourage de sa femme, parfois même contre le monde, scandalisé de ce qu'on ne fasse pas comme lui. Aussi bien, pourvu qu'il puisse gouverner à son gré sa conscience, qu'on ne l'astreigne pas à des prescriptions, telles que jeûnes, repas maigres, messes, qui l'ennuient ou lui répugnent, il se désintéresse facilement de la conscience des autres ; et il laissera à sa femme, sans se permettre aucune observation, la liberté de se livrer à toutes les pratiques que le catéchisme ou le confesseur ordonnent.

Beaucoup, et des plus libéraux, pour avoir ce qu'ils appellent la paix du ménage, n'essayent même pas de résister. Ils en passent par tout ce que veulent leurs dévotes moitiés ; vont entendre la messe, les jours de fête, un paroissien sous le bras ; observent le dimanche en parfaits chrétiens et se nourrissent de morue ou de haricots les vendredis ; sauf à se dédommager au dehors, en faisant les esprits forts, mordant à belles dents au fruit défendu, tonnant contre la calotte dans leurs journaux et mangeant du prêtre, tous les soirs, au cercle ou à l'estaminet.

Les sociétés fondées pour les inhumations civiles seront un grand appui pour les maris et les pères faibles ou inconséquents. Elles leurs prêteront aide, conseil, encouragement, et en formant une opinion publique dont les femmes subiront l'influence, elles leur donneront la force comme la volonté d'accomplir leurs devoirs.

Depuis que ces sociétés se sont développées en Belgique, il s'est déjà fait plusieurs mariages purement civils. De plus, entre le jour de la célébration catholique du mariage et celui de la naissance du premier enfant, quelques jeunes époux libres penseurs ont été assez éloquents, assez persuasifs, pour convaincre leurs femmes que le baptême était une cérémonie aussi superstitieuse que contraire à l'hygiène et dont il fallait se passer. Ces exemples seront suivis. Ainsi se fondera la famille rationaliste.

———

La progression des inhumations faites sans l'assistance de prêtres est, on devait s'y attendre, plus considérable; ce sont maintenant des personnes de toutes les classes, hommes, femmes, vieillards, qui demandent à être portées au champ du repos par les soins des sociétés civiles, composées de membres appartenant aux diverses écoles du rationalisme. Ces sociétés voient leur nombre augmenter chaque jour. La *Libre Pensée*, que préside avec tant de fermeté, de dignité, de tact, M. Goffin, compte à elle seule, dans Bruxelles ou la Belgique, mille affiliés environ.

Les classes ignorantes elles-mêmes apprennent à se passer de prêtres. En voyant ces morts, dont elles connaissent les noms, aller au cimetière accompagnés de nombreux citoyens; en entendant, au lieu d'une psalmodie nasillarde, en latin barbare, lente ou précipitée suivant le prix qu'on y met, des paroles émues, tristes, éloquentes, prononcées sur le bord de la tombe par des hommes honorables, elles commencent à comprendre que l'estime publique et les derniers honneurs ne manqueront jamais à ceux qui, vivants, les auront mérités. Aussi à l'heure qu'il est, les funérailles des libres penseurs ne sont plus pour la foule un sujet de moquerie et d'injures, comme lorsque nous enterrâmes Dubief. Souvent même une partie de la population y prend part ou vient se découvrir devant les morts qui passent. Les convois de MM. de Potter et Verhaegen, entre autres, ont donné lieu à des manifestations imposantes.

Républicain et libre penseur en 1830, M. de Potter, rentré dans la vie privée lorsque la monarchie eut triomphé, a consacré les dernières années de sa vie à des études philosophiques, et est mort républicain, libre penseur.

Les hommes politiques de 1830, les républicains du présent, la jeunesse des écoles, une partie du libéralisme, des groupes d'ouvriers, ont entouré son cercueil d'un cortége, nombreux sans doute, mais qui ne ressemblait guère à celui que Paris, debout tout entier, fait aux morts qu'il veut honorer.

Grand maître des francs-maçons de Belgique, fondateur de l'Université libre de Bruxelles, longtemps chef du libéralisme,

M. Verhaegen avait fait oublier par sa mort bien des fautes politiques. Tous les *frères* avec les insignes de leurs grades, la bourgeoisie presque entière de Bruxelles, les membres des sociétés civiles d'inhumation, les élèves de l'Université ont suivi son cercueil.

Nous avons dit quel concours de citoyens de toutes les classes il y eut aux obsèques de J.-N. Colard. Celles d'une jeune femme de vingt-un ans, membre de la Société des Solidaires et de l'Internationale et qui n'avait voulu de prêtres ni au mariage, ni à la mort, se sont faites au milieu de la foule des républicains, démocrates et socialistes, belges ou étrangers, que renferme Bruxelles.

Fille d'ouvrier, femme d'ouvrier, Jeanne Hins, née Brismée, vaillante, bonne, dévouée aux siens comme à la cause du peuple, avait vu, lorsqu'elle était enceinte de plusieurs mois, la police envahir son domicile et enlever, pour le jeter aux Petits-Carmes, son mari, accusé d'être l'un des instigateurs des grèves de Seraing et du Borinage, grèves que l'on voulait transformer en complot contre l'ordre et la société.

Frappée au cœur par ces actes de violence judiciaire, Jeanne, bravant la fièvre et le mauvais temps, fut vainement frapper aux portes de la prison. Elle ne put obtenir l'autorisation d'embrasser son mari, tenu, comme un grand criminel, au secret le plus rigoureux, par les ordres du clérical M. de Bavay, procureur général et subordonné du libéral M. Bara, ministre de la justice.

L'anxiétude, la fatigue, le chagrin, brisèrent ses forces sans abattre son courage, et lorsque son mari, mis en liberté avec les autres membres de l'Internationale détenus, lui fut rendu, elle n'avait plus que quelque heures à vivre. Elle mourut en disant : La police m'a tuée.

C'est plus haut que doit remonter la responsabilité de cette mort !

Si les nombreuses phalanges des compagnons de l'Internationale, représentée seulement par des déléguées, n'ont pas fait cortége à Jeanne Hins jusqu'à sa dernière demeure, pour témoigner de leur indignation et de leurs regrets, c'est que ceux qui les composent sont disséminés dans la Belgique entière, et que l'inhumation a eu lieu un jour de travail, sous une pluie torrentielle.

XVI

ENNEMIS DE LA LIBRE PENSÉE.

Les sociétés civiles d'inhumation ont trouvé dans le clergé catholique un ennemi déclaré, implacable ; elles devaient s'y attendre. Toucher au casuel en même temps qu'au dogme, c'était renverser la marmite cléricale avec tout ce qu'elle contient. Les prêtres devaient défendre leur os, *unguibus et rostro*.

Les libres penseurs ont encore vu se retourner contre eux le parlement, la justice, la royauté, ces grands pouvoirs de l'État, dont la mission est de sauvegarder la liberté de conscience garantie par la Constitution.

Ils ont à plusieurs reprises demandé la suppression de la formule du serment imposé aux témoins par une ordonnance royale de 1817, et l'abrogation de la loi de prairial sur les inhumations. Voici ce qu'ils ont obtenu : tous les tribunaux, toutes les cours, ont condamné à une amende de 16 à 100 francs, et, en cas de non payement, à un emprisonnement de quinze jours à un mois, ceux qui, appelés à prêter témoignage en justice, ont refusé de dire, suivant l'usage suranné légué par Guillaume de Nassau au pays qui l'a chassé. « Je jure de dire la vérité ; ainsi Dieu et ses saints me soient en aide. »

Seul, le conseil de guerre de Bruxelles, par un jugement fortement motivé, rendu sur les conclusions conformes de l'auditeur militaire Tempels, a déclaré cette formule inconstitutionnelle.

Au Sénat, le rapporteur de la commission a flétri avec indignation la pétition des citoyens qui, invoquant la Constitution, la liberté de conscience, soutenaient que la justice, la législation, l'État ne devaient reconnaître que le serment civil, comme ils ne reconnaissaient que le mariage civil.

Les Chambres ont dédaigneusement repoussé, sans discussion, par l'ordre du jour ou le renvoi au panier des chiffons ministériels, toutes les pétitions demandant, au nom des droits de l'homme, de la famille, de la société, qu'on rayât des codes la loi de prairial. Cette loi, en vertu de laquelle des parents, des amis, des concitoyens, unis de leur vivant, sont, après la mort, séparés comme s'ils étaient ennemis et parqués dans des enclos distincts, ainsi que les juifs l'étaient dans leur Ghetto au moyen-âge, et le sont encore à Rome ; cette loi qui donne aux ministres de la religion dominante, le droit d'ensevelir les citoyens dans une terre qui n'est pas celle de la patrie, mais est terre sacerdotale, ou, lorsqu'il n'y a pas un lieu d'inhumation consacré aux morts des cultes dissidents, de jeter dans le coin des reprouvés, dit trou des chiens, ceux que l'Église n'a pas confessés, bénits ; cette loi, aucun membre de la gauche, aucun des libéraux soi-disant libres penseurs de l'assemblée, n'a pris la parole pour la combattre.

Qu'importe ! le devoir des rationalistes c'est de ne point se lasser, de frapper sans relâche à toutes les portes tant qu'elles ne seront pas ouvertes. En dehors des moyens révolutionnaires, dont la Belgique ne peut pas prendre l'initiative, — sa situation, ses véritables intérêts le lui défendent, — ce qu'il y a à faire, c'est de protester, pétitionner, agiter pacifiquement le pays par des meetings, des conférences, des écrits, jusqu'à ce que ces atteintes à la liberté de conscience et de pensée, ces violations de la Constitution ne soient plus possibles, que les principes proclamés par les hommes du droit comme les seuls vrais, soient réalisés dans les lois aussi bien que dans les mœurs, et qu'on ne voie plus dans la libre Belgique, des citoyens condamnés à l'amende, à la prison, parce qu'ils ne croient pas au dieu de MM. de Gerlache et Bavay, ni aux saints de l'almanach liégeois.

———

Les libres penseurs n'ont rien demandé à la royauté, mais le roi Léopold leur a donné bénévolement des preuves non équivoques de ses sentiments pour eux.

Les prêtres, après avoir jeté feu et flamme contre les nouveautés scandaleuses, impies, qui les effrayaient par tant de motifs, voyant que les sermons, les mandements, les excommunications, ne produisaient aucun effet, voulurent essayer de la concurrence. Eux, si âpres à la curée, malgré les subventions qu'ils touchent de l'État, ils avaient créé une confrérie religieuse, dont les membres devaient être enterrés gratis, chose après tout avantageuse pour les pauvres de corps et d'esprit du catholicisme, qui, y ayant toujours gagné cela, peuvent en remercier les Solidaires.

Le *Journal de Bruxelles* publia à cette occasion l'article suivant : « Le roi vient de faire parvenir, par l'entremise de M. le doyen de Sainte-Gudule, au conseil général de l'association de Sainte-Barbe, récemment fondée à Bruxelles, une somme de mille francs. Ce don est accompagné de la lettre suivante : Monsieur le doyen, le roi, qui applaudit à toutes les nobles entreprises de la charité, a vu avec grand plaisir la création récente de l'association de Sainte-Barbe, dont le but est de seconder les efforts zélés du clergé pour procurer aux classes nécessiteuses des secours durant la maladie, et donner après leur mort, à leurs obsèques et à leur enterrement, un caractère digne de la fraternité chrétienne. Raviver dans cette direction la charité évangélique, c'est répondre dignement à ces hommes insensés qui, sous le prétexte de civilisation et de progrès, voudraient pousser la société hors des voies du christianisme, au risque de la voir bientôt retomber dans la barbarie. Sa Majesté, voulant donner un encouragement direct à l'œuvre, me charge, monsieur le doyen, de mettre à votre disposition une somme de mille francs, que j'ai l'honneur de vous faire parvenir avec cette lettre.

Agréez, etc.,

Le vicomte DE CONWAY.

Bruxelles, 30 octobre 1864.

Ces insensés qui, en apprenant aux hommes à se passer de prêtres, ramenaient la société à la barbarie, c'étaient des professeurs de l'Université, des médecins, des avocats, des magistrats, des officiers de l'armée, des citoyens comme MM. Gendebien, de Potter, Verhaegen, que le pays avait envoyé au gouvernement provisoire, au Congrès, dans les assemblées nationales, des représentants siégeant encore au parlement, même dans le camp ministériel, comme

MM. de Fré et Hymans, membre au début de la *Libre Pensée*, dont il a cessé de faire partie.

Si M. le vicomte de Conway avait été un ministre officiel, à portefeuille, n'eût-il eu que le ministère de la maison du roi ou des menus plaisirs, il se serait trouvé, au dehors et au dedans de la Belgique, force gens, libéraux, journalistes, hommes d'État, qui l'auraient déclaré seul blâmable, seul responsable : Les rois constitutionnels en général, et Léopold Ier en particulier, ne gouvernant jamais et ne pouvant mal faire.

Malheureusement pour la thèse parlementaire, M. le vicomte était un simple intendant de la liste civile, l'un des serviteurs les plus dévoués de la cour ; et il n'a pu rien faire, rien dire, rien écrire sans la volonté expresse, l'ordre formel de son roi. Il n'a, du reste, été ni révoqué de ses fonctions, ni désavoué ; il est resté, il est encore, je crois, intendant de la liste civile, et se trouve même au nombre des rares légataires qui ont reçu de Léopold, peu donneur même par testament, un témoignage convenable de la gratitude royale.

En entrant dans la voie de la concurrence, le clergé a cessé d'être aussi difficile, aussi sévère qu'autrefois pour ceux qui meurent sans l'avoir appelé. Bien loin de leur fermer les portes de l'Église, il les leur ouvre à deux battants, donnant gratis l'absolution aux malades qui veulent mourir dans l'impénitence finale, et prodiguant à tous, l'eau bénite, les prières, les chants, lorsque les parents ou amis veulent en faire les frais.

Bruxelles a été témoin, il y a peu d'années, de ce dont les prêtres catholiques sont capables en ce genre.

Une dame de maison avait perdu son intendant des menus plaisirs, qui n'avait pas songé à se faire absoudre de ses péchés mignons ; elle eut le désir, soit par dévotion (où la dévotion ne va-t-elle pas se nicher !), soit pour faire de la réclame, de demander au curé de sa paroisse un service religieux ; le curé refusa.

On en appela au doyen ou curé de Sainte-Gudule ; celui-ci, après avoir soulevé bien des objections, imposé plusieurs conditions, consentit à accorder ce dont on le priait, si l'on payait bien et comptant.

La dame abbesse fit les choses en grand. Elle commanda un enterrement de première classe, et fut servie à souhait : on y mit toutes les herbes de la Saint-Jean. Prêtres en riches dalmatiques, bedeaux, suisses, enfant de chœurs, porte-croix, serpents et ophicléïdes, en grand costume, tout y était. Les pauvres des hospices, un cierge à la main, les orphelins égrenant leur chapelet, les congrégations d'hommes et de femmes, bannières au vent, précédaient un magnifique corbillard recouvert de draperies noires frangées d'argent, et que traînaient des chevaux non moins drapés de noir. Derrière, venait une longue file d'équipages où s'étalaient, en grande toilette de deuil, toutes les quasi-nonnes des couvents non cloîtrés de Bruxelles. Ce pompeux et étrange cortége, que Paris aurait, pour le moins, hué, traversa les rues de la ville au milieu d'une foule peu édifiée sans doute, mais qui resta impassible, curieuse qu'elle était d'assister à un pareil spectacle.

On ne peut désormais plus dire que le catholicisme manque de tolérance. Il en a, on le voit par là, à en revendre, même aux rationalistes.

La gent cléricale ne battait pas monnaie de la même manière qu'aujourd'hui, dans ce bon vieux temps où les veuillotins de tous les pays voudraient ramener le monde, s'ils le pouvaient, et que le concile siégeant à Rome glorifie, faute de mieux, et dépasse dans la théorie par la fabrication de dogmes, comme l'infaillibilité du pape, l'*immaculée conception*, repoussés par le moyen âge lui-même.

Voici comment alors, étant omnipotents, les prêtres qui font, de nos jours, quand ils sont bien payés, de si beaux services religieux aux mauvais chrétiens morts dans l'impénitence finale, traitaient les bons catholiques décédés parfaitement en règle avec le bon Dieu, mais sans avoir donné le pourboire aux portiers du paradis :

« La pratique du clergé, écrit Chabrol dans sa *Coutume d'Auvergne* (1), était de refuser la sépulture à ceux qui décédaient sans avoir fait un legs à l'Église.

« Les statuts de l'évêque de Paris de 1260 ordonnaient de refuser la sépulture à ceux qui n'avaient pas testé en faveur de l'Église, quoiqu'ils eussent reçu le viatique et l'extrême-onction, et que par conséquent ils fussent morts dans le sein de l'Église.

« Cet usage avait son fondement dans les canons de certains conciles qui ordonnaient à chacun de disposer *pour œuvre pie*.

« Pour ceux qui étaients morts subitement, sans avoir eu le temps de tester, la sépulture était également refusée ; mais comme cela ne faisait pas le compte du clergé, qui n'y gagnait rien, le clergé supposait charitablement en faveur du défunt que son intention avait été de remettre ses biens à la disposition de l'évêque ; que sa mort imprévue ne lui avait pas permis de réaliser ces pieuses

(1) Tome II, page 145 à 147.

dispositions, et qu'il n'était pas juste de le punir d'un événement qu'il n'avait pas prévu. L'évêque nommait des *commissaires équitables* chargés de rédiger son testament, et après enquête, ceux-ci donnaient, par acte posthume, pour lui à l'Église, ce que *bonnement* ils jugeaient qu'il aurait dû laisser.

« Ceux qui avaient fait un testament et disposé en faveur de la *cause pie* furent néanmoins quelquefois privés de sépulture sous différents prétextes. L'on cherchait querelle au défunt, et il fallait que les héritiers rachetassent son corps, pour lui procurer la sépulture.

« Ordinairement, les héritiers du défunt mort *ab intestat*, pour honorer sa mémoire, prévenaient le clergé en demandant permission de faire le testament du défunt et de disposer pour lui *ad causas pias*. . . . .

« Les seigneurs avaient établi déjà en leur faveur la confiscation des biens de ceux qui mouraient *ab intestat*. Le clergé n'avait fait que leur enlever une proie dont ils s'étaient emparés les premiers. »

Telle est, accrue par les captations, dotations, expropriations sans indemnités pour cause de purgatoire et d'hérésie, et spoliations de toutes sortes, dont, pendant de longs siècles, l'Église s'était engraissée, la source de ces immenses biens du clergé que la révolution a si légitimement restitués à leur véritable propriétaire, la nation.

En ces jours, d'ailleurs, si regrettés des prêtres et des époux dévots, les ecclésiastiques avaient bien d'autres priviléges encore. « Ils faisaient, nous apprend également Chabrol, payer des droits aux mariés pour coucher ensemble la première nuit de leur noces, usage condamné par un arrêt de 1401 ou 1409. »

« Alors aussi un curé, au dire de Boérius, osa soutenir en justice réglée qu'il avait le droit, d'après la coutume, de coucher avec ses paroissiennes la première nuit du mariage. *Ego vidi*, dit cet auteur, *in curiâ bituricenci, coram metropolitanum processum, appellationem in quâ rector seu curator parochialis pretendebat, ex mansuetudine, primam habere carnalem sponsæ cognitionem; quæ mansuetudo fuit annulata.* »

XVI

NOS MORTS.

Nos morts, à nous, quelle que fût leur croyance, nous les avons, respectant leurs dernières volontés, accompagnés, sans pompes, sans manifestations éclatantes, au champ d'asile de l'exilé tombé sur la terre étrangère; au nom de la patrie absente, nous leur avons adressé le suprême hommage dû à ceux qui ont souffert, combattu pour une juste cause.

Elle est longue, la liste de ces soldats du droit qui, vainqueurs en février, ne reverront plus triomphante la République enfantée en 1792 par la Révolution, et reconquise sur les barricades en 1848.

A mesure que j'écris ces pages remplies du souvenir d'amis que nous voyions naguère, au milieu de nous, vivants, forts, courageux, la funèbre liste s'allonge.

Le temps balaie rapidement, à cette heure, les générations qui, depuis 1830, sont sur la brèche, après avoir été décimées par l'exil, la prison, la transportation, les hasards des combats, les douleurs de la défaite. Aux jeunes d'entrer dans la carrière : leurs aînés bientôt n'y seront plus.

En vingt ans, il est mort les trois quarts des membres de la Constituante de 1848. Sur neuf cents, et ce renseignement peut servir aux faiseurs de statistique pour calculer la durée de la vie des hommes politiques, deux cent cinquante environ survivent, à l'heure qu'il est, aux révolutions ou contre-révolutions, dans lesquelles ils ont été acteurs, témoins ou victimes. Le parti républicain a perdu, entre autres, Flocon, Caussidière, Buvignier, Audry de Puyraveau, François Arago, Dupont (de l'Eure), J. Reynaud, Buchez, David (d'Angers), Frédéric Degeorge, Théophile Dufour, Goudchaux, Legendre, Bethmont, Bixio, Dornès, Maire, Joly fils, Astaix, Martin (de Strasbourg), Proudhon, Xavier Durrieu, Pascal, d'Aix.

Des amis avec qui nous avons siégé à la Législative, sur les bancs de l'extrême gauche, ceux qui nous ont été enlevés sont : Robert, de l'Yonne, James de Montry, décédé à Cologne, où il venait chercher un refuge, Deville père, mort dans une prison d'État, Baudin, tué sur la barricade du faubourg Saint-Antoine, Michel (de Bourges), Giland, l'ouvrier poëte, Muhlenbeck, Lasteyras, Lamennais, le commandant Favan, Salmon (de la Meurthe), Jolivet, Besse, Gaston Dussoubs, Charles Lagrange, Eugène Sue, Ronjat, Répellin, le capitaine Cholat, Viguier, Deflotte, tombé en Sicile au milieu des mille de Marsala, Laboulaye, Mathieu (de la Drôme), Arnaud (du Var), Sommier, Saint-Romme, Gindriez, Clément, Crépu, Bajard, Curmier, Martin (du Loiret), Chouvy, Monnier, Millotte, Delbrel, Rollinat, Ennery, le docteur Gambon, Duché, le colonel Charras, Labrousse, Guilgot, Gastier, Bourzat, Savoye.

Dans la gauche : Chanay, Chabert, Aubry (du Nord), Périnon, Sain, le général Laydet.

La proscription belge seule a vu, parmi les siens ou leurs familles, la mort frapper loin de la patrie, à Bruxelles, Verdun Lagarde, Dubief (de Paris), Louis Darles, Valrivière, Mongin, Dupuichaud, Laboulaye, Ennery, Labrousse, Bourzat, Georges Mourouzi, Petitjean cadet, Jules Porron, mesdemoiselles Lucie Péan, Marie Hetzel, Louise-Amélie Louchet, Jeanne Aisière, mesdames Testelin mère, Amable Lemaître, Vergne, Victor Hugo, Madier-Montjau mère, et celle qui, à cette heure, ferme la marche, madame Berru mère, que la société de la Libre Pensée, dont elle était la doyenne, a accompagnée à sa dernière demeure ; à Termonde, le docteur Gambon ; à Anvers, Benoît (de la Haute-Marne) ; à Tubize, Terrier ; à Braine-le-Comte, madame Mongin ; à Hasselt, Léger ; à Harlem, Ch. Lagrange ; à Constantinople,

Gagnet ; à New-York, Arsène Lefebvre ; en Espagne, Peyre ; en Suisse, Dubief, avocat ; en mer, Servient ; à Turin, Mayer ; à Bâle, Charras.

Les noms des transportés dont les ossements sont semés sur les plages de l'Algérie et de Cayenne, les familles seules des morts le savent et le diront peut-être un jour à la France régénérée. En ce moment, nous ne pouvons citer que quelques victimes : l'humble soldat qui tombe au milieu de la mêlée, que ce soit dans la proscription ou sur le champ de bataille, ne laisse presque jamais son nom de martyr. Nous ignorons donc encore quels sont les cent vingt transportés qui, sur les trois cent dix-sept républicains internés au pont du Chélif, ont été en six mois enlevés par les maladies ou le climat de l'Afrique, ni comment s'appellent les déportés de Cayenne, que la fièvre jaune a si rapidement moissonnés en quelques semaines, à l'île du Diable et dans les marais de Borda.

Eugène Millelot et Guerbet, quincaillier (de Clamecy), qu'on avait ruinés avant de les transporter, Péret, ex-maire de Béziers, dont tous les biens avaient été mis sous le séquestre, Marcel Adger, avocat, de Montpellier, Agenon, maire de Marseille en 1848, Ailhaud, garde général du Var, le vigneron Franqueur (de l'Indre), le lieutenant Millet, Jules de Caudin (du Cher), Pianori, Baugenski, les Angevins, François Frouin, Chéniau, Secrétain, Auray, Riottau, commerçant, mêlé par la police à l'affaire des carriers, où il n'était pour rien, madame Pauline Roland, qu'on a envoyée mourir en France : voilà quelques-uns de ceux que la transportation a tués.

Les amis que les autres proscriptions ont perdus sur la terre étrangère, il nous est impossible aussi de les rappeler tous ici. Nous n'avons en ce moment à ajouter au martyrologe républicain que les noms suivants : Flocon, Eugène Sue, Pascal d'Aix, Savoye, Duché et Xavier Durrieu, anciens représentants, les docteurs de Nollhac et Lachamp, Ribeyrolles, Champseix, Philippe Faure et Duchêne, journalistes, Chipron, Dutheil, Simon Bernard, Jacques (de l'école normale), Cournet, Adam, le cambreur, Pélassy, Volsy-Coste, Bourat, Castel, Veillaz, Rouget, Aristide Pilhe, qui s'était battu à Rome, sous les ordres de Garibaldi, pour défendre la République romaine.

A Jersey, les proscrits, tombés sur le sol de l'île battue par les mers, reposent à côté les uns des autres, dans le cimetière des indépendants ; leurs noms, gravés sur une modeste pierre, resteront dans l'histoire par les magnifiques discours que Victor Hugo a prononcés sur leurs tombes.

A Bruxelles, nos morts sont couchés dans des champs de sépulture séparés par de vastes espaces. Excepté pour ceux à qui leurs familles ont pu rendre ce dernier hommage, aucun monument funèbre n'a été consacré à leur mémoire.

Donner aux vivants ce qu'aurait coûté le plus simple tombeau, la plus petite concession de terrain, c'était accomplir les vœux des mourants et honorer nos amis comme ils devaient l'être.

Joly, Baune, Bancel, Madier-Montjau, furent ordinairement les interprètes éloquents de nos regrets.

De ces discours qui nous faisaient plus vivement encore ressentir la perte que nous venions de faire, un des seuls publiés est celui prononcé par Bancel sur la tombe de mon concitoyen Louis Darles, son vieil ami de collége. Lors de cette inhumation, c'était la première fois qu'un proscrit prenait à Bruxelles la parole en public. La police était aux aguets pour sévir, s'il y avait lieu. Elle n'eut pas le plus petit mot à dire.

Bancel, qui sait si bien exprimer, sous une forme toujours heureuse, ce qu'il veut dire, ce qu'il sent, prononça, au milieu de l'émotion générale, ces paroles, que nous nous félicitons de pouvoir reproduire, car elles peignent mieux que nous ne l'avons fait l'attitude et la pensée de la proscription belge après le coup d'État.

« Proscrits, cette tombe renferme l'un des nôtres, le dernier
« enfant d'une vieille mère, un soldat du droit, mort à son poste.
« A mesure que l'exil se prolonge, et que s'éloigne le jour où nous
« avons été chassés de cette patrie que l'on ne peut se consoler
« d'avoir perdue que par l'espérance de la revoir, des vides irré-
« parables se font autour de nous. Hier, Texier mourait à Tubize.
« Il y a un mois, la fille d'Hetzel venait dormir sous ce gazon.
« Londres, Jersey, la Suisse, l'Espagne, tous les pays hospitaliers,
« garderont tour à tour quelque chère dépouille.

« Aujourd'hui, nous adressons à Louis Darles les derniers
« adieux. L'exil, cette épreuve qui sied aux grands caractères,
« l'avait fortifié ; son cœur était indulgent, ses convictions étaient
« inflexibles. La douceur naturelle de son âme s'unissait à je ne
« sais quelle gravité dont le charme se répandait sur toutes ses
« paroles.

« Vous m'êtes témoins, vous tous qui l'avez connu et qu'il
« aimait, dites, s'il ne possédait pas ces deux vertus suprêmes
« des partis vaincus, la persévérance et la simplicité? Persévérant,
« parce qu'il avait la foi et qu'il connaissait les hasards et les
« retours des révolutions ; simple, parce que l'amour de la justice
« et de la vérité étaient des besoins de sa noble nature ; il respirait
« le bien comme un air vital. Mais au fond de cette âme vaillante,
« dans les replis secrets de son cœur, il gardait les regrets du pays
« et de la famille. Citoyen d'une République, il se devait à sa
« défense. Il a payé sa dette jusqu'au bout, sans murmures, sans
« jactance, sans faiblesse ; fils tendre et pieux, dans les entretiens
« intimes où il épanchait son âme, il se donnait à sa mère. La
« pauvre femme ne verra plus son fils à son foyer de veuve. Ah !
« qu'elle sache, du moins, que ses anciens et ses nouveaux amis ne
« l'ont pas abandonné, et que les paroles que je prononce la récon-
« fortent dans sa douleur.

« Mais il y a quelque chose d'éternellement vivant et qui défie
« la mort, c'est le souvenir des qualités et des vertus humaines.
« Laisser après soi l'austère exemple du devoir accompli, voilà la
« véritable immortalité.

« Aucun homme ne comprit mieux que Darles cette vérité
« sublime ; aucun n'apprécia mieux la grandeur de notre cause. Il
« l'aimait d'un amour ardent et éclairé. C'est la première qu'il a
« embrassée, c'est la dernière qu'il a servie. La mort nous l'a pris
« à l'âge où la raison virile confirmait les généreux instincts et
« les nobles sentiments de la jeunesse.

« Et nous, sur cette fosse, reprenons courage. Autour de nous,
« au-dessous de nous, dans l'herbe et sous les tombes, la vie germe
« obscurément ; l'idée aussi, invisible et féconde, germe sous le
« repos apparent de la France. Notre chère patrie sentira un jour
« ses entrailles tressaillir en enfantant un monde de liberté.

« Les tables de proscription deviennent les tables de la mort.
« L'exil brise les affections et disperse les os des proscrits ; il ne
« brisera pas leurs amitiés fidèles. Si nos rangs s'éclaircissent,
« soyons unis ! aimons-nous ! c'est le plus grand spectacle que
« nous puissions donner ; c'est la dernière offrande que nous de-
« vions à cet homme si brave, à cet esprit ferme, à ce cœur iné-
« puisable de dévouement.

« Adieu, mon ami ; que cette terre étrangère, mais libre, te soit
« plus légère que la terre natale. »

Ce fut Joly qui, avec son élévation habituelle de pensées, retraça, au moment où la tombe allait se fermer sur elle, la vie de madame Amable Lemaître. Femme courageuse, dévouée à la cause du peuple, madame Lemaître avait souffert pour ses opinions politiques, et elle venait de donner, l'une des premières, l'exemple de la fermeté dans les principes rationalistes, en voulant être inhumée sans prêtres.

———

Sur la tombe de Georges Mourouzi, moissonné à la fleur de l'âge, comme cette charmante Louise Péan, qui avait à peine vu fleurir ses dix-sept printemps, la prière et l'adieu furent prononcés par Edgard Quinet ; c'est la seule fois que nous avons entendu en Belgique la parole aimée de l'éloquent professeur du collége de France.

Georges Mourouzi était le fils unique de la noble femme qui avait voulu être la compagne du grand écrivain proscrit, et qui vient de publier sur l'exil des mémoires pleins de charmes, d'intérêt.

Edgard Quinet aimait et élevait comme un fils le jeune Georges, heureux et fier de pouvoir bientôt donner aux deux patries de ce fils adoptif un homme, un citoyen. Ce fut lui qui eut le courage de présider aux funérailles, douloureuse cérémonie dont je retrouve dans *la Nation* de 1856 un compte-rendu très-fidèle. « Maîtrisant sa douleur, Quinet conduisit, ami, père et prêtre tout à la fois, le deuil jusqu'au cimetière, jeta la première pelletée de terre sur le corps de celui qui donnait tant d'espérance, et, les yeux au ciel, la main étendue sur les amis, nombreux, pressés, émus, dont il était entouré, il dit d'une voix grave, lente, pleine de larmes :

« Au nom du Dieu de toute justice et de toute espérance, je
« dépose ici, dans la terre d'exil, les restes de mon cher bien-aimé
« beau-fils Georges Mourouzi, mort à l'âge de seize ans et demi
« et quatorze jours. Je suis appelé à prononcer sur lui les paroles
« suprêmes. Puissé-je en avoir la force jusqu'au bout !

« Georges Mourouzi est né le 1er septembre 1839, à Jassy ; ses
« ancêtres ont régné sur les provinces danubiennes et occupé le
« trône d'Étienne-le-Grand et de Michel-le-Brave. Son aïeul pa-
« ternel, le prince Alexandre IV Mourouzi régnait encore à la
« fin du siècle dernier et au commencement de celui-ci, sur la

« Valachie en 1792, sur la Moldavie en 1806. Dans un temps où
« le bien était presque impossible, il a su se placer au rang des
« souverains réformateurs. Il a laissé, des quatorze années de son
« gouvernement, un souvenir respecté dans l'histoire.

« Du côté maternel, l'enfant que nous pleurons avait pour
« grand-père Georges Azaky, l'homme qui plus qu'aucun autre
« contribua avec gloire au réveil et propagea la renaissance na-
« tionale de la Roumanie.

« Pour enseigner à cet enfant que l'homme n'est rien que par
« ce qu'il se fait lui-même, et pour le dérober à de fastueuses
« séductions, sa mère l'emmena en bas-âge en France, comme au
« foyer de la justice et du bon droit. C'était le temps où nous éle-
« vions de nos mains cette cité de liberté qui s'est si promptement
« écroulée sous la violence, pour se réparer et se relever plus belle
« par la conscience et la raison.

« Oui! cette cité se relèvera; je le jure ici par tout ce qu'il y a
« de plus saint sur la terre, par la fosse ouverte de cet enfant
« innocent, mort injustement en exil, car notre ciel de France l'eût
« peut-être sauvé.

« Cher Georges, cher enfant, tu l'as vu luire, un moment, ce
« flambeau de liberté, d'humanité! tu en as rassasié tes premiers
« regards; tu avais reçu comme une seconde naissance dans ce
« berceau de toutes les espérances nouvelles. Combien ton intel-
« gence rapide s'était vite élevée aux inspirations les plus pures de
« la France.

« Il te manquait une seule chose, l'épreuve de l'adversité. Ta
« mère t'avait amené en Occident pour t'enseigner la justice : elle
« voulut que tu devinsses le compagnon des proscrits; le jour où
« je fus exilé pour avoir fait mon devoir, ce jour-là, tu devins mon
« beau-fils. Tu avais vu la France triomphante, orgueilleuse de ses
« libertés, tu la vis errante, dépouillée, frappée dans la nuit, par
« derrière, traînée d'exil en exil, ses meilleurs citoyens ne sachant
« pas où dérober leur tête! Tu adoptas cette France de l'exil. Tu
« reconnus en elle ce que tu voulais voir fleurir un jour dans ton
« pays natal, la passion de l'équité, le dévouement à une sainte
« cause toujours vivante. Tu dis en toi-même : « C'est ici qu'est la
« justice, c'est ici qu'est la religion de la vérité. ». . . . . .

. . . .

« Que ne pouvait attendre la Moldavie d'un enfant ainsi pré-

« paré au milieu de tant d'épreuves, avec une sollicitude si reli-
« gieuse. Ce qui manque le plus à la Roumanie, régie par la force
« et le caprice, ce qui est le plus nécessaire dans toutes les con-
« ditions, c'est la religion de la justice, de l'humanité, l'amour des
« faibles, des persécutés ; et cet enfant avait été placé, par la pré-
« voyance de sa mère, au milieu même des opprimés, pour appren-
« dre à maudire l'oppression. Il était parmi vous comme à la
« source même du droit sans mélange, sans concession, sans capi-
« tulation ; il s'abreuvait, il se nourrissait chaque jour, comme du
« lait des forts de ce sentiment sacré du droit. Plus tard, il aurait
« rapporté dans son pays votre exemple, avec l'inspiration puisée
« à l'école des grandes adversités ; c'était là notre espérance. Avec
« un cœur tout français, nous aurions fait de lui un patriote rou-
« main prêt à tous les événements. Son intelligence précoce était
« allée au devant de nos désirs. Que la Roumanie s'associe donc
« à notre deuil : elle a perdu en ce jour, j'ose l'affirmer, une des
« fleurs de son printemps dont elle devait s'orner bientôt.

« C'est au milieu de ces promesses de régénération nationale, si
« sacrées et si saintes dans la conscience d'un enfant, que nous
« l'avons vu disparaître à nos yeux mortels.

« Quoiqu'il eût deux patries dans le cœur, toutes les deux lui
« ont manqué à la fois. Il ne devait revoir ni l'une ni l'autre. Je
« n'ai pu lui rendre la France du bon droit, à laquelle il avait été
« voué comme à sa sainte patronne, ni lui montrer, ainsi que j'es-
« pérais en avoir le temps et l'occasion, la Roumanie renaissante
« et sauvée. Je n'ai rien pu, que lui assurer ici l'hospitalité de la
« mort. . . . .

. . . .

« Cher enfant, pardonne-nous de t'avoir associé à nos épreuves.
« Toi-même, tu aimais à souffrir pour la justice. Toi, qui étais fait
« pour me survivre tant d'années, je dépose ici ta chère dépouille.
« Pardonne-moi de l'ensevelir dans une terre étrangère. Si ma
« patrie m'est rendue avec honneur, j'y rapporterai tes os.

« Pour vous, chers amis, qui avez accompagné jusqu'ici notre
« enfant, gardez-lui dans vos cœurs un souvenir pieux. Il le mé-
« rite; quoiqu'il n'eût que seize ans, il avait déjà les pensées d'un
« homme mûr; puis il était des vôtres, il vous respectait, il vous
« aimait. »

Depuis que ces pages s'impriment, la mort a fait de nouvelles victimes dans nos rangs. Le dernier tombé sur la terre belge est notre brave ami Gervais. Sur sa tombe, Labarre, au nom de la société de la *Libre pensée*, Ad. Demeur, au nom de ses amis belges, Aubanel, au nom de ses concitoyens du Midi, ont dit l'adieu suprême. Madier-Montjau a parlé pour ses compagnons d'exil.

Voici son discours, qui a si bien exprimé la pensée de tous, sur celui que nous venons de perdre et sur les événements politiques auxquels il avait été mêlé :

« Amis et concitoyens, la terre ne doit pas prendre possession
« de ce cercueil avant que quelques paroles aient retracé devant
« nous, non pour honorer une mémoire qui n'en a pas besoin, mais
« pour offrir à tous un noble exemple, l'histoire de cette vie qui
« vient de finir.

« Elle se résume en deux mots : *Simplicité* et *vertu*.

« Par ces deux éléments essentiels de toute vraie grandeur,
« Oscar Gervais fut de cette lignée de démocrates vénérables qui,
« de l'antiquité à nos jours, ont offert à l'humanité des modèles,
« et, par la manière dont ils l'ont servie, ont mérité son estime
« plus encore que sa reconnaissance ; gens de bien s'il en fut, qui,
« dans l'accomplissement du devoir, ne virent jamais que le devoir,
« la joie intime de l'accomplir ; aussi étrangers à l'intérêt, à l'am-
« bition qu'à l'excitation même de la gloire, et à plus forte raison
« aux puérils aiguillons de la vanité.

« Né à Montpellier, au commencement de ce siècle, en 1808,
« dans une condition où il n'avait qu'à perdre aux agitations po-
« litiques, notre ami s'engagea cependant dès sa jeunesse avec une
« telle ardeur dans la voie révolutionnaire, qu'il dut abandonner
« la carrière même à laquelle il se destinait d'abord, celle de la
« médecine, et qu'à partir de ce moment toute son existence,
« comme toutes les forces dont il disposait, n'appartinrent plus
« qu'à la cause à laquelle il s'était dévoué.

« C'était à la fin du règne des Bourbons de la branche aînée,
« au moment où ceux de la branche cadette prenaient le pouvoir ;
« triste époque où, au sortir de l'étreinte successive d'un abomi-
« nable despotisme militaire et d'un absolutisme bigot, la France
« épuisée, égarée, se laissait tomber, le lendemain d'une révolution,
« dans les bras d'un nouveau roi pour y chercher *la meilleure des*
« *républiques !* Ils étaient rares alors ceux qui osaient se dire *ré-*
« *publicains*, qui, au milieu des joies de la ploutocratie triom-

« phante, malgré la naïve et déplorable confiance des classes
« ouvrières elles-mêmes, déçus dans les espérances qu'ils avaient
« fondées sur la victoire de la veille, n'espérant rien d'un prochain
« avenir, se serraient dans la petite phalange de ces vaillants qui
« avaient nom Arago, Godefroy Cavaignac, Baune, Bastide,
« Thomas, auxquels allait bientôt se joindre Barbès, et qui recom-
« mençaient la lutte le lendemain de la victoire.

« Gervais fut de ceux-là, et, dans cette avant-garde intrépide
« et dévouée, il pouvait, comme des meilleurs, revendiquer ce titre
« de *républicain de la veille*, d'autant plus raillé plus tard qu'il
« était plus significatif, qu'il servait mieux, après 1848, à distin-
« guer les fidèles, les dévoués, de tous ces misérables qui, après
« avoir acclamé vingt fois en un jour la République, devaient
« aider à l'étrangler dès que viendrait pour elle l'heure des revers.

« Il fut républicain dans une des provinces les plus éloignées du
« rayonnement puissant de Paris, dans un de ces départements
« méridionaux où les querelles religieuses étouffaient encore le
« développement de l'esprit politique, et là, non-seulement il lutta
« contre l'indifférence, la haine, le sarcasme, pour l'affranchisse-
« ment de son pays, mais, profondément pénétré de l'unité du vrai,
« de la solidarité de tous ceux qui combattent pour la justice, n'im-
« porte en quel lieu, sous quel drapeau, sans cesse il tendit sa main
« généreuse, il ouvrit sa bourse secourable à tous ceux qui, sur
« cette frontière méridionale de la France où il vivait, venaient
« chercher un asile contre l'effroyable despotisme de l'Autriche
« en Italie, ou des Bourbons d'Espagne, de l'autre côté des Pyré-
« nées.

« La révolution de 1848 devait lui demander son concours. Elle
« le fit, et de la confiance de Ledru-Rollin Gervais reçut, avec le
« titre de commissaire extraordinaire de la République, l'admi-
« nistration supérieure de l'Hérault et de trois départements voi-
« sins.

« Tâche redoutable dans une de ces crises où les vaincus ne
« reculent devant aucun moyen pour reprendre l'avantage, pour
« déshonorer tout au moins les vainqueurs; où ceux-ci sont d'au-
« tant plus naturellement enclins aux emportements de la victoire,
« qu'ils ont été plus longtemps et plus durement écrasés; et cette
« tâche, Gervais avait à l'accomplir dans ces régions où la seule
« chaleur du sang peut être une cause de trouble et de violences,

« où, depuis le moyen-âge et l'effroyable guerre des Albigeois,
« l'iniquité a engendré la représaille, et a fait de chaque mouve-
« ment politique le signal d'une action ou d'une réaction pas-
« sionnée.

« Il sut, cependant, l'accomplir à l'honneur de la révolution
« qu'il représentait. Il sut dominer les ennemis sans pactiser avec
« eux, calmer et contenir son parti sans le froisser, sans perdre son
« affection, et, s'il l'avait voulu, il aurait pu conserver, après la
« chute des amis qui l'avaient nommé, les fonctions dont il avait
« été investi ; mais il ne le voulut pas. De même que, dans la lutte
« électorale qui avait suivi février, il avait préféré la défaite à
« la moindre dissimulation de ses principes, à la moindre tran-
« saction avec les partis monarchiques, il préféra la retraite à
« l'exercice de l'autorité sous un gouvernement qui ne répondait
« plus à ses aspirations. Dès que le général Cavaignac arriva aux
« affaires, bien que la République subsistât encore de nom, Ger-
« vais rompit avec ceux qui inauguraient le règne de l'arbitraire
« et du militarisme : bien plus, dans un siècle qui semble, selon le
« conseil d'un ministre de Louis-Philippe, avoir pris pour devise :
« *Enrichissons-nous*, » où avant de solliciter une place ou de s'en
« démettre, on fait d'abord le compte des appointements qu'elle
« assure, non-seulement il renonça à tout traitement pour l'avenir,
« mais il refusa de recevoir même le prix de ses services passés ;
« belle leçon de désintéressement civique, venant surtout d'un
« homme qui avait usé sa fortune au service de sa cause, au se-
« cours des malheureux, et qui, en rentrant modestement dans
« l'obscurité, gardait à peine de quoi vivre !...

« Vous savez, ou de peu s'en faut, le reste :

« Le jour du guet-apens qu'ont renoncé à justifier ceux même
« qui règnent de par lui, le 2 décembre, les auteurs et les com-
« plices du coup d'État furent (rendons-leur cet hommage) justes
« au moins envers Gervais. Lorsque, avec une incontestable saga-
« cité, un flair sans égal, avec le secours de toutes les haines et de
« toutes les lâchetés, ils trièrent ce qu'il y avait en France de
« plus dévoué au droit, à la patrie, à la liberté, et tuèrent, trans-
« portèrent, emprisonnèrent, bannirent ceux dont le voisinage
« pouvait le plus les faire ou trembler ou rougir, sur leurs listes
« de proscriptions, ils ne firent pas à Gervais l'injure de l'oublier.
« Ils lui donnèrent même les grands honneurs, ceux de la trans-

« portation, et l'ancien commissaire extraordinaire de la Répu-
« blique serait mort, probablement plus tôt, à Lambessa, si, au
« moment où les flottes des proscripteurs partaient pour Cayenne
« et l'Afrique, chargées de tant d'infortunés qui ne devaient plus
« revenir, la maladie qui vient de changer en quelques instants
« cette organisation vigoureuse en cadavre, la goutte, contractée
« dès lors dans ces cachots malsains que les monarchies réservent
« aux accusés politiques, n'avait dû faire de la transportation de
« notre ami un trop évident et par trop scandaleux assassinat.

« On daigna commuer la peine de ses forfaits en exil perpétuel :
« paternel châtiment qui n'enlève à l'homme que sa patrie et sa
« famille, ses amis et la protection des lois de son pays, le pain et
« la considération, prix des efforts de toute sa vie, pour lui donner
« en échange la misère, l'isolement et l'incurable tristesse ! Bannis
« qui m'écoutez, vous qui la connaissez à fond par une expérience
« de dix-sept années cette indulgence du bon plaisir, vous savez
« ce qu'elle vaut, et si elle pourra jamais sortir de notre mémoire
« reconnaissante !...

« Après ce que viennent de dire nos amis Labarre et Demeur,
« je n'ai pas à vous parler de ce que fut en Belgique celui qui
« emporte avec lui nos sincères et profonds regrets. La bienveil-
« lance, la bonhommie qui s'unissaient en lui à la plus mâle éner-
« gie, au plus inflexible courage lui concilièrent rapidement les
« sympathies des Belges, comme elles lui avaient assuré celles de
« tous ceux qui le connaissaient en France. A côté de l'excellent
« compatriote qui, quelques instants encore avant la mort de son
« ami, cherchait à lui faire oublier dans les joies de sa propre
« famille les tristesses de l'isolement ordinaire, à côté de Bucquet,
« je vois pleurer Moreels, chez qui Gervais habitait presque depuis
« son arrivée à Bruxelles et dont les sympathies posthumes attes-
« tent, mieux encore que les égards et les soins dont il ne cessa
« d'entourer son hôte, quelle attraction puissante celui-ci exerçait
« sur tous les nobles cœurs. Et cependant, en général, on ignorait
« les détails de sa vie, ses sacrifices, son dévouement, la sérénité
« et la dignité avec lesquelles il portait le poids d'une situation sou-
« vent difficile, la haute confiance que, depuis trente ans et plus,
« lui accordaient les chefs les plus éminents de la démocratie, les
« hautes fonctions qu'ils lui avaient confiées; car de ce passé il ne
« parlait jamais, dédaignant ce misérable et continuel souci des

« âmes inférieures de mettre sans cesse en relief, sous prétexte d'in-
« térêt public ou d'histoire, leur mesquine personnalité.

« Son unique mais continuelle pensée, c'était l'affranchissement
« de son pays. Seul, il y rêvait. Avec ses amis, avec ses visiteurs
« pendant ses longues heures de souffrance, il en parlait sans
« cesse. Il disait sa douleur de voir durer si longtemps un si hon-
« teux et si abominable état de choses, son espoir de le voir finir
« enfin bientôt. Tout récemment, à quelques-uns d'entre nous, il
« répétait encore qu'il se soignait surtout pour être témoin de la
« débâcle ; qu'il saurait vivre assez pour voir l'heure de la justice.

« Pauvre martyr ! La mort aveugle devait déjouer ce patrio-
« tique espoir. Quelques instants lui ont suffi pour avoir raison de
« ce corps usé et de cette âme vigoureuse ; Gervais est là, dans
« cette fosse, la dernière creusée dans la terre d'exil, après tant
« d'autres... si nombreuses que nous ne les comptons plus !...

« Cette mort prématurée serait doublement navrante, s'il avait
« emporté dans la tombe le doute du salut de la patrie ; mais il
« n'en a pas été ainsi, heureusement ! Pour les hommes comme
« lui nourris dans la religion du droit, il n'est pas nécessaire de
« voir le triomphe de la justice pour en être assuré. Ils savent
« qu'elle ne peut jamais être vaincue qu'un temps, et que plus la
« vie de l'humanité se développe, plus courtes sont ces défaites.
« Les yeux de notre ami, en se fermant, voyaient l'avenir, et sa
« conviction, plus forte, parce qu'elle se fondait sur la raison, que
« la foi d'aucune église se montrait, dans cet avenir, la liberté
« victorieuse et la justice satisfaite.

« Qu'il dorme en paix ! Enfin le cœur de la France commence
« à battre à l'unisson des nôtres. Les pulsations de ce cœur, qu'on
« croyait paralysé, s'accéléreront d'heure en heure, et nous ne les
« laisserons pas se ralentir. Nous n'avions pas besoin que rien nous
« rappelât le devoir ; bien moins encore qu'une fosse nouvelle s'ou-
« vrît pour nous faire souvenir du compte que nous avons à régler
« avec ceux qui ont couché ici tant de nos amis ; mais puisque,
« encore une fois, nous voici réunis dans ce champ de douleur,
« près des restes inanimées d'une victime ; eh bien ! sur ce tertre
« funéraire plus sacré que l'autel d'aucun temple, en mon nom,
« en votre nom, à tous, ô vous, qui m'écoutez, au nom de tous ceux
« qui, en France et ailleurs, ont au cœur la haine implacable de
« la tyrannie, je renouvelle à cet *Empire* qui demande des *ser-*

« *ments*, celui que nous lui avons mille fois juré, celui que nous
« répétons chaque jour, à chaque heure : le serment d'Annibal !...

« Gervais, reçois pour adieu cette promesse, qui, s'il survit de
« nous quelque chose au delà du tombeau, réjouira ton âme plus
« qu'aucune autre parole !

« NOUS N'OUBLIERONS PAS ! »

XVIII

LE REPOS DE LA TOMBE.

Pour les proscrits, l'hospitalité de la mort ne fut pas toujours assurée ; ils ne trouvèrent pas toujours dans la tombe le repos auquel ils avaient droit. Les pierres du cercueil de quelques-uns d'eux ont été en plein jour brisées, jetées sur les grands chemins. Dans l'ombre, s'est accompli l'indigne sacrilége dont un père désolé, Louchet notre compagnon d'exil, a écrit le navrant récit dans un mémoire auquel nous empruntons les passages suivants :

« Le 11 juillet 1858, j'eus le malheur de perdre ma fille Amélie, âgée de dix ans. C'était à elle que je devais la force de lutter et le succès de mes entreprises. Gêné par l'internement, ayant à me présenter en solliciteur, auprès de gens prévenus contre les exilés, j'étais complétement découragé. Une caresse de mon enfant me rendait l'énergie ; je me remettais au travail en disant : C'est pour elle !

« La pauvre enfant supportait difficilement le climat du Nord. La jeune plante se courba bientôt sur sa tige et mourut, faute de pouvoir respirer l'air plus vivifiant de son pays natal. Elle n'eut plus besoin que d'un cercueil et de l'hospitalité du cimetière.

« Elle fut inhumée dans celui de Saint-Josse-ten-Noode ; sa tombe fut entourée d'un treillage en bois... Des plantes et des fleurs étaient entretenus par les soins de la mère de l'enfant. Un petit saule protégeait le tout de son ombre.

« Madame Louchet allait souvent pleurer sur le tombeau de sa fille qu'enveloppait un manteau de fleurs toujours fraîches, d'arbustes toujours verts. Ayant à faire un voyage qui devait être court, nous fûmes ensemble dire adieu à cette chère morte, et en la quittant, je traçais sur la pierre cette strophe, sortie de mon cœur peut-être comme un pressentiment :

> « Dors tranquille, enfant du proscrit.
> « Que reste-t-il aux tiens, quand la patrie absente
> « Et l'ange de l'exil que le ciel nous reprit,
> « Leur manquent à la fois? Rien! ô douleur poignante!
> « Ils n'ont qu'à répéter, prière consolante :
> « Dors tranquille, enfant du proscrit. »

« Ce vœu, cette prière ne devaient pas être exaucés.

« De retour à Bruxelles, madame Louchet se hâta d'aller au cimetière. Elle ne trouva plus trace de la tombe ni des objets qui la recouvraient. Dire son désespoir, mon indignation, quand je l'appris, cela est impossible. Je cours chez l'aide-fossoyeur, payé par nous pour l'entretien du petit jardin, et qui avait dû présider à ce qui s'était fait. Vivement interpellé, cet homme répondit que le délai réglementaire de cinq ans étant expiré, on avait disposé de la place pour un autre mort.

« L'enfant, suivant le désir de sa mère, avait été, au moment de l'ensevelissement, vêtue comme une jeune fille qui doit faire sa première communion : la tête ceinte d'une couronne de fleurs blanches, voile, robe et petit pantalon court, également blancs, des souliers en cuir verni ornés d'une rosette, à l'un des poignets, un bracelet de corail ; et, comme nous voulions faire procéder plus tard à l'exhumation du corps, pour le transporter dans notre pays, nous avions eu la précaution de le renfermer dans un cercueil de plomb, fermé hermétiquement, après y avoir mis des substances aromatiques, puis de le placer dans un double cercueil en bois de chêne très-épais.

« Croyant que le cercueil avait été simplement ouvert et mutilé par les outils des ouvriers chargés de creuser la fosse voisine, je demandai l'autorisation de faire exhumer le corps de mon enfant, pour le transporter dans un terrain dont j'avais acheté la concession. Ayant reçu cette autorisation du bourgmestre, je voulus présider moi-même à cette triste cérémonie.

« C'était par une froide soirée de décembre qui enveloppait

d'une brume froide et pénétrante ce lieu funèbre, et glaçait tous les assistants. Au milieu des ossements que le fossoyeur retirait avec chaque pelletée de terre de la fosse comble, je craignais à chaque instant de voir rouler à mes pieds la tête de ma pauvre enfant; aussi, au milieu de mes angoisses, ce fut avec une joie étrange que je vis apparaître, intact et recouvert, comme une pudique enveloppe, de ses vêtements blancs à peine ternis par le temps, le corps de ma fille qui semblait me sourire, tant, après six ans de sépulture, on retrouvait dans un état de parfaite conservation, le corps de l'enfant et les fleurs comme les vêtements; tant étaient peu apparents, aussi, les ravages de la mort. J'avais, d'ailleurs, la consolation de l'arracher aux profanations dont sa dépouille mortelle avait été l'objet, et de lui donner une sépulture nouvelle.

« Le cercueil de plomb, le cercueil de chêne et le drap blanc qui entouraient l'enfant, avaient en effet disparu; il n'en restait plus de traces : une main criminelle avait tout enlevé. Le corps reployé, retourné, avait été jeté au milieu des débris de tous genres, et recouverts de terre... »

Ces faits livrés à la publicité, la justice informa. L'aide-fossoyeur L.-B. Van Elder se vit traduit en police correctionnelle; après une longue instruction, il fut, malgré les plaidoiries de ses deux avocats, condamné, sur les conclusions du ministère public, par le tribunal de première instance, puis sur appel, par la cour royale, à un an de prison, pour profanation de sépulture et vol d'objets appartenant à la famille Louchet.

Quelque temps après cette condamnation, un ouvrier qui, pour trois francs, s'était fait le complice du fossoyeur, mais n'avait pas été dénoncé, se suicidait. Appelé *mangeur de plomb* par ses camarades, et accusé par sa famille d'avoir commis un sacrilége, il se croyait poursuivi sans cesse par la jeune fille morte qu'il avait fait sortir de sa couche funèbre.

Il est triste, douloureux de voir tomber à côté de soi, au milieu de la bataille, au lendemain de la défaite, à la veille de l'entrée en campagne, des soldats de la liberté, des amis proscrits, de les laisser couchés dans la terre étrangère. Pourtant, on a eu alors la consolation d'adoucir leurs derniers instants par des soins affectueux, des paroles d'espérance, une assistance fraternelle, et de leur fermer les yeux.

Une tristesse plus amère, une douleur plus grande encore, rien ne l'adoucit, c'est de perdre ceux que l'on aime le plus, sans qu'il soit possible de répondre à leur dernier appel, d'aller veiller près de leur lit de mort, de recevoir leur dernière bénédiction, d'arroser de ses pleurs la terre où ils sont endormis.

C'est là une des plus cruelles épreuves, un des plus poignants tourments d'un banni qu'une barrière infranchissable, élevée par la politique, par l'homme, sépare d'une mère ou d'un père vénérés, d'une épouse chérie, d'enfants bien-aimés.

Certes, la vengeance de ses ennemis, la colère des proscripteurs, les conséquences de la rentrée, on braverait tout pour rendre les derniers devoirs à ceux auxquels on est attaché par ces doux liens de famille que la mort va briser. Si on pouvait embrasser encore une fois ces chers absents, on échangerait sans hésiter l'exil contre la prison ou la transportation.

Mais, à la frontière, les gendarmes, les douaniers, les soldats empêchent de passer. Ils jettent dans les cachots le proscrit qu'ils saisissent en rupture de ban. Dans les premières années de l'empire, aller à ses risques et périls en France, c'eût été se livrer sans utilité, sans espoir de succès, à l'ennemi.

Le gouvernement napoléonien n'a presque jamais refusé dans ces circonstances, il faut le dire, un sauf-conduit à ceux de nos amis de France qui en faisaient la demande pour un proscrit.

En Belgique, notre brave Gastinel est le seul, à ma connaissance, qui n'ait pu obtenir l'autorisation d'aller voir sa femme mourante. Un dépositaire infidèle mais bon napoléonien, à qui il avait confié, en partant pour l'exil, les débris de sa fortune y avait sans doute mis obstacle. Étant sur les lieux, Gastinel aurait pu faire rendre gorge à celui que de la terre étrangère il n'a pu poursuivre.

En faisant usage de ce laissez-passer du *droit des gens*, qui tout à la fois protége et signale l'ennemi entrant dans une place assiégée ou traversant les États de celui avec qui il est en guerre ouverte, on pénétrait jusqu'au cœur de l'empire, sans cesser d'être hors la loi, de porter au front le signe de banni.

Malheureusement, ces saufs-conduits venaient toujours trop tard.

A peine arrivé en Belgique, Guilgot apprenait que sa mère était à toute extrémité. Un de ses compatriotes lui ayant fait expédier un laissez-passer, notre ami courut à Épinal. Il n'était plus temps : sa mère était morte, ensevelie.

Lui aussi maintenant il dort près d'elle, ce brave et bon compagnon de notre exil ; et tout Épinal a suivi son convoi, bien qu'il soit mort républicain et en libre penseur. Avec ses dehors brusques, sa franchise un peu montagnarde, Guilgot avait un cœur d'or, un caractère loyal et généreux, beaucoup d'esprit naturel. Il faisait le bien à sa manière, à coups de boutoirs, si on peut s'exprimer ainsi, en forçant à accepter ses bienfaits. Aussi, l'appelions-nous, en plaisantant, le *sanglier des Vosges*.

Possesseur d'une belle fortune, ayant des parents éloignés qui ne partageaient pas ses opinions, il a laissé plus de deux cent mille francs à sa ville natale. Consacrant cette somme à des bourses pour les écoles d'arts et métiers, il a voulu qu'une commission, désignée par son testament, choisît seule, sans que l'autorité eût à intervenir, les ouvriers démocrates qu'elle jugerait dignes de cette faveur. Il a aussi fait des legs à plusieurs de ses amis politiques, n'oubliant pas les enfants qui avaient perdu leurs pères proscrits.

Deux ans après le coup d'État, c'était à mon tour de recevoir le coup fatal. Une dépêche m'annonça que ma mère était gravement malade. Plein d'inquiétude, d'anxiété, j'attendais, sans savoir que faire, une seconde lettre de mon frère, lorsque mon ami Francisque Maigne vint de Bruges à Bruxelles m'apprendre la vérité, plus cruelle encore que je ne pouvais la pressentir.

Ma bonne mère, brisée par les émotions que la visite domiciliaire faite chez elle, et l'arrestation de mon frère accusé de complot contre Louis-Napoléon, lui avaient causées, s'était éteinte, après une courte agonie, gardant jusqu'à la fin son admirable résignation, toute sa connaissance.

Notre père avait été éloigné du lit de mort de sa femme, pour qu'il n'assistât pas, du moins, au douloureux spectacle de la crise suprême. Mon frère, en entrant dans la chambre voisine pour dire son malheur à ce pauvre père, trouva celui-ci étendu sur son lit, sans mouvement, sans souffle, sans vie. Vainement, le médecin qui n'avait pas quitté la maison, essaya de le ranimer, de le faire revivre, tout fut inutile. Une attaque d'apoplexie foudroyante l'avait enlevé au moment peut-être où sa femme rendait le dernier soupir. On eût dit que les deux époux, après quarante années d'une douce et heureuse union, n'avaient pas voulu se quitter, et étaient partis ensemble pour une autre patrie.

La police, obéissant aux ordres du sous-préfet Rochette, qui avait présidé aux proscriptions du coup d'État dans notre arrondissement, eut le courage de venir, par sa présence, ses dispositions, attrister encore les funérailles de ceux que la population tout entière accompagnait et honorait de ses regrets unanimes.

Il ne me fut pas donné de partager avec mon frère les angoisses et les douloureux devoirs de cette sombre nuit de janvier 1854.

Un vieil ami, mort, lui aussi, à cette heure, Émile Redon, neveu et héritier d'un premier président de la cour d'appel de Riom fait baron par Napoléon Ier, avait demandé pour moi, sans m'en prévenir, un sauf-conduit à Jérôme Bonaparte, avec qui il s'était trouvé en relation après février.

Ce papier me fut délivré immédiatement; mais cette fois encore, il arriva quand tout était fini. Je n'avais plus qu'à aller pleurer sur deux tombeaux. Les hauts fonctionnaires de la Haute-Loire, qui n'avaient pas été consultés, voulurent me prouver au moins leur mauvais vouloir, leur défiance. Ils me firent surveiller rigoureusement pendant les jours que je passai chez moi, et me forcèrent à sortir de France par la route qui me fut désignée.

XIX

TRISTESSES PATRIOTIQUES.

Il est des plaies que le temps cicatrise ; d'autres, au contraire, restent béantes, saignent toujours.

L'homme, à mesure qu'il avance dans la vie, voit tomber tant de ruines autour de lui, qu'il serait écrasé sous le poids des chagrins, si à la souffrance aiguë des jours néfastes, la compatissante nature ne faisait pas succéder la mélancolie triste et douce du souvenir.

Témoin impuissant de l'asservissement, de la ruine, des malheurs de sa patrie, l'exilé, envahi par le mal que lui cause ce douloureux spectacle, ne peut pas être consolé. Chaque jour qui passe, en laissant le peuple dans la servitude, le despote au pouvoir, ajoute à sa patriotique tristesse, à son indignation. Il lui semble que le temps lui-même conspire pour le despotisme, en le consolidant.

Cette tristesse, cette indignation, nous les avons ressenties, nous en avons été meurtris pendant de longues années, lorsque de la terre étrangère nous avons vu les hauts faits de l'empire :

La France répandant à flots son or et son sang sur tous les champs de carnage du monde, pour la plus grande gloire de son empereur ; envoyant, au commandement du maître, ses soldats imposer à une République américaine un empereur autrichien qu'on a laissé fusiller quand on n'a plus eu besoin de lui, et maintenir la capitale de l'Italie sous le joug de ce pape, qui a fait teindre à Mentana sa blanche tiare de sang italien.....

La fortune publique compromise par des travaux improductifs ou ruineux, et des emprunts énormes qui, ne pouvant jamais être remboursés, vont se perdre dans le gouffre sans fond du déficit....

Un budget de plus de deux milliards, s'élevant chaque année, soit par l'augmentation des dotations, traitements et pensions de retraite de tout ce qui mange au râtelier de l'État, soit par les armements, équipements et levées de troupes.....

La dette publique, grossie par toutes ces folies de la guerre et de la paix, dépassant le chiffre de treize milliards.....

L'enseignement de la vie publique et privée donné, aux enfants par les ennemis de la science et de la liberté — les jésuites et les ignorantins, — aux hommes, par les poëtes, les écrivains, les juristes, les pédants et les cuistres de l'ère impériale, tous ces glorificateurs du despotisme, de l'immoralité, des intérêts matériels.

Souvent même, dans des heures de découragement, nous avons accusé la France, qu'elle nous le pardonne! de s'abandonner, de se faire, pour y dormir, un lit dans la boue où se vautraient ses maîtres.

C'est qu'il est des temps funestes où tout, institutions, mœurs, caractères, principes, droit, liberté, justice, semble crouler à la fois; où le sens moral est obscurci, la conscience troublée, la lumière du beau, du bien, du vrai, sous le boisseau. Alors le monde assiste au spectacle d'un peuple en décadence, qui se meurt.

Il en a été ainsi pour le bas-empire lorsque les barbares sont venus l'achever. De loin, on a pu croire, un instant, quand l'astre impérial montait à son zénith, que la France aussi descendait la pente funeste.

Souverain détrôné à qui on laissait, symbole dérisoire de sa puissance, le suffrage universel, comme au Christ sur la croix, sa couronne d'épines, le peuple, par ses votes, sanctionnait le coup d'État encore couvert de boue et de sang par ses massacres, ses proscriptions et ses attentats contre la liberté; il acclamait l'empire et nommait pour ses mandataires les complices, les compères ou les valets de l'usurpateur.

La bourgeoisie regardait, en applaudissant, passer sur son char de triomphe celui qu'elle remerciait d'avoir sauvé l'ordre au dedans et donné de la gloire au dehors; elle dépensait dans les spéculations, les affaires et les jouissances, le temps qu'elle consacrait autrefois à la politique, et cherchait à s'enrichir, puisqu'elle ne pouvait plus gouverner.

La jeunesse désertait les études sérieuses, dont le niveau s'abaissait de plus en plus ; elle se jetait dans les plaisirs enivrants ou abrutissants qui s'offraient à elle à chaque pas dans un pays où il ne restait debout qu'une liberté, la liberté de la corruption. Gâtée par l'éducation d'une société où l'argent, le succès étaient tout, elle devenait égoïste, indifférente, sceptique, avide de fortune, de pouvoir, d'honneurs, à l'âge où les nobles et bons sentiments débordent naturellement du cœur, et elle semblait mépriser, condamner, la vie de lutte, de dévouement, d'abnégation, de souffrances que leurs aînés ont vécue.

Il y avait de plus alors en France une démocratie napoléonienne, qui voulait consolider l'œuvre de la violence, en cherchant, par ses sophismes, ses paradoxes, ses corruptions, à encourager les apostasies, pervertir le sens moral de la nation et faire l'ombre partout.

Ayant sans cesse à la bouche le mot de liberté, ses meneurs préparaient l'égalité dans la servitude, et pour donner à croire que l'empire était la meilleure des démocraties, ils incarnaient le peuple dans César. C'était d'elle que parlait Proudhon, lorsqu'il écrivait de Bruxelles à un démocrate de Liége ces lignes que Tacite aurait signées :

« J'ai connu, il y a quinze ou vingt ans, un parti démocrate ou, pour mieux dire, républicain, généreux, ardent, dévoué, plein d'initiative et d'esprit, malheureusement léger de science. Ce parti n'existe plus ; il a été remplacé par une tourbe pourrie, impérialiste, à dent de vipère, d'une lâcheté, d'une hypocrisie et en même temps d'une grossièreté d'esprit qui n'eut jamais d'égale. Cette démocratie, je vous le déclare, vaut moins que les partis orléaniste, légitimiste et même clérical. C'est elle qui fait la honte de la France et le soutien de l'empire. Toute vénalité, toute corruption, toute intrigue, lui sont devenues familières ; elle n'a plus même d'instincts, elle n'a que des appétits. Elle est aussi capable, à la première occasion, de recevoir à genoux la bénédiction du saint Père, après avoir déclamé contre son temporel, que de baiser la botte de S. M. I., après avoir crié : *Vive la Sociale!* »

Les ouvriers paraissaient avoir abandonné la cause de la République, et ne songer qu'à devenir maîtres, capitalistes, propriétaires. Les uns, embrigadés dans les ateliers impériaux ou occupés aux travaux des grandes villes que l'on *haussmanisait* partout, pour faire disparaître les humbles maisons, les ateliers du travailleur, troquaient le prix de leurs journées de travail ou leurs économies, contre des morceaux de papier que les seigneurs de la féodalité financière fabriquaient pour battre monnaie aux dépens de tous; les autres, au moment où les prolétaires anglais entraient, drapeau au vent, dans la politique, formaient, sous la tutelle du pouvoir, ou avec son approbation et en se soumettant à toutes ses conditions, des associations dites coopératives d'où la politique était complétement exclue.

Comme le saint-simonisme qui a abouti on sait où, un faux socialisme, soulevant les mauvaises passions des masses sans rien faire pour l'amélioration de leur sort, enseignait que les intérêts matériels étaient tout, que l'instrument du progrès, la forme, était inutile au progrès, et que sous tous les gouvernements on peut avoir liberté, égalité, bien-être. Aussi bien les ouvriers espéraient, par cette unique voie de la coopération arriver à l'abolition du prolétariat.

Ils avaient oublié que pour réaliser les grandes réformes, faire une Révolution qui donne tous ses fruits, il faut la charrue qui laboure la terre et la semence qui la féconde, c'est-à-dire, la République et le socialisme indissolublement unis.

Ceux-là mêmes qui faisaient à la tribune, dans la presse, dans les élections, une opposition que la France, trouvait vive, hardie, imprudente, nous les croyions atteints plus ou moins, pour la plupart, de la contagion générale; nous leur reprochions des habiletés de style, de langage, de conduite, dans lesquelles nous étions disposés à voir l'éloge du présent, la justification du fait accompli, l'oubli du passé, ou des concessions semblables à des capitulations de conscience, presque à des apostasies.

Toutes ces accusations, ces défiances, ces craintes, Marc Dufraisse les a exprimées, dans ces passages de son livre sur le droit de guerre, avec une énergie qui a dû soulever bien des colères :

« Vous ne saurez jamais ce que nous souffrions dans nos villes
« de refuge quand nous vous voyions, de la rive étrangère, démâ-
« ter le vaisseau, et fous de peur et d'imprévoyance, jeter toutes
« les libertés et même le lest par dessus bord.

« L'impuissance où nous étions de vous rappeler à la conscience
« de vous-mêmes et d'arrêter votre œuvre sacrilége, fut le tour-
« ment des premières années de notre absence ; l'impossibilité de
« réparer vos fautes est la grande douleur de nos derniers jours ;
« elle a empoisonné l'heure suprême de nos morts. »

Et ce n'était pas seulement dans le secret de notre cœur que nous avions à gémir du sort de la France ; partout, à chaque instant, au milieu des peuples libres chez lesquels nous étions, notre patriotisme, qui résistait à tout, parce qu'il nous restait encore un peu d'espérance au fond du cœur, était froissé, humilié, par ce que nous voyions, nous entendions, autour de nous.

Nous rougissions de honte à la pensée que la France de 1789, de 1792, de 1830, de 1848, était descendue, parmi les nations, au niveau de la Turquie ou de la Russie ; et lorsque l'étranger maudissait, méprisait la nation qui avait si souvent versé son sang pour le salut des autres peuples, en les affranchissant des servitudes du passé, lui jetait des menaces, des insultes, des accusations, moins violentes peut-être que celles dont nous l'accablions nous-mêmes, nous nous en indignions, nous nous en irritions, comme si l'ennemi eût porté une main sacrilége sur notre chère patrie.

Cette susceptibilité nationale, si irritable, si chatouilleuse, qui fait regarder comme une injure tout blâme de l'étranger sur les affaires intérieures du pays, les peuples l'ont tous à un degré plus ou moins grand.

Ceux qui sont les premiers à se moquer d'eux-mêmes, à signaler les abus, les vices, les imperfections, les fautes, les crimes de leurs États, à faire bon marché des hommes et des choses de leur pays, ne veulent pas que les voisins touchent à la reine, c'est-à-dire à leur patrie : chacun voudrait qu'on pût laver son linge sale en famille.

Les Belges, moins que personne peut-être, supportent la critique de leurs voisins ; ils pardonnent peu, aux Français surtout, leurs plaisanteries, leurs observations sur ou contre la Belgique. Parce qu'un faiseur de mauvais mots, ayant mal digéré un dîner flamand à l'eau, dit à son gargotier : vous êtes *Belge comme une oie*, certains journaux jettent ordinairement cette phrase au nez des Français qui ne trouvent pas tout parfait en Belgique, comme s'ils voulaient nous en rendre responsables ou nous accuser de penser tout bas ce qu'un calembourdier de l'école décembriste a dit tout haut. Cela vient sans doute de ce qu'il y a entre la Belgique et la France plus de points de contact, de ressemblance, qu'entre la Belgique et les autres nations. On est plus sensible à ce qui touche de plus près.

Bien que compacte déjà et uni, le peuple belge ne forme pas encore un tout homogène, moulé sur un type uniforme. Les Wallons et les Flamands se distinguent les uns des autres par des caractères bien tranchés. A plus forte raison, doivent être grandes, frappantes, sensibles, les dissemblances qui existent entre les Français et les Belges habitant les points extrêmes de leurs pays.

Ainsi, tout est contraste entre nos méridionaux et les Flamands de Gand. Le Flamand, gros, grand, aux épaules carrées, au ventre rebondi, au visage coloré, sans moustache, sans favoris, passe des heures entières, silencieux, immobile, devant une table d'estaminet, en buvant comme une éponge et fumant comme un tuyau de poêle.

Les Méridionaux, petits, nerveux, au teint hâlé, à la voix perçante, sont toujours en mouvement. Tous ressemblent plus ou moins à deux réfugiés bien connus des Belges : Ollivier, que son fils Émile a, dit-on, fait interner dans sa campagne comme trop compromettant, et Joubert ; Ollivier, la barbe inculte, la chevelure hérissée, déclamant, sur les tables du cercle démocratique, avec des gestes et une abondance de paroles dignes de son patron Démosthènes, contre le fermier de Laeken ou l'usurpateur des Tuileries ; Joubert, rasé de frais et les cheveux courts, commentant, avec une animation pittoresque, à la Bourse, aux *Mille Colonnes*, au Passage, les journaux où les nouvelles du jour, et, par ses sinistres prédictions, ses emportements patriotiques, les éclats de sa voix, effrayant le rentier pacifique, le bourgeois satisfait, le passant attardé.

A mesure, au contraire, qu'on se rapproche des frontières, les nuances, ainsi que cela a lieu partout, se fondent peu à peu par une dégradation insensible, de manière à n'être plus apparentes. Un Belge de Bruxelles, ville tête et cœur de la Belgique, ne diffère guère de ses voisins de France, que parce qu'il est moins barbu, plus ganté et a toujours une canne à la main, à moins que ce ne soit un parapluie.

Les sentiments que les Belges ont ou manifestent pour les autres peuples en général, et pour les Français en particulier, varient suivant les lieux, les partis, les classes, les positions, les temps.

Tout attachés qu'ils puissent être à leur nouvelle patrie, les Wallons regardent davantage du côté de la France ; les Flamands du côté de la Hollande ; les Bruxellois ne voient que Bruxelles et aiment avant tout Bruxelles.

Les industriels, les commerçants, les cléricaux, se laisseraient facilement entraîner, ici comme partout, dans les eaux du gouvernement qu'ils croiraient devoir leur donner la richesse ou le pouvoir ; et il est des centres de production que l'on pourrait accuser d'être trop Français.

On n'a pas oublié certaines pétitions aigres-douces des fabricants de sucre qui, au nom du salut de la betterave, manifestaient des sentiments fort peu belges.

Le libéralisme doctrinaire, par amour surtout de la nationalité, qu'il ne comprend et n'excuse pas chez les citoyens d'une grande et ancienne nation, est, au contraire, anti-français. Pendant la guerre d'Italie, il était autrichien ; après Sadowa, il est devenu prussien. Mais depuis l'avénement de Léopold, le roi de son choix, il est resté anglais avant tout ; cela fait que, pendant la guerre de Crimée, il a été pour la France alliée à l'Angleterre, contre la Russie.

A l'intérieur, ce libéralisme ne se contente pas d'avoir — et florissante — un art belge, une industrie belge, il a la prétention, repoussant, si c'était possible, tout ce qui vient de France comme une importation dangereuse ou ruineuse, de créer un travail belge, une médecine belge, une science belge. Par suite, il subit impatiemment, quand il ne peut l'empêcher, la concurrence que font les écrivains, les penseurs, les travailleurs, les industriels étrangers, et il est disposé à voir des usurpateurs dans ceux qui viennent exercer du dehors chez lui une fonction, un métier, une profession quelconques.

Il n'y a que les flamingants d'Anvers qui soient plus gallophobes : Ceux-ci ne veulent plus parler le français. Pour leur être agréables, leurs représentants prêtent serment en flamand, et le directeur de leur Conservatoire, homme d'esprit pourtant, compositeur d'un grand talent, a habillé de noms flamands les sept notes de la gamme, pour faire de la musique flamande !

Dans le pays, la masse de la population, accoutumée à un ordre de choses où elle jouit de toute la liberté qu'elle désire, est assez insouciante de tout ce qui se passe au dehors. Elle n'a ni engouement ni répulsion pour les Français. Plus que jamais, depuis que ses flatteurs de Paris sont venus lui dire que la Belgique est *une petite nation, mais un grand peuple,* elle se laisse aller à appeler, en termes d'amitié ou de protection, ses voisins d'outre-Quiévrain, des *Fransquillons*. Certains même, parmi ceux que la politique occupe, commencent à croire que ce pourrait bien être la Belgique qui s'annexerait la France, ou tout au moins les départements du Nord ; et depuis que les fortifications d'Anvers sont terminées, armées de canons Armstrong, beaucoup sont disposés à dire, à l'occasion, comme les Italiens, avec une légère variante : *Belgica faro da se.*

XX

LA RÉACTION EN EUROPE.

Les accusations fondées ou injustes qui étaient portées, en Belgique ou ailleurs, contre notre patrie, nous frappaient au cœur, et la France ne les entendaient pas, ne les connaissaient pas.

Si les étrangers avaient rendu au peuple ce qui appartient au peuple, à César ce qui appartient à César, nous n'aurions pas eu à nous plaindre ; malheureusement, il n'en était pas ainsi.

Dans les conversations, les discours, les journaux, quand l'empire était incriminé, attaqué, on séparait ordinairement, sans doute, la France de son gouvernement ; on déclarait que l'on ne rendait pas les opprimés responsables des fautes ou des crimes de leurs oppresseurs. Au fond, ce n'était qu'une précaution oratoire, une politesse comme en font les gens bien élevés, exceptant toujours les personnes présentes du mal qu'ils disent des autres. On rendait tout à César, puissant, redouté, rien au peuple esclave.

Que Louis-Napoléon devienne l'intime allié de la reine Victoria afin d'aller guerroyer en Crimée, rende à Léopold la part de ses enfants dans la succession de Louis-Philippe, ou l'invite à venir prendre avec lui les eaux de Vichy ; qu'il passe les Alpes pour empêcher Victor-Emmanuel d'être battu par les Autrichiens, laisse écraser les Danois par les Prussiens, donne à croire aux Suisses qu'il leur cédera la Savoie, il est choyé, fêté, loué, acclamé, décoré, encensé, par les peuples qui croient pouvoir compter sur lui.

Alors même qu'il ne fait plus peur à aucune puissance, que personne ne croit plus à son génie, à son bonheur, à ses paroles, à sa durée, il a eu, comme l'oncle victorieux et dans tout l'éclat de son règne, un parterre de rois, d'empereurs, de princes, qui sont venus parader à sa cour et se faire donner par lui, pendant l'Exposition, en spectacle aux Parisiens.

La France, lorsqu'on n'attendait, lorsqu'on n'espérait rien d'elle, était regardée comme la brebis galeuse que fait paître au milieu du troupeau humain un pasteur comme il lui en faut un.

Ce que nous entendions, en effet, murmurer le plus souvent à nos oreilles, avant qu'un radical du parti Fazy ne l'eût hautement proclamé au Congrès de la paix, à Genève, c'est le mot célèbre de de Maistre : *Un peuple a le gouvernement qu'il mérite.*

Cette maxime, empruntée au théoricien, à l'apôtre du droit divin et de l'autorité absolue, est peu consolante pour les opprimés, pour les vaincus, pour les esclaves ; elle justifie en outre tout despotisme victorieux et se maintenant par la force, la ruse ou l'audace, et légitime tout pouvoir de fait, tant qu'il vit, qu'il dure, qu'il triomphe.

Comment et pourquoi les peuples étrangers ont-ils cru devoir l'appliquer à la France? Si elle était vraie, il en résulterait que quelques jours avant 89, 1830, 1848, la France était vouée par sa faute à l'ancien régime, aux Bourbons, à Louis-Philippe; que la veille de leurs révolutions, les Belges, les Italiens, les Espagnols, tous les peuples devenus maintenant indépendants et libres, subissaient légitimement le joug de leurs maîtres.

Pour accabler de son indignité la France esclave sous l'empire, il faut du moins que les nations libres aient gardé intacts leurs droits, leurs libertés, leurs principes, ne puissent rien se reprocher.

Or, qu'avons-nous vu et que voyons-nous en Europe depuis le coup d'État?

———

Elle est dans la servitude, cette pauvre France, nous nous en indignons, nous le déplorons plus que personne ; plus que personne nous maudissons ses maîtres et nous avons protesté contre les atteintes portées par leurs soldats à la souveraineté d'un peuple ou à l'indépendance d'une nation.

Mais vous qui l'accusez d'avoir le gouvernement qu'elle mérite, parce que, tombée dans une embuscade de nuit, enchaînée, épuisée par ses blessures, foulée sous les pieds d'une armée formidable, enlacée dans les mille liens de la police, de l'administration, du clergé, ayant eu une partie de ses enfants désarmés, emprisonnés, proscrits, le reste privé du droit de parler, d'écrire, de s'associer, de se réunir librement, elle subit depuis dix-sept ans le joug du despotisme : Peuples que faites-vous ? qu'attendez-vous pour la relever, la délivrer, marcher au premier rang des soldats du progrès, arborer à votre tour le drapeau de l'affranchissement universel ?

« Si la vieille terre des Gaules, dit madame Quinet, en écrivant
« ses impressions d'exil au milieu de la Suisse républicaine, a man-
« qué à la liberté, qui donc est venu à son secours ? qui lui a tendu
« la main dans l'adversité ? Les peuples l'ont rendue responsable
« de tout ce qui s'est passé d'inique dans l'univers : que ne pre-
« naient-ils sa place ? Ils étaient libres de tout dire ; ils sont de-
« meurés muets; ou s'ils ont élevé la voix, c'était pour accuser
« et railler. »

Forts de vos armées, de vos alliances, de vos institutions constitutionnelles et de self-government, de l'accord des partis sur la forme du gouvernement et sur le maintien des dynasties ; séparés de l'oppresseur de la France par des frontières garnies de citadelles, de soldats, de canons; mutuellement garantis par des traités que l'Europe entière avait signés, peuples, au lieu d'avancer, pourquoi avez-vous reculé ?

Pourquoi, vous laissant envahir par la réaction, avez-vous pactisé avec l'usurpateur de la souveraineté populaire, reconnu, sans y être contraints et forcés, les faits accomplis, envoyé vos monarques et vos ambassadeurs banqueter aux Tuileries ? Pourquoi avez-vous permis à vos gouvernements de porter atteinte à votre honneur et à vos libertés ?

Le spectacle de la France dans la servitude est douloureux ; celui qu'a donné l'Europe est profondement triste.

Le militarisme a gangrené toutes les nations, qu'il ruine et menace dans leurs libertés. La conquête, l'annexion, la vente des peuples, a été l'occupation et le but de la politique. La force a partout primé le droit. Les destinées du genre humain flottent au vent de la violence et de l'arbitraire.

L'Angleterre de Wilberforce, de Pitt, de Fox, de Canning, s'est faite l'amie d'un Napoléon, neveu, héritier, plagiaire, du prisonnier de Sainte-Hélène ; après l'affaire d'Orsini, elle a mis en suspicion, forcé, pour ainsi dire, à partir pour l'Amérique, les proscrits dont son nouvel allié demandait l'extradition ; à d'autres époques, elle a envoyé des vœux et des secours aux esclavagistes du Sud insurgés contre la grande République des États-Unis, et relevé l'échafaud politique pour les Irlandais coupables de vouloir vivre en travaillant et avec la liberté de conscience, sur la terre arrosée de leur sueur ; enfin, elle a laissé inonder de sang l'Inde révoltée contre sa domination oppressive, pendre dans ses colonies, au mépris des lois, des citoyens revendiquant leurs droits, écraser le Danemark, et mourir la Pologne !

L'Italie, après avoir renversé de son trône de Naples, le roi Bomba, par l'épée de Garibaldi, a brisé cette épée lorsque Garibaldi a voulu arracher Rome au pape Chassepot, et en souscrivant par les traités au maintien du pouvoir temporel de Pie IX, elle a donné un nouveau gage de bonne amitié au grand allié qui lui a pris Nice et la Savoie.

Ses libéraux, ses proscrits, que la France avait si bien accueillis, à qui elle avait rendu la patrie, ont modifié la loi du jury dans un sens rétrograde, refusé dans presque toutes les villes du Piémont l'asile aux nombreux proscrits qui, de la Drôme, du Gard, de l'Isère, étaient venus se refugier à Gênes, à Turin, à Chambéry ; et ils ont empêché Charras ainsi que ses amis de prononcer à Annecy des paroles d'adieu sur la tombe d'Eugène Sue.

La Suisse s'est armée contre les étrangers, les réfugiés politiques, les proscrits, de pouvoirs nouveaux. Elle a expulsé de ses montagnes inaccessibles ceux dont les polices royales ou impériales ont demandé l'éloignement, et interdit les cantons français à Flocon, Eugène Sue, Étienne Arago, Mazzini et bien d'autres encore. A Genève, la Rome protestante, les radicaux et les conservateurs, unis pour la première fois, ont proclamé leur République en danger et cherché à faire dissoudre par une émeute le congrès de la paix, parce que les représentants de la démocratie européenne ont adopté à une grande majorité, l'opinion que la République universelle pouvait seule assurer au monde la paix universelle, et parce que Garibaldi avait dit qu'il fallait, pour supprimer une des plus grandes causes de guerres, de luttes, de divisions, entre les hommes, délivrer Rome du pouvoir temporel du pape, et les nations catholiques du joug de l'église.

L'Allemagne, enivrée par les vapeurs du sang, assourdie par le bruit du canon, s'est déchirée de ses propres mains, a oublié ses rêves de liberté pour les fumées de la gloire, et n'est sortie d'un fédéralisme bâtard à plusieurs têtes que pour se jeter dans le mysticisme et le caporalisme prussien.

Sans rien oublier, sans rien pardonner, l'Espagne faisait pour celui qui l'avait foulée aux pieds, ce qu'elle n'avait pas fait pour la France régénérée et libre ; elle consentait à ne plus célébrer avec les solennités patriotiques du passé, l'anniversaire du jour où elle se leva pour être indépendante, son glorieux *dos de mayo*, et lorsque le pouvoir était aux mains des progresistes, de ceux que les républicains français avaient, depuis la Restauration, toujours fêtés en France, aidés dans leurs entreprises révolutionnaires, accompagnés même derrière la Bidassoa avec le drapeau tricolore, pour arrêter les soldats des Bourbons marchant contre les Cortès ; au moment où un de leurs chefs, Espartero, gouvernait, dominait la royauté elle-même, cette Espagne, qui se dit si chevaleresque, s'est montrée dure aux hommes proscrits par un Bonaparte, et elle a repoussé de son sein Armand Barbès, qui était venu y chercher, avec le soleil de son pays natal, un lieu de refuge où il pût voir quelquefois sa sœur, hors d'état de supporter les fatigues d'un long voyage.

La Belgique a vu ses Chambres maintenir chez elle, alors que le parlement croupion de l'empire en débarrassait la France, la contrainte par corps et le privilége accordé aux patrons par l'article 1781 du *code Napoléon* d'être crus sur parole dans leurs contestations avec les ouvriers. Elle les a vues ajouter à l'arsenal de la répression, pour être agréables à la royauté, complaire à l'étranger ou servir la politique napoléonienne, des lois aussi contraires aux principes du droit moderne qu'à l'esprit de la Constitution belge : les lois Faider et Nothomb.

Elle a vu ses magistrats sacrifier la liberté de conscience, le droit des citoyens, à des considérations religieuses ; les membres du parquet requérir des condamnations sévères contre des écrivains belges accusés d'offenses envers l'empereur de décembre ; des juges d'instruction faire la besogne des polices étrangères, et par des arrestations préventives, des visites domiciliaires, des saisies de lettres, de papiers, de journaux, porter atteinte à la liberté individuelle de façon à faire croire qu'on était en France.

Ses agents de police, ses gendarmes, ses ministres, ont expulsé, emprisonné, traité en forçats, les proscrits qui pouvaient porter ombrage ou déplaire à Octave ; son gouvernement a favorisé l'organisation et l'envoi au Mexique de volontaires appelés à être les gardes du corps de l'impératrice Charlotte ; ses soldats ont sabré, fusillé, dans ses plaines fécondes, les travailleurs des mines qui s'étaient mis en grève. La Belgique a laissé faire, et le pays tout entier, sauf les protestations énergiques, véhémentes d'une minorité impuissante, a accepté la responsabilité de ces actes qui amoindrissaient ses libertés, violaient ses principes, entachaient son honneur.

En même temps, suivant l'exemple des autres nations, cette Belgique, sauvegardée par les forces des grandes puissances, intéressées, pour maintenir l'équilibre européen, à défendre son autonomie, et qui, depuis tant de longues années, a seule peut-être en Europe joui d'une paix profonde, elle s'est ruinée en budgets de guerre, fortifications, armement et équipement militaires, tout en devenant pour ses voisins un appât ou un sujet de craintes. Depuis sa révolution, les sommes enlevées ainsi à la richesse publique et improductivement dépensées, sans qu'elle soit plus à l'abri de l'invasion des puissants, s'élèvent à plus de six milliards ; c'est ce que M. Vander Plasche, avocat, dans une brochure fort substantielle sur la question militaire, établit par ces chiffres :

« Budget annuel de la guerre, 33 millions de francs ; en trente-
« six ans, un milliard 188 millions ; avec les intérêts simples et
« composés, 3 milliards 500 millions ; valeur des propriétés mobi-
« lières et immobilières affectées au service de la guerre, 300 mil-
« lions, représentant une production annuelle de 15 millions ; total
« avec les intérêts en trente-six ans, un milliard 100 millions ;
« perte annuelle du travail de 40,000 hommes, à raison de 300 fr.
« par tête ; 12 millions par an, total avec les intérêts, un milliard
« 500 millions ; total général en trente-six ans, 6 milliards 100 mil-
« lions. » En ajoutant les millions jetés depuis l'empire aux fortifications d'Anvers, à l'augmentation de l'effectif et de la solde des troupes, à l'achat et à la fabrication des nouveaux engins de guerre, on atteindra un chiffre qui montre que la France impériale ne fait pas seule des folies ruineuses.

La réaction, elle avait passé même les mers et osé lever son drapeau dans le Nouveau-Monde. Là, du moins, elle a été traitée selon ses mérites.

Un empereur usurpateur a été fusillé ; une insurrection en faveur de l'esclavage a été écrasée ; un président qui rêvait des coups d'État a été rappelé à l'ordre, comme un vulgaire tapageur et renvoyé, à fin de bail présidentiel, de la maison Blanche, sans formalités, sans indemnités ; un peuple envahi, impérialisé, a reconquis son indépendance avec la République.

Vous applaudissez cette jeune Amérique qui a mis la force au service du droit ? Nous l'acclamons avec vous ! Mais quand vous faites un crime à notre France sur laquelle un despote a mis le pied, après l'avoir garrottée, de ne pas avoir encore reconquis sa liberté, vous êtes injustes, comme nous l'avons été un jour nous-mêmes.

XXI

LE RÉVEIL.

Il en est un peu des exilés comme des étrangers. Ils sont ordinairement trop loin pour bien voir, pour pouvoir juger avec impartialité les événements auxquels ils ne prennent point part, et apprécier à leur juste valeur les hommes placés au centre du tourbillon dont ils n'aperçoivent que les surfaces, ou combattant au milieu d'une mêlée confuse qui, à distance, ressemble au chaos.

Les peuples, qui souffrent tant néanmoins des éclipses de la liberté, peuvent attendre; ils vivent des siècles. Mais pour ces bannis dont la seule espérance est de revoir, avant de mourir, la patrie libre et heureuse, tout retard, toute temporisation, toute halte est une lâcheté, une trahison, une faiblesse au moins, ou une faute. Ils se persuadent volontiers qu'à la place des vaillants et des purs, attaquant au dedans, à leur manière, l'ennemi commun, ils auraient, en faisant autrement, été plus habiles ou plus heureux et avancé davantage l'heure de la Révolution.

Ceux qui portent le poids de la lutte peuvent commettre, commettent des fautes, sans doute; mais quand on juge leurs actes, il faut tenir compte du temps, des obstacles, des lieux, des dangers du combat; et, du dehors, de loin, il est difficile, sinon impossible, de le bien faire.

En politique, il ne faut jamais assister, comme à un spectacle, au drame qui se déroule sous ses yeux, en se contentant de siffler ou d'applaudir les auteurs et les acteurs. Le devoir pour tout citoyen qui veut le triomphe de sa cause, c'est d'agir d'une façon quelconque, de marcher au but par toutes les voies qui s'ouvrent, de s'armer, pour la défense ou l'attaque, de toutes les armes que l'on a sous la main.

Seulement, l'action n'est pas et ne saurait être la même en toutes les circonstances, à toutes les époques.

Lorsqu'on possède la liberté, c'est par la liberté, au grand jour, que l'on combat pour obtenir les réformes justes et nécessaires.

Sous un despotisme ombrageux et violent, les partis cherchent à renverser le tyran par les complots, les sociétés secrètes, les conspirations, les bombes.

Si, masquant d'hypocrisie l'usurpation, l'arbitraire et la fraude, le pouvoir absolu cherche à s'appuyer sur un suffrage universel sans liberté, sans lumières, et sur des assemblées électives sans autorité, sans droit, pour donner à croire aux autres nations, qu'il est l'élu du peuple exerçant sa souveraineté dans ses libres comices et nommant librement ses mandataires, il faut protester par l'abstention ouverte, systématique, qui n'est point l'inaction, quoi qu'on en ait dit, ou par le vote à bulletins blancs, — une de ses formes, — afin de ne pas prendre un rôle dans une comédie dont on ne veut être ni le comparse, ni la dupe.

Si, au contraire, il est possible, à cause de la sénilité et de l'impopularité du gouvernement ou du réveil de l'opinion publique, de combattre avec l'espoir du succès, même à armes inégales, sans liberté de presse, de réunion, de colportage, il est opportun d'aller en masse au scrutin repousser les candidats officiels, et nommer les démocrates connus par un dévouement réel, sincère, à la cause du peuple et de la liberté.

A l'heure où le peuple opprimé, indigné, frémissant, n'attend qu'un signal pour se lever et courir aux barricades, l'insurrection est le plus saint des droits et le plus sacré des devoirs.

Le parti républicain, même en croyant que telle est la règle de conduite à suivre, peut être divisé, et en réalité se divise sur l'opportunité ou l'importance des moyens à employer. Que doit-il en résulter? C'est que chaque fraction de ce grand parti, gardant la liberté de ses mouvements, emploie pour renverser l'ennemi les moyens qui lui semblent les meilleurs, mais à ses risques et périls, sans imposer aux autres son plan de bataille, ses armes, son heure, ni faire retomber sur eux la responsabilité de ses actes à elle.

Que marchant sous un drapeau franchement révolutionnaire au même but : l'organisation d'un nouvel ordre de choses, les soldats de la liberté brisent l'obstacle comme ils le pourront et tirent, à volonté, toujours sur l'adversaire, jamais sur les leurs : voilà l'essentiel.

Par là sera fondée la seule union qui soit légitime, durable, féconde, celle sans laquelle la démocratie est réduite à l'impuissance, tombe en poussière : l'*union républicaine*, pour détruire; l'*union socialiste*, pour fonder.

―――

Malgré le courage et le dévouement des fidèles, des militants, il est des époques fatales où, affaiblie par de douloureuses épreuves, découragée par la défaite de ses meilleurs citoyens, terrifiée par les proscriptions, les razzias et les exécutions dont elle a été témoin, gardée à vue par une nombreuse armée de prétoriens que leurs chefs empêchent de communiquer avec le peuple, tenue dans l'ombre, le silence, la servitude par la loi, l'administration, la magistrature et la police, une nation paraît endormie d'un sommeil léthargique, presque mortel. Il en a été ainsi pour la France.

Alors, une seule chose peut amener la crise salutaire, c'est le temps. Seul, le temps a pouvoir de ranimer les courages abattus, de rassurer les faibles, de faire oublier la défaite aux vaincus, de démoraliser les armées du despote, de donner de jeunes et nouveaux combattants au parti de la liberté, de refaire l'éducation des masses, de dissiper les ténèbres, de créer une opinion publique forte et consciente de sa force, et de déchaîner la liberté par la Révolution.

Ce temps, c'est aux hommes de prévoyance, d'intelligence, de cœur, à le bien employer. L'ont-ils fait en France ?

Longtemps, de l'exil, nous avons cru que non. Il nous semblait que, pendant ce long bail accordé à Louis-Napoléon, par la France faisant sa triste halte sous la pluie et le vent, l'*action* avait été insignifiante, de nature hybride, suspecte, sans portée, sans résultat ; que les moyens avaient été contraires aux principes comme aux intérêts de la démocratie, les voies tortueuses, obliques, souvent mauvaises, les armes émoussées, portant mal et se retournant contre ceux qui s'en servaient.

Et voilà que tout cela, à ce qu'il paraît, à ce qu'on dit, aurait, comme la sape, la pioche, la mine, creusé le sol sous lequel repose l'empire, déraciné l'arbre du despotisme qui couvrait le pays de son ombrage de mort et fait chanceler sur ses bases le trône napoléonien, restant maintenant en l'air, supporté seulement par des goupillons et des baïonnettes.

Sous cette machine pneumatique dans laquelle la France étouffait, la presse censurée et châtrée d'une opposition obligée de se faire bien petite, bien humble, pour vivre, les discours parlementaires et si peu révolutionnaires des rares députés de la gauche, qui, entravés par le serment comme par l'intolérance de la majorité, avaient à prendre tant de précautions oratoires pour dire si peu de bonnes vérités, l'agitation électorale, réglementée par le gendarme, le juge de paix, le maire, et dont on n'avait à attendre presque partout qu'une défaite certaine, les épigrammes des salons frondeurs, les sous-entendus fins et ingénieux des harangues académiques, les associations ouvrières organisées en dehors de la politique, toutes ces choses ont été, il faut le penser, les générateurs de cette vapeur intense qui, accumulée lentement, n'ayant aucune issue et se dilatant chaque jour de plus en plus, est prête à faire éclater la chaudière impériale avec son gouvernement et sa dynastie.

Écoutez ces bruits vagues, ces murmures confus qui présagent le réveil; voyez à l'horizon ces lueurs de l'aube annonçant le lever du soleil. Voici le jour.

Malgré la police, les mouchards, on parle hautement dans les lieux publics. Les jeunes gens des écoles font des manifestations en l'honneur de la liberté, sifflent les courtisans de l'empire, résistent aux agents du pouvoir. Les ouvriers rejetent le *panem et circenses* que César leur offrait sous le nom de subventions, secours, souscriptions, et ils rentrent dans le mouvement politique. Les journaux indépendants surgissent de toutes parts dans les départements comme dans la capitale. Bravant les communiqués, les procès, la prison, l'amende, la suppression, ils passent à travers les mailles des lois contre la presse, avec une étrange audace et une énergie qu'on ne leur connaissait pas, pour miner, démolir, l'édifice branlant du despotisme.

Le mouvement électoral a amené des résultats inespérés. Toutes les villes ont donné la majorité aux candidats de l'opposition; les grands centres de population n'ont voulu pour leurs représentants que des hommes hostiles à l'empire, des républicains de vieille date; les plus importantes cités de France ont choisi des irréconciliables. Paris seul a, par 270 mille voix, acclamé au scrutin les candidats les plus désagréables au gouvernement, qui n'a obtenu pour les siens que les 70 mille suffrages de ses gendarmes, de sa police, de ses fonctionnaires et agents de tous ordre.

Incertains, désaffectionnés, les paysans, éclairés par la lumière qui arrive de tous côtés, ne se sont plus laissé conduire au scrutin par leurs maires et leurs curés, comme un troupeau de moutons; pour leur arracher des votes favorables aux protégés de l'empereur, les fonctionnaires grands et petits ont été obligés de recourir à la corruption, par la promesse de places et d'argent aux électeurs ou par des dons aux communes, et à l'intimidation, par les menaces de procès, de vexations, de poursuites. Malgré tout, dans les parties les plus avancées de l'empire, les campagnes se sont unies aux villes pour faire triompher les hommes de l'opposition; et cette France qui, après le coup d'État, s'était laissé prendre ou extorquer sept millions de suffrages, qui en 1864 avait accordé, plus ou moins contrainte et forcée, 5,156,000 voix aux candidatures officielles et 1,666,000 seulement aux candidatures indépendantes, vient de mettre dans l'urne 4,443,000 votes pour les candidatures officielles, et 3,332,000 pour les candidatures indépendantes qui ont ainsi gagné 1,668,000 adhérents, malgré toutes les atteintes portées à la liberté et à la sincérité de l'élection.

En même temps, sur toute la surface du territoire, les électeurs appellent aux conseils de la commune et du département d'anciens proscrits ou des citoyens suspects de républicanisme.

Le parti napoléonien lui-même se décompose. Les candidats officiels, complices à l'assemblée de tous les crimes, de toutes les folies du maître, ont dû parler de paix, d'économie, et se voiler d'un masque de *conservateurs*. Les *officieux* ont juré de demander toutes les libertés nécessaires.

La jeune *démocratie* napoléonienne, sous le souffle du vent qui allait déraciner *l'olliviérisme* dans la capitale, a fait, dans les départements, afin de se rendre populaire, litière de ses opinions passées. Pour arriver à la députation, marchepied des honneurs, elle a dû, cachant ses accointances avec le Palais-Royal, promettre toutes les réformes que le peuple désire. Ses plus fervents adeptes se sont transformés en démocrates à tous crins et posés comme les amis politiques des citoyens qui, ainsi que Bancel et Gambetta, devaient siéger à la Montagne.

Au Corps législatif, les orateurs radicaux vont parler par la fenêtre, ils l'ont promis au pays prêt à les applaudir.

Dans la rue, ce qu'on n'avait plus vu depuis Louis-Philippe, l'émeute, avant-coureur des insurrections, qui en France finissent par la révolution, à réparu, chantant la *Marseillaise* dans toutes les grandes villes. A Paris, malgré les perfidies et les brutalités de la haute police, qui, pour compromettre et comprimer le mouvement, faisait casser par ses agents secrets, les vitres et les meubles des habitants qu'elle assommait par les casse-têtes de ses agents publics, l'agitation populaire a pendant trois jours tenu l'empire inquiet, la France émue, l'Europe attentive.

Les morts eux-mêmes sortent de leurs tombeaux, demandant vengeance de l'attentat de décembre. Afin de s'en défendre, le coupable a dû mettre sur pied toute l'armée de Paris.

Et chaque jour le mouvement se généralise, s'accentue davantage. A Paris, dans les réunions publiques laissées sous la surveillance de la police, on propose d'envoyer au Corps législatif, en foulant aux pieds les lois impériales, des *insermentés*, des intraitables, et tous, candidats, électeurs, se proclamant au milieu des acclamations générales, républicains, révolutionnaires, demandent qu'on en finisse d'une manière quelconque avec l'empire et les Napoléon.

Partout, en même temps, à chaque pas que la France fait vers la liberté, la lumière renaît, les peuples se relèvent. On dirait qu'en s'enfonçant dans l'abîme où il va bientôt disparaître, l'empereur de décembre entraîne avec lui le génie de la réaction incarné dans sa race.

La Suisse a adopté dans plusieurs de ses cantons les prolégomènes de la législation directe, amendant, jusqu'à ce qu'on le supprime complètement, le parlementarisme par le vote populaire (1), et elle a fait au congrès de l'Internationale à Bâle, à celui de la la Paix à Lausanne, l'accueil digne et cordial qu'on devait attendre d'elle.

---

(1) D'après le nouveau système appelé *referendum*, une assemblée de représentants, élus par le suffrage universel, discute et vote la loi qui est rectifiée ou repoussée par le peuple réuni tout entier dans des assemblées générales.

L'Allemagne a cessé de vouloir se laisser impérialiser au profit d'un roi prussien, et, au Nord comme au Midi, veut être indépendante mais libre. L'Autriche elle-même est entrée dans la voie des réformes, et a donné satisfaction aux principaux griefs de la nation hongroise, dans laquelle devient chaque jour plus fort le parti républicain, qui veut l'autonomie de la patrie madgyare. L'Angleterre a renversé les tories et brisé la chaîne par laquelle l'Église anglicane tenait rivée l'Irlande. L'Italie abandonne la cause de l'allié qui lui a fait payer si cher les secours de la France, et elle est résolue à avoir Rome pour capitale. L'Espagne a chassé sa reine, ses princes, sa camarilla, et par ses Cortès issues du suffrage universel, s'est donné une Constitution qui à consacré ses fueros et la prépare à la République.

Seule, la Belgique semble n'être pas dégelée. Les expéditions à l'intérieur, les expulsions aussi bien que les lois anti-libérales s'y suivent et s'y ressemblent. A l'heure qu'il est bien plus, ce sont les vieux Barbansons de la doctrine qui prennent le pas en arrière sur les jeunes du parti; mais, dans les profondeurs du peuple, le travail de rénovation s'est fait; cela suffit.

Déjà même aux dernières élections communales, les candidats Paul Janson et Robert ont hautement arboré le drapeau de la République démocratique et sociale. Les *mille* de Bruxelles qui les ont suivis au scrutin, s'ils ne cessent plus de marcher en avant, sauront bien, eux aussi, comme ceux de Marsala, mais à leur manière et pour la République, conquérir un royaume.

Patience donc et courage! les barrières qui séparaient l'exilé de la patrie sont tombées; celles qui séparent la patrie de la liberté se lézardent de toutes part.

Encore quelques jours, et la France du 14 juillet, du 10 août, du 29 juillet, du 24 février, en écrasant la dernière de ses dynasties, ébranlera par un coup de tonnerre, l'Europe mise encore une fois en demeure de réaliser les grandes réformes dont elle veut, dont elle doit jouir. Qu'à cette heure suprême seulement, les amis de la liberté et de l'égalité, les républicains démocrates de tous les pays soient prêts à imiter et à seconder la France redevenue républicaine!

Entourée de peuples libres, notre république donnerait à tous l'exemple du désarmement. Elle n'aurait plus besoin, pour se protéger contre la coalition des rois de l'Europe, de garder ses armées permanentes, qui sont un danger permanent pour la liberté et restent la dernière espérance comme le plus redoutable instrument de la contre-révolution.

Dès ce moment, l'ère du droit, de la justice, serait inaugurée dans les États-Unis de l'Europe. La confédération internationale résoudrait scientifiquement, pacifiquement, la question sociale ; et la démocratie de l'ancien monde, unirait au drapeau étoilé des États-Unis de la jeune Amérique son drapeau rouge, adopté déjà par les démocrates allemands et anglais. Ce drapeau est le symbole de l'égalité des hommes, de la fraternité des races, de la solidarité des peuples, car il est l'emblême, non de la mort, du sang versé dans les tueries humaines, mais de la vie, du sang généreux, chaud, rutilant, qui, de la même teinte, de la même nature chez tous les enfants de la terre, réchauffe, anime, vivifie les hommes de toutes les races, de toutes les couleurs et de toutes les nations. Voilà pourquoi les républicains démocrates et socialistes l'arborent et le saluent.

———

La situation paraissait tout autre en 1859. Le présent était triste, désespérant, l'avenir paraissait sombre.

A l'exception de quelques hommes de beaucoup de foi, le monde entier semblait convaincu que l'empire était fondé, avait dompté la Révolution, asservi la France pour toujours. Louis-Napoléon se croyait, lui aussi, assez solide sur son trône, assez puissant, pour faire de la clémence à grand orchestre : il donna l'amnistie.

XXII

AMNISTIE.

Le 16 août 1859, Louis-Napoléon était à l'apogée de son règne. Tout lui avait réussi jusqu'à ce moment. Au dehors, la guerre de Crimée, bien qu'ayant coûté tant d'hommes et d'argent, sans profit pour la France, sans résultats pour la solution de la question d'Orient, était regardée par la plus grande partie du pays, par l'armée surtout, comme la revanche de la campagne de Russie, comme un acte glorieux, politique, qui effaçait la honte des traités de 1815, aussi bien que les couardises de la paix à tout prix proclamée par Louis-Philippe, et replaçait la France au premier rang des grandes nations.

Après avoir excité la verve railleuse des vieux Gaulois, restés incorrigibles et chantant sous le Napoléon comme sous le Mazarin, le mariage espagnol avait donné un héritier à l'empereur ; et les courtisans promettaient à ce descendant des Napoléon, des destinées plus heureuses, plus brillantes, que celles faites depuis un siècle par la France à tous ces princes appelés en naissant à régner sur elle : Louis XVII, le duc de Reichstadt, le duc de Bordeaux, le comte de Paris.

Le maître le croyait, et les populations, au spectacle des feux de joie, des feux d'artifice, des illuminations, des fêtes commandées pour le grand événement, s'étaient mises à battre des mains.

Paris, Lyon, Marseille avaient acclamé l'armée allant au delà des Alpes combattre les Autrichiens. La nouvelle des victoires remportées par les alliés, Italiens et Français, était saluée d'applaudissements presque unanimes.

Les partis, d'autre part, étaient muets, immobiles, paraissaient anéantis. Cinq députés représentaient au Corps législatif toute l'opposition du pays. Les conseils généraux et municipaux, aussi bien que le pouvoir législatif et le pouvoir judiciaire, étaient peuplés uniquement de créatures de l'empereur, le grand-électeur dont les candidats officiels étaient acceptés, les yeux fermés, par les masses, dans les villes autant que dans les campagnes. L'ordre régnait partout !

Il n'y avait plus que les proscrits, si nombreux encore après les décrets de grâce, qui, au milieu de l'atonie, du silence général, troublaient le sommeil du triomphateur, par leurs discours, leurs écrits, leur présence même sur une terre libre.

L'Augustule de France croyait pouvoir rouvrir à ses ennemis les portes de l'empire sans craindre de compromettre sa puissance, d'affaiblir son autorité, de déchaîner la Révolution, et il avait intérêt à faire le silence, la nuit, au dehors comme au dedans.

Ce qu'il aurait pu et n'avait pas voulu décréter pour solenniser son mariage, la prise de Sébastopol ou la naissance de son héritier, pourquoi est-ce après Villafranca qu'il y songea seulement ?

C'est que malgré les victoires de Magenta et de Solférino, la cession de la Lombardie à l'Italie, l'annexion du comté de Nice et de la Savoie à la France, les Français et les Italiens étaient indignés d'une paix qui, sans rendre Rome aux Romains, abandonnaient aux Autrichiens la Venise de Manin avec le quadrilatère.

Il fallait pallier, atténuer cette volte-face inattendue, cette reculade étrange par laquelle après avoir dit si haut qu'on chasserait l'étranger des Alpes à l'Adriatique, on venait de terminer si brusquement la campagne par une alliance avec l'ennemi, en laissant cet ennemi maître de la Vénétie.

L'amnistie fut le dérivatif auquel Louis-Napoléon eut recours pour apaiser le mécontentement causé dans le peuple et dans l'armée par le traité de Villafranca.

L'empereur, toujours couronné des seuls lauriers de décembre, n'en ayant pu cueillir à Solferino, espérait tout à la fois, par cette mesure, faire de la popularité, éteindre le phare de lumière brillant sur toutes les frontières de la France, avoir sous la main les adversaires qui l'inquiétaient du dehors, et jeter sur ses proscriptions passées aussi bien que sur ses actes récents, le voile de l'oubli.

Cette amnistie, que les journaux français de toutes couleurs annonçaient à chaque événement important du règne, nous ne l'avions jamais demandée, nous ne l'attendions pas. Elle tomba sur nos têtes comme une tuile.

Au premier moment, ce furent la surprise, la colère, l'indignation qui agitèrent les proscrits. Tous s'élevèrent avec véhémence contre l'insolence impériale qui changeait les rôles, et faisait amnistier les victimes par le criminel ; tous jurèrent que les proscrits n'amnistieraient jamais le proscripteur.

De Guernesey, de Londres, de Suisse, du Portugal, Victor Hugo, Louis Blanc, Schœlcher, Charras, Edgard Quinet, Félix Pyat, Clément Thomas, Kessler, Cœurderoy, Alibaud, Danton, J.-B. Bernard, de Marseille, lancèrent des protestations énergiques. Tous déclarèrent qu'ils resteraient sur la terre étrangère aussi longtemps que l'usurpateur resterait sur son trône, que le grand coupable ne serait pas puni.

Voici des extraits de ces manifestes :

Victor Hugo. — Personne n'attendra de moi que j'accorde, ou ce qui me concerne, un moment d'attention à la chose appelée amnistie. Dans la situation où est la France, protestation absolue, inflexible, éternelle, voilà pour moi le devoir.

Louis Blanc. — Est-il concevable que la grâce vienne de qui vint l'offense ; que l'absolution soit accordée pour des crimes qui n'ont pas été commis et que ceux-là soient pardonnés qui, victimes de la plus cruelle iniquité, ont été traînés hors de leur pays, arrachés à leurs familles, traqués dans toutes leurs affections et condamnés à tous les maux !... Le pardon ne saurait payer les dettes de la justice...

Schœlcher. — Depuis quand les violateurs de la loi sont-ils autorisés à pardonner à ses défenseurs ?... Le décret de M. Bonaparte est un tissu d'immoralité. Lui, nous donner l'amnistie, comment le pourrait-il ? Il est sous le poids d'une accusation de la haute-cour de justice de France, du 2 décembre 1851, qui le renvoie devant les tribunaux pour crime de haute-trahison...

Edgard Quinet. — Ceux qui ont besoin d'être amnistiés, ce ne sont pas les défenseurs des lois, ce sont ceux qui les renversent. On n'amnistie pas le droit et la justice.

. . . . . Les exilés, pour rentrer dans leur pays, n'ont besoin du consentement de personne ; ils ont pour eux la loi. Ils sont seuls juges du moment où il leur conviendra de retrouver une patrie que nul n'a le droit de leur ôter. La loi a été proscrite avec eux ; elle doit être rétablie avec eux. Est-ce leur rendre une patrie que de leur accorder au lieu de la France qu'ils ont connue, une France sans droit, sans dignité possible, sans sécurité, dépouillée par la violence et la ruse de tout ce qu'on a pu lui enlever !

. . . . . La conscience d'un homme semble en ce moment bien peu de chose ; mais peut-être le moment viendra où l'on trouvera bien de se rappeler que ces exilés ont emporté et gardé le droit avec eux, et que toute justice n'est pas encore morte sur la terre.

Félix Pyat. — L'empire a comblé son injure envers nous..... Il nous amnistie ! Insulte, piége ou peur de l'avenir, il nous amnistie !... Nous ne l'amnistions pas. Les républicains de Février ne pardonnent pas à l'empereur de décembre..... Le crime n'a pas le droit d'absoudre les victimes. Il n'a pas plus le droit de gracier que celui de proscrire..... Ce que nous étions hier, nous le sommes aujourd'hui et nous le serons demain, toujours et partout, en exil, en France, malgré coup d'État et coup de grâce, ayant le droit pour nous.

. . . . . A lui nous ne devons que justice. Nous la lui ferons tôt ou tard. Si donc, tôt ou tard, nous rentrons chez nous, nous le déclarons à cette heure, nous rentrerons comme nous sommes sortis, en citoyens ; nous rentrerons de notre droit plein et entier, et pour mieux faire notre devoir.

Charras. — *A Louis Bonaparte :* Vous décrétez une amnistie, vous pardonnez à ces milliers de citoyens depuis si longtemps jetés par vous sur la terre étrangère, par vous tenus à la gêne sous le climat meurtrier de l'Afrique, dans les marais empestés de Cayenne.

Ils défendaient contre vous la Constitution issue du suffrage universel, cette Constitution qui avait reçu votre serment solennel de fidélité et que vous avez trahie. C'est pour cela que vous les avez frappés naguère ; maintenant vous les amnistiez. Le criminel pardonne à ses victimes ; vous deviez emprunter ce nouveau trait aux Césars de Rome dégénérée.

Devant l'opinion publique, devant l'histoire, je ne veux pas me prêter à un pareil changement de rôle : à qui viola la loi, il n'appartient pas de faire grâce à qui la défendit.

Votre amnistie est un outrage à ceux qu'elle atteint ; elle cache un piége, un guet-apens, comme chacune de vos paroles, comme chacun de vos serments ; cela ne me touche pas.

Mais le représentant du peuple que vous avez violenté, emprisonné, banni ; l'officier que vous avez spolié ; moi que vous avez persécuté jusque sur la terre d'exil, je le déclare, je ne vous amnistie pas. Je ne vous pardonne pas la mort de quinze mille Français, massacrés en décembre, dévorés par vos pontons et vos bagnes, par les misères et les chagrins de l'exil.

Je ne vous pardonne pas l'attentat à la Constitution que vous avez jurée, la destruction de la République qui vous avait rendu la patrie.

Enfin, je ne vous pardonne pas d'avoir déshonoré le suffrage universel par la fraude et la terreur, d'avoir asservi et de systématiquement démoraliser mon pays.

Certes, loin de la patrie, loin de la famille, la vie a bien des amertumes ; mais dans la servitude elle serait plus amère encore.

Le jour où la liberté, le droit, la justice, ces augustes proscrits, rentreront en France pour vous infliger le plus mérité des châtiments, j'y rentrerai. Ce jour-là est lent à venir, mais il viendra, et je sais attendre. »

De Bruxelles, Madier-Montjau adressait au rédacteur de *l'Union commerciale d'Anvers* cette lettre :

« Le *Moniteur* vient de nous apporter la *fameuse amnistie sans conditions,* annoncée par *l'Indépendance belge.*

« Vous me connaissez assez, j'espère, mon cher ami, pour être d'avance certain que, sans conditions comme avec conditions, moi, ancien représentant du peuple à l'Assemblée violée par le coup d'État, je n'accepterai pas à la face du monde, pour moi et pour le corps illustre dont j'ai fait partie, le *pardon* de l'auteur même du coup d'État.

« Avec Dante, mon illustre prédécesseur dans l'exil, je dis :
« Moi je consentirais à être reçu en grâce comme un enfant ! je
« pourrais rendre hommage à ceux qui m'ont offensé, comme s'ils
« avaient bien mérité de moi ! Ce n'est pas par ce chemin que je
« veux rentrer dans ma patrie. Si je ne rentre pas par un autre
« chemin, je ne rentrerai jamais.

« Eh quoi ! le soleil et les étoiles ne se voient-ils pas de toute la
« terre ? Ne pourrais-je méditer, sous toute zone du ciel, la vérité ?
« Non ! et je l'espère, le pain même ne me manquera pas. »

« Qu'importe, cher ami, qu'on ne me demande pas, comme à lui, une sorte d'amende honorable. N'est-ce pas la plus réelle et la plus grave d'accepter un pardon, pour le devoir accompli, la liberté et le droit de la patrie défendus ? N'est-ce pas la plus réelle et la plus grave de reconnaître un tel pouvoir, en se résignant à vivre sous son administration et sous sa loi, à être coudoyé par ses agents les plus hauts comme les plus humbles ; à répondre à l'occasion à leur appel ; à s'éloigner sur leur ordre ? Dieu me garde d'agir ainsi !

« Je ne sais ce que feront mes compagnons, comment ils envisageront la question... Des cœurs droits, des consciences loyales peuvent errer ; mais plus nombreux seraient ceux qui, par leur rentrée en France, *amnistieraient* involontairement le 2 Décembre, consacreraient et excuseraient l'oubli de ce grand attentat, trop oublié ou trop excusé déjà, plus je regarderais comme une obligation rigoureuse de continuer, autant qu'il est en moi, par la renonciation volontaire à la patrie, la protestation du droit contre le fait. » Un ancien représentant du peuple.

Madier s'était hautement déclaré l'auteur de cette protestation. Il ne l'avait pas signée en toutes lettres, parce qu'il ne voulait pas donner au gouvernement belge un prétexte de faire une politesse à son voisin, en expulsant celui qui refusait d'être amnistié.

Dans l'ouvrage de Louis Blanc, *l'Amnistie*, l'éditeur annonça du reste que la lettre était de Madier, et s'il n'a pas mis, selon les désirs de celui-ci, le nom du proscrit au bas même du document, c'est qu'il a cru devoir reproduire cette lettre telle qu'elle avait paru dans le journal.

Les portes de la France étaient ouvertes à tous sans exception, sans conditions. Les frontières n'étant plus gardées par le cordon sanitaire de gendarmes et de soldats que les proscripteurs y avaient placés pour interdire aux bannis l'accès de leur pays, tout proscrit pouvait, suivant sa volonté, sa position, les devoirs divers à remplir, les droits à exercer, revoir la patrie, y reprendre sa place au foyer paternel, sans avoir à courber la tête, sans s'amoindrir, sans cesser d'être un combattant sûr, dévoué, courageux, de l'armée démocratique.

Là, du reste, les rentrants allaient s'exposer à des dangers sérieux. Ils restaient, comme les *graciés*, sous le coup de la loi de sûreté générale, qui permettait à l'administration de déporter sans jugement, en certains cas, les anciens proscrits.

Pour que les amnistiés ne fussent pas soumis à l'arbitraire administratif, il aurait fallu une disposition spéciale dans le décret d'amnistie. Les ministres refusèrent aux députés de l'opposition qui le demandaient, de l'y mettre.

Ledru-Rollin était, lui, pour la rentrée en masse. « Tout républicain qui revient en France, écrivait-il, sans s'être dégradé, est, en dépit de tout, un foyer rayonnant de lumière et un soldat prêt pour le jour prochain. »

Personnellement, Ledru-Rollin n'avait pas à se prononcer sur l'amnistie. Il était condamné par contumace en France pour complot et attentat contre la personne du chef de l'État.

Proudhon, Maurice Lachâtre, Erdan, ne pouvaient pas non plus profiter de l'amnistie, mais pour un autre motif. Accusés d'outrages, par la voie de la presse, à la morale publique et à la religion, ils étaient sous le coup de jugements rendus par la police correctionnelle.

Les législateurs et les jugeurs de l'empire avaient transformé en crime de droit commun l'attentat contre la vie du souverain, et en délit d'outrage aux mœurs, à la liberté religieuse, les attaques contre les institutions, les dogmes, les doctrines de l'Église catholique.

Or, le décret s'appliquant seulement aux condamnés pour crimes et délits politiques, les coupables de crimes et délits déclarés non politiques n'étaient point compris dans l'amnistie.

« Sous l'empire, dit Louis Blanc dans son livre *l'Amnistie*, la
« guerre à l'Église et l'attentat à la personne du prince, l'idée et
« le régicide sont deux faits qui marchent de pair, deux crimes
« inamnistiables. »

Louis Blanc demandait qu'un groupe d'exilés restassent sur la terre étrangère pour y représenter la France républicaine.

« Aussi longtemps que la France sera condamnée au silence et
« à la mort, que quelques-uns du moins, — quelques-uns de ses

« fidèles enfants, — se résignent à vivre loin d'elle, pour garder le
« pouvoir de représenter ainsi son vrai génie, de donner un écho à
« ses douleurs, d'en dénoncer les causes, d'affirmer tant d'aspira-
« tions vers la liberté qu'on refoule dans son cœur, et de procla-
« mer en son nom les principes éternels de la justice et les droits de
« la raison humaine. »

Il y en avait qui auraient voulu que pas un proscrit ne retournât dans la France impériale. Tous les bannis devaient, d'après eux, se condamner à un exil volontaire, jusqu'à ce que la Révolution leur eût glorieusement ouvert les portes de la patrie.

Dans aucun centre de proscription, il n'y eut point, d'ailleurs, de protestations communes à tous, de manifestes collectifs. Les combattants qui, avec la plume, pouvaient, d'un pays libre, tenir en échec le césarisme, démanteler les remparts du despotisme défendu même par ses canons rayés, continuèrent tous à tirer sur l'ennemi, tenant haut et ferme dans l'exil le drapeau du droit, de la justice. Ce drapeau était en de trop vaillantes mains pour que nous ne fussions pas assurés de le voir toujours flotter éclatant, vengeur, au milieu des tempêtes, et revenir glorieux, sans tache, avec la liberté. Nous pouvions, nous, les soldats de la proscription, prendre, n'importe où, le poste de bataille où nous pensions devoir le mieux servir notre cause.

———

La première émotion passée, on s'adressa, dans le gros de la proscription, cette question : Qu'allons-nous faire? et l'on se demanda : Doit-on rester? faut-il partir? y a-t-il des catégories de proscrits tenus de demeurer volontairement exilés? d'autres dont le retour dans la patrie est nécessaire? Les opinions furent diverses; mais il n'y eut et ne pouvait y avoir ni discussion, ni délibération sur une question qu'on avait à résoudre selon son inspiration personnelle, sa position particulière. Chaque proscrit prit le parti qui lui parut le plus convenable, laissant les autres libres d'en faire autant.

La grande majorité des exilés abandonnèrent immédiatement la Belgique, pour aller retrouver leur pays, leur famille, leurs affaires, tout ce qui les appelait depuis si longtemps en France.

De même qu'un torrent arrêté par de hautes digues se précipite vers la mer, lorsque, effondré, éventré, renversé, le barrage ouvre passage aux flots qui le battaient, de même, la proscription, contenue seulement par une muraille de baïonnettes, s'écoula par sa pente naturelle vers la patrie, lorsque, la muraille à terre, elle ne rencontre plus devant elle aucun obstacle.

Nombreux furent pourtant ceux qui restèrent sur la terre étrangère, dans l'attente de jours meilleurs, avec la volonté de la quitter en choisissant, pour la rentrée, leur heure, leur moment, ou avec la résolution d'y mourir, si la France ne les rappelait pas.

Leurs anciens compagnons d'exil, mêlés aux transportés et aux vieux républicains oubliés dans l'empire par le coup d'État, allaient, à l'intérieur, réchauffer, réveiller le peuple qui ne se souvenait presque plus d'eux, et les voyait de nouveau apparaître comme l'image de la République.

Eux, s'ils n'étaient plus proscrits, restaient les témoins vivants de la proscription; et en cessant d'être des réfugiés politiques, ils devenaient des exilés volontaires. Au lieu de désarmer, d'amener leur pavillon, ils redoublèrent d'énergie, d'efforts, pour suppléer au nombre par l'union, la propagande, l'habileté de l'attaque. Ils continuèrent de cerner l'empire d'un cercle de lumière et de feu, lui montrant, ainsi qu'à la France, l'ennemi républicain toujours sous les armes.

Avant de nous séparer, pour toujours peut-être, beaucoup voulaient que les amis ayant passé ensemble les longues années de l'exil, se réunissent au moins dans un banquet qui aurait été le dernier banquet, non des Girondins, mais des proscrits. Cela fut impossible. A peine pûmes-nous serrer la main aux partants, à ces bannis que l'on accusait en France d'avoir oublié la patrie. Notre proscription s'égrena en quelques jours, comme un chapelet dont on aurait brisé les fils.

XXIII

APRÈS L'AMNISTIE. — EXILÉS VOLONTAIRES ET RÉFUGIÉS.

De loin ou de près, les anciens proscrits qui ont vécu ensemble leur vie d'exil dans les mêmes villes de refuge, demeurent unis par des liens que rien ne saurait rompre. Aucuns d'eux, qu'ils soient rentrés en France des premiers ou des derniers, soit par la grâce, soit par l'amnistie, ou qu'ils aient resté sur la terre étrangère, n'ont renié leur foi républicaine, passé à l'ennemi.

Un seul, pourtant, que nous sachions, est tombé dans la boue ; c'est le sieur Fabre, de l'Aveyron. Après février, ce monsieur appartenant à une famille royaliste, avait assez fait le républicain pour être regardé comme un des leurs par les démocrates les plus influents du Midi. Au lendemain des journées de juin, le général Cavaignac le nommait président du tribunal de première instance de Rhodez, moins à cause de ses opinions républicaines et des recommandations d'hommes du parti avancé, que parce qu'il était le neveu de l'archevêque Affre, tué sur les barricades.

M. Fabre avait eu pour concurrent un ex-légitimiste, vivement appuyé par les représentants royalistes de l'Aveyron à la Constituante.

Celui-ci était de l'école du marquis de Larochejacquelin, le noble vendéen devenu tour à tour fougueux républicain, burgrave de la majorité réactionnaire, sénateur de l'empire, par dévouement pour ses rois légitimes, afin de faire le lit de la monarchie, disait-il un jour, pour expliquer ses palinodies, à Berryer qui lui fit cette réponse si connue : « Eh bien ! marquis, la monarchie ne manquera pas de paillasses. »

Le candidat à la présidence, évincé et vexé, passa par toutes les nuances de la réaction éclairée par le soleil levant du napoléonisme ; au coup d'État, il était devenu, sans doute, assez décembriste pour pouvoir faire expulser du territoire son heureux rival. Malheureusement celui-ci restait président : il n'y avait pas eu assez de magistrats hostiles, compromis ou dangereux, pour que le destructeur de la République eût cru nécessaire de toucher à l'inamovibilité des juges.

Il fallut parlementer. Le sieur Fabre restait toujours président, cela est vrai, mais président *in partibus infidelium*, sans siége et surtout sans traitement. Pendant qu'à Bruxelles, il se montrait d'un républicanisme farouche, d'un puritanisme ombrageux, suspectant les démocrates les plus purs, les proscrits les plus honorables, il marchandait sa soumission, en débattait les conditions, achetait enfin sa rentrée en France et en faveur, en échangeant sa présidence de Rhodez contre une place inférieure. Une fois en selle, notre homme marcha grand train. Il devint bientôt conseiller à la cour d'appel de Nimes, et sut donner en peu de temps d'assez nombreux gages de dévouement en tous genres à son empereur, pour être imposé comme candidat officiel au Gard et envoyé au Corps législatif. Là il a siégé au plus épais des repus, jusqu'à ce que, voulant se reposer de ses nombreuses évolutions, il a obtenu le fauteuil de premier président à la cour d'appel de Pau. Celui qu'il y remplaçait devait être fier d'avoir un pareil successeur. C'était un des membres de cette famille Romeuf, de la Haute-Loire, que le pouvoir sous tous les régimes peut compter au nombre de ses serviteurs les plus ardents, les mieux rétribués.

Un autre exilé, ancien représentant, Yvan, des Basse-Alpes, a bien fait le plongeon, mais seulement dans les eaux troubles du plonplonisme. D'après ce que nous avons entendu dire, il était devenu médecin-secrétaire du prince qui joue à l'opposition quand on le lui permet, et n'en reste pas moins l'un des personnages les plus rentés et les plus titrés de la famille impériale.

Notre collègue, d'un caractère affable, bienveillant, appartenait au surplus par ses opinions politiques, à une nuance si pâle de la gauche, que la majorité avait cru pouvoir en faire un des secrétaires de la Législative. Il n'avait pas été proscrit par le décret du 9 janvier, mais par la commission mixte de son département, où ses ennemis personnels et politiques étaient tout-puissants, et il croyait aux principes démocratiques du prince Napoléon.

Cette démocratie perfide, menteuse, hybride, que l'ambitieux et intrigant fils de Jérôme avait encouragée, organisée, rassemblée autour de lui, pour diviser les républicains, se faire un parti, et assurer l'empire aux Bonaparte d'une branche ou d'une autre, est aujourd'hui d'ailleurs percée à jour, démonétisée, usée jusqu'à la corde. Les jeunes, les habiles, les roués, pressés de jouir, incertains de l'avenir, reviennent au cousin régnant. Formant un tiers parti parlementairement napoléonien, ils espèrent, en arrachant les portefeuilles ministériels aux vieux souteneurs du pouvoir, faire croire à l'empire libéral. Le petit nombre de démocrates, de républicains, d'ouvriers intelligents, qui s'étaient fourvoyés un instant dans la coterie, l'ont abandonnée, répudiée, la combattent avec nous. Nous avons lieu de croire que notre ancien compagnon d'exil est retourné à ses travaux littéraires.

―――

Peu à peu, les rangs de ceux que la Belgique avait gardés, s'éclaircirent, on l'a vu, par des changements de résidence, par des rentrées successives, par la mort, qui fait partout son œuvre.

Quelques recrues, dont j'ai déjà parlé, nous vinrent cependant, et maintinrent pendant longtemps notre nombre à un chiffre assez élevé. Les derniers arrivés, comme les hommes des premiers jours, furent en butte aux tracasseries de la police et eurent de la peine à se faire accepter.

Boichot, mis hors des cellules de Corte par l'amnistie, avait traversé la France et gagné sans retard la Belgique. Comme Barbès, Raspail, Jules Maigne, il voulait remplacer par l'exil la liberté qu'on lui donnait malgré lui. Ce ne fut cependant qu'au bout de quatre mois, après avoir rencontré toutes sortes de difficultés, qu'il put obtenir l'autorisation de résider à Bruxelles.

Grâce à l'intervention d'un échevin d'Aix, un des principaux actionnaires de l'entreprise, Boichot, entré dans les bureaux du chemin de fer de Liége à Maestricht pendant que les études se faisaient, avait reçu la promesse d'être employé sur la ligne lorsque la voie serait exploitée. Après l'avoir fait attendre vingt mois, en le payant de belles paroles, on lui signifia, le moment venu, qu'il ne devait plus compter sur une position dans l'administration. La raison donnée fut que, de Paris, le banquier Rotschild s'opposait à sa nomination, qui ne serait pas d'ailleurs approuvée par le comte de Flandre, bailleur aussi de fonds considérables.

L'ancien sous-officier donna alors des leçons de géographie et d'histoire ; il ouvrit plus tard un pensionnat de jeunes gens, en annonçant par un programme publié dans les journaux qu'aucun enseignement religieux ne serait donné dans son établissement.

Il n'en fallut pas davantage pour soulever contre lui toute la gent dévote et cléricale d'Ixelles, où il habitait. Des attroupements de gamins, poussés par elle et les bons apôtres du voisinage, venaient, chaque soir, hurler sous ses fenêtres pour déranger les cours.

Abandonnant le faubourg, même le pensionnat, notre ami a, après son mariage, fondé dans un des beaux quartiers de la ville, une institution de demoiselles que sa jeune femme dirige avec autant d'intelligence que de succès, et qui renferme déjà de nombreuses élèves.

Venu beaucoup plus tard de Suisse, Vézinier ne rencontra pas la même opposition ; bientôt même, nous l'avons vu, on lui donna, parce qu'il fut accusé d'avoir manqué de respect à certaines têtes couronnées du voisinage, un logement peu garni dans une maison de l'État située rue des Petits-Carmes.

Blanqui, condamné à quatre années de prison pour délit de société secrète, avait été retenu illégalement dans une maison de santé, après avoir subi sa peine. Ayant été transporté en Algérie, à sa sortie de Corte, par simple mesure administrative, Blanqui devait s'attendre à être de nouveau traité de la même manière. Il avait donc échappé à ses geôliers et était venu respirer sur la terre belge un air plus sain que celui des prisons de France, où il a été enfermé pendant de si longues années.

Après lui, nous avons vu arriver un autre transporté d'Afrique, condamné à trois ans de prison, pour société secrète aussi, et mis à Paris, en sa qualité de suspect, sous la surveillance occulte de la haute police ; c'est notre ancien collègue Miot.

Miot depuis le coup d'État, a été victime de mesures ecceptionnelles dans l'arbitaire même. Arrêté dans la nuit du 2 décembre, il fut transferré de Mazas, ou il avait été enfermé, dans les prisons de Bourges comme étant un des chefs, tout prisonnier qu'il fut, des insurgés du Cher. Là, d'après un récit publié par un journal de Bruxelles, il aurait été condamné à mort, par le conseil de guerre, puis à la transportation dans une enceinte fortifiée, par la commission mixte du département.

Quoi qu'il en soit, compris parmi les cinq représentants que le décret du 9 janvier destinait à la déportation, il fut le seul dont la peine ne fut pas commuée en exil. Après lui avoir fait faire, coup sur coup, sans aucun motif, de France en Afrique, deux longs et pénibles voyages de mer, où il eut à endurer toutes sortes de privations, on le déposa d'abord dans un cachot, à Mers-el-Kebir, et on l'enferma seul ensuite au fort de Sebdoun, poste perdu aux limites du désert; il y resta trois ans, puis fut interné à Themcen, ou l'amnistie le trouva.

Notre ami connaissait les douceurs de l'internement dans le désert de l'Afrique, où il pouvait encore être, quand il s'y attendait le moins, envoyé par un autre acte de bon plaisir. Il a pensé avec raison qu'il serait plus utile à la cause du peuple, libre que déporté en Algérie, et il a habité Bruxelles jusqu'à ce qu'il a jugé le moment de rentrer en France, venu.

———

A côté de cette catégorie d'anciens proscrits, de vieux républicains endurcis et incorrigibles, résidant en Belgique, sont venus prendre place, pendant quelque temps, de jeunes combattants blessés dans leur première affaire, ou quittant volontairement la patrie pour parler et écrire plus librement.

Poursuivis en France pour discours, actes séditieux ou délits de presse, Rogeard, l'auteur des *Propos de Labiénus*; Longuet, le biographe de la dynastie des Lapalisse, Casse, Luzarches, étudiants, nous arrivèrent ensemble. Ils furent bientôt rejoints par Tridon, Flourens, Denis, Milliot, Calavaz, appartenant aussi à cette phalange de jeunes hommes qui essayaient, à Paris, de créer une presse réellement démocratique et de faire revivre, sous d'autres noms, sous d'autres formes, les journaux que le pouvoir tuait à mesure qu'ils paraissaient.

Tout d'abord, les nouveaux venus, ne doutant de rien, crurent, parce qu'ils étaient sur une terre libre, avoir le droit d'user au moins de la liberté de la presse. Supprimé en France, *Candide* reparut et le fut assez, — candide, — pour croire que les libéraux belges ne lui feraient pas, comme les dévots décembristes, un crime d'avoir bafoué le père Gratry et ses prédications. Son erreur ne fut pas de longue durée. Le journal dut bientôt cesser de paraître. Pour le tolérer, les jésuites doctrinaires avaient en trop grande estime assurément le jésuite gallican qui, dans son discours de réception à l'Académie, devait proclamer que Voltaire, J.-J. Rousseau, les encyclopédistes, étaient les ennemis de la liberté ; que les principes de 89 avaient été inventés par les écrivains religieux et royalistes de la monarchie française, couvés par les abbés de cour et les parlements à mortier, et donnés au monde par Louis XVI.

La *Rive gauche* de la Senne bruxelloise ne résista pas mieux que celle de la Seine parisienne à l'orage soulevé par sa polémique ardente, audacieuse. Son rédacteur en chef, Longuet, fut expulsé. Rogeard, pour ses articles dans le journal comme pour ses nouvelles brochures, reçut également l'ordre de quitter la Belgique, mais ne partit qu'en cédant à la force, après d'énergiques protestations restées sans écho.

Leurs amis les suivirent, ou rentrèrent en France, soit qu'ils eussent prescrit leur peine, soit qu'ils ne pussent s'acclimater sur la terre étrangère.

Ce flot passé, les anciens de la proscription se sont retrouvés seuls.

Ce fut à peu près à cette époque aussi, que Charles et François Hugo vinrent avec leur mère habiter Bruxelles. Ayant volontairement abandonné la France après le coup d'État, pour suivre dans l'exil leur père et la liberté, ils s'étaient d'abord fixés à Jersey ; mais là ils furent des vingt-sept qui signèrent l'appel au peuple français et durent quitter l'île, pour aller chercher un asile à Guernesey. En Belgique, François Hugo a terminé la traduction complète des œuvres de Shakespeare, travail considérable qui a fait connaître pour la première fois dans toute sa splendeur à la France, l'un des plus grands génies dont s'honore le monde. Presque en arrivant, Charles faisait applaudir au théâtre des Galeries le drame qu'il s'était taillé dans *les Misérables*. Le succès prodigieux, immense, de ce poème en prose que venait de publier l'auteur des *Châtiments*, amena quelques instants Victor Hugo lui-même à Bruxelles. L'heureux éditeur des *Misérables*, Lacroix, lui avait offert un banquet où avec Jules Simon, Pelletan, Henri Rochefort, Théophile Gautier, et les représentants de la presse belge, française, étrangère, se trouvaient les anciens proscrits Louis Blanc, Berru, Labrousse, Brives et Laussedat.

Victor Hugo revint plus tard à Bruxelles; ce fut pour fermer les yeux à celle qui, dans le triomphe comme dans la proscription, témoin de sa vie dont elle a raconté avec tant de charme la partie littéraire, s'est éteinte sur la terre étrangère.

Depuis, cependant, que l'on a commencé à parler et à écrire en France, comme si on y était libre, en bravant la justice et la police napoléoniennes, les Delesvaux des tribunaux parisiens nous ont envoyé du renfort.

Les nouveaux réfugiés étaient Rochefort, Gosselin, Dagé, Moreau, Bachélery. Henri Rochefort, le hardi pamphlétaire, est venu chercher à Bruxelles un réverbère pour y pendre (en effigie) Louis-Napoléon, les siens et sa bande. Il n'en trouvait plus en France, où la magistrature impériale, après avoir brisé ses cent vingt mille lanternes dont la lumière effrayait les oiseaux de nuit décembristes, voulait le mettre à l'ombre lui-même.

Malgré tout l'esprit dont il assaisonnait, pour les faire passer, ses napoléoniques, Rochefort a été toujours en Belgique, comme l'oiseau sur la branche, obligé de signer de La Haye, de Londres, de Cologne, ses feuilles volantes, afin de dépister les limiers de la police et ne pas être pris au gîte belge.

Heureusement pour l'écrivain qui, il y a quelques années, n'aurait pas fait long feu dans leur royaume, les doctrinaires du pouvoir ont, depuis Sadowa, moitié moins peur qu'autrefois de leur voisin d'outre-Quiévrain. Ils ont même repris assez de courage pour oser, à l'occasion des chemins de fer du Luxembourg, donner à ce voisin une chiquenaude sur son gros nez, qu'il voulait fourrer dans les affaires de la Belgique, et se sont contentés ensuite, pour l'amadouer, de lui offrir en guise de concession, par la main de M. Frère, une prise de tabac belge.

D'un autre côté, la révolution d'Espagne a appris aux ministres belges qu'un étranger *grossièrement* expulsé par eux, pouvait devenir le lendemain, comme Prim, un des chefs d'un État avec lequel on a à compter, et ils peuvent craindre de voir Rochefort, ou tout autre réfugié politique, jouer un rôle important dans l'ordre de choses que la révolution prochaine va donner à la France.

Aussi bien, le nouvel administrateur de la sûreté publique, homme du monde et—de principes—libéral, a, pour éviter aux ministres une besogne désagréable, employé une nouvelle méthode. Il a prié poliment Rochefort de renoncer, dans l'intérêt de la Belgique, à la publication de sa lanterne. Au lieu de l'étouffer sous un arrêté d'expulsion, le divan doctrinaire lui envoyait ainsi le cordon, pour qu'il s'étranglât lui-même. L'écrivain n'a pas consenti à se suicider, et la Belgique n'en a pas été plus compromise. En revanche, l'ultra irréconciliable a été frappé d'une peine à laquelle il ne s'attendait pas, celle de l'amnistie, à travers laquelle il a passé, du moins, pour entrer au Corps législatif, pret, quand ses électeurs le voudront à porter son mandat dans la rue.

Gosselin, éditeur, avait encouru une amende de dix mille francs, accompagnée de trois ans de prison, pour avoir vendu clandestinement des écrits prohibés dans l'empire comme immoraux, par exemple : *la Lanterne, les Châtiments, les Nuits de Saint-Cloud*, etc., parce qu'ils font connaître l'histoire des hauts et puissants personnages du jour, dévoilent les secrets de la vie privée de César, de son auguste famille, de ses courtisans et de ses valets.

Dagé, rédacteur du journal radical de Toulouse, n'ayant pu obtenir l'agrément — peu enviable cependant — de faire à Paris les mois de prison qu'il avait à subir pour délit de presse, est venu purger sa contumace à Bruxelles. Il y a été pendant quelque temps un des correspondants du *Rappel*.

Moreau, sculpteur sur bois, et Charles Bachélery, ex-enseigne de marine, condamnés pour discours séditieux dans une réunion publique, n'ont pas voulu passer, même à Sainte-Pélagie, l'année d'emprisonnement que leur avait infligé la fameuse sixième chambre du tribunal de la Seine. L'un d'eux, malheureusement, était tombé de Charybde en Scylla. A peine installé, Bachélery avait fait paraître une publication hebdomadaire, intitulée : *la Révolution*, sans croire avoir besoin de précautions oratoires pour dire toute sa pensée. Dans le quatrième numéro, il racontait comme quoi l'impératrice ayant simulé une grossesse, avec la connivence du fidèle Mocquart, qu'on avait depuis fait disparaître comme plusieurs autres confidents de certains secrets d'État, l'enfant de

Marguerite Bellangé, une des maîtresses de l'empereur, était devenu le *prince impérial*.

A l'apparition de cette brochure, les cheveux se dressèrent sur toutes les perruques du doctrinarisme. Le lendemain, à sept heures du matin, l'écrivain était arrêté chez lui, conduit sous bonne escorte aux Petits-Carmes, mis au secret, et l'on saisissait chez tous les libraires le pamphlet incriminé : l'arrestation préalable de l'écrivain avec la confiscation de l'écrit étant une des douceurs des lois Faider et autres.

Après trois mois de détention préventive au milieu des voleurs, Bachélery a été condamné à six mois de prison par le jury, sacrifiant un réfugié politique à la peur des annexions, au moment où un Cassagnac appelait impunément le gouvernement belge un gouvernement de *crétins* et de *ramollis*.

Cette condamnation, dont certains journaux napoléoniens ont triomphé comme d'une victoire sur l'institution du jury, est moins rigoureuse, du reste, qu'elle ne le paraît. Depuis les réformes introduites dans le Code pénal en Belgique, la durée de la détention préventive est imputée sur le temps de la peine. C'est une amélioration notable dans la législation criminelle, sans doute, mais il ne faut pas s'arrêter là. Suppression de la détention préventive hors les cas de crime et de flagrant délit ; responsabilité des agents judiciaires et autres qui ont attenté sans motifs légitimes à la liberté individuelle des citoyens ; indemnité à ceux qui ont subi injustement un emprisonnement plus ou moins long ; faculté pour le condamné de racheter une partie de sa peine par son travail et sa conduite ; instruction publique ; substitution enfin du jury d'accusation aux juges d'instruction, et des jurys ordinaires aux tribunaux correctionnels ou criminels, voilà ce que la Belgique et tous les peuples civilisés doivent inscrire dans leurs codes, pour que la justice pénale soit enfin une vérité.

Après la petite amnistie de 1869, Bachélery a d'ailleurs été gracié. On ne pouvait pas retenir sous les verrous en Belgique, pour offenses ou injures envers l'empereur des Français, celui qui, en France, s'étant rendu coupable d'un délit semblable, aurait été amnistié ; mais on l'a immédiatement expulsé. Bachélery est retourné en France, où Moreau et Dagé se trouvaient déjà.

Après les dix-sept ans écoulés depuis le coup d'État, quel est le nombre des anciens proscrits demeurés sur la terre étrangère? Nous l'ignorons. En Belgique, il y en a : un à Hasselt, un à Louvain, deux à Liége, trente à Bruxelles. Trente-quatre vétérans de la démocratie, campés sur le sol belge, voilà tout ce qui reste de notre proscription. C'est là l'armée qui, au dire des journaux de l'empire évoquant le spectre rouge pour effrayer les électeurs, était prête à envahir la France, au signal donné par les prisonniers de Sainte-Pélagie !

De ceux que leur volonté seule retient maintenant loin de la patrie, combien sont-ils qui ont dit avec l'auteur des *Châtiments* :

> « Oui, tant qu'il sera là, qu'on cède ou qu'on persiste,
> O France ! France aimée et qu'on pleure toujours,
> Je ne reverrai plus ta terre douce et triste,
> Tombeau de mes aïeux et nid de mes amours.
> Je ne reverrai plus ta rive qui nous tente ;
> France ! hors le devoir, hélas ! j'oublierai tout.
> Parmi les éprouvés je planterai ma tente ;
> Je resterai proscrit, voulant rester debout.
> J'accepte l'âpre exil, n'eût-il ni fin, ni terme,
> Sans chercher à savoir et sans considérer
> Si quelqu'un a plié qu'on aurait cru plus ferme,
> Et si plusieurs s'en vont qui devaient demeurer.
> Si l'on n'est plus que mille, eh bien ! j'en suis ; si même
> Ils ne sont plus que cent, je brave encore Sylla ;
> S'ils ne sont plus que dix, je serai le dixième,
> Et s'il n'en reste qu'un, je serai celui-là ! »

Combien qui, sous aucuns prétextes, en aucune circonstance, n'ont pas voulu revoir la France depuis qu'ils en sont sortis proscrits, ont refusé d'aller embrasser le père infirme, la vieille mère, la sœur tendre et dévouée restés loin d'eux au camp de l'ennemi?

Avec ceux qui sont morts, ayant, comme Charras, Flocon, Labrousse, Oscar Gervais, Ribeyrolles, juré de ne plus jamais rentrer dans la France impériale, et Ledru-Rollin, à qui cette France est arbitrairement fermée, on les compte, et nous pouvons les nommer presque tous, ceux, du moins, que nous n'avons jamais perdus de vue. Ce sont : Victor Hugo, à Guernesey ; Armand Barbès, à La Haye ; Louis Blanc et V. Schœlcher, en Angleterre ; Edgard Quinet et Marc Dufraisse, en Suisse ; Clément Thomas, en Italie ; Michot-Boutet et Buisson, en Amérique. Qui donc oserait dire que ces vaillants restent sur la terre étrangère pour y chercher la *sécurité de l'exil?*

Les autres ne se sont point interdit l'entrée de leur pays. Sans engagements, sans liens d'aucuns genres, ils y vont, quand cela leur paraît opportun, voir de près les événements, s'unir aux amis politiques qui luttent, par la parole, la presse, le vote, comme ils peuvent, contre le despotisme, établir ainsi entre les éclaireurs du dehors et le corps d'armée du dedans, comme entre les démocrates de tous les pays, le concert d'où sortira la Révolution européenne. Mais ils restent encore sur la terre étrangère, parce qu'ils veulent aspirer à pleins poumons l'air pur de la liberté, et qu'ils sont trop vieux pour refaire leur éducation politique à l'école impériale, trop accoutumés à vivre dans des pays où règnent le droit, la loi, pour s'acclimater sur le sol où s'épanouissent le bon plaisir et la force.

Pour le groupe de courageux protestants que leur patrie regrette et appelle, le moment est peut-être arrivé aussi de prendre part de plus près à la bataille engagée contre l'empire.

Lorsque la France électorale délie d'avance du serment prêté, ceux qui, pour la mieux servir, croient devoir subir cette rude pénitence du serment, accepter cette dure condition, faire cette capitulation, la démocratie a bien pouvoir et droit de relever des engagements qu'ils ont pris avec eux-mêmes, les combattants éprouvés, les hommes influents dont elle croit la présence nécessaire au milieu de la mêlée ; elle a bien pouvoir et droit de leur rouvrir hautes et larges les portes de cette France qu'ils s'étaient volontairement fermées. En faisant appel à tous ses soldats pour la lutte prochaine, elle a brisé toutes les chaînes qui retenaient le proscrit loin de sa patrie.

Puisque la nuit se dissipe, que le silence a cessé, que le pays n'est plus courbé sous la peur, que le vent est à la Révolution, les exilés volontaires ont repris, comme les autres, leur liberté d'action. A eux de choisir de nouveau, soit au dedans, soit au dehors, le poste de combat, où ils pourront le mieux servir leur pays et la liberté. De ceux-là, quelques-uns, dans ces derniers temps : Félix Pyat, Considérant, Boch et Blanqui, ont revu la France. Les autres renverseront, quand il le faudra, la barrière élevée de leur main entre eux et la patrie.

Et après ! la Belgique ne recevra-t-elle plus de proscrits d'aucuns partis ? Qui peut le dire ? En France, comme ailleurs, les destins et les flots sont changeants !

XXIV

CONSÉQUENCES, AU DEDANS ET AU DEHORS DE LA FRANCE, DES GRANDES PROSCRIPTIONS.

I. — XVIIe SIÈCLE.
— RÉVOCATION DE L'ÉDIT DE NANTES.

Toute migration de populations, qu'elle soit volontaire ou forcée, provoquée par les rigueurs de la nature ou par celles des hommes, destinée à donner aux déshérités du pays natal le bien-être, le travail ou la liberté, exerce, suivant son importance, sa cause, sa durée, une influence plus ou moins grande sur la nation d'où vient le flot humain et sur celle où il s'épanche.

Les réformés, chassés de leur patrie par la révocation de l'édit de Nantes, les dragonnades des Cévennes, les proscriptions de Louis dit le Grand, portèrent à l'étranger les arts, l'industrie et le génie de la France.

Les républicains, expulsés de leur pays, par le coup d'État et les proscriptions de Napoléon-le-Petit, pour leur foi démocratique, pour la liberté politique, étaient en quelque sorte, par leur nombre, leurs principes, leur dévouement à la cause du droit, les descendants, les héritiers, des protestants bannis pour leur foi religieuse, pour la liberté de conscience.

Ont-ils accompli une mission aussi grande, aussi profitable aux peuples parmi lesquels ils ont passé, que les proscrits de la monarchie, laissé de leurs doctrines, de leur personnalité, de leur patrie, des traces aussi profondes, aussi ineffaçables? Évidemment non! Cela n'était plus possible. Les temps, les circonstances, les milieux, tout avait changé. L'Europe du XIXe siècle ne ressemblait en aucune façon à celle du XVIIe ; et il y a eu entre les deux grandes proscriptions des différences radicales.

Sous Louis XIV, ce furent des populations entières qui abandonnèrent leur pays sans esprit de retour. On voulait convertir sur place les deux millions de réformés que renfermait alors la France, et ceux-ci, vendant, comme ils purent, leurs propriétés, quittèrent en masse la patrie devenue pour eux une marâtre. Tous ceux qui purent fuir ou partir, s'en furent dans la terre de Chanaan, avec leurs femmes, qui se déguisaient en hommes pour les suivre, leurs enfants, quand ils pouvaient les soustraire aux convertisseurs, leur fortune, évaluée à soixante millions d'argent monnayé, et leurs pasteurs, à la tête desquels marchaient les deux plus célèbres prédicateurs de l'époque, Saurin et Alix : ils emportaient leur Dieu même. Ils étaient de trois à quatre cent mille, recrutés, dans les contrées où l'industrie et le commerce florissaient, parmi les hommes qui illustraient et enrichissaient la nation.

Il y avait dans leurs rangs : neuf mille marins, des côtes de la Normandie, du Poitou et de la Saintonge, qui avaient combattu sous Duquesne, douze mille fusiliers et sept cent trente-six officiers, de Strasbourg, Metz, Verdun, tous vieux soldats de Turenne, de Condé et de Schomberg, les plus habiles maîtres et ouvriers des arts et métiers dont la France avait alors le monopole, des savants et des artistes que leurs travaux avaient rendus utiles au pays, célèbres partout.

C'était l'élite de la France ; voici pourquoi : Exclus des charges publiques, éloignés de la vie politique, tenus en suspicion, les réformés avaient été, en général, obligés de demander à l'art, à la science, à l'industrie, aux armes, les moyens de se créer une position honorable, lucrative, indépendante. Ils avaient ainsi, par la nécessité de leur situation autant que par l'élévation de leur esprit et la fermeté de leur caractère, conquis dans toutes les branches de la civilisation une supériorité réelle sur leurs rivaux catholiques.

Comme les puritains d'Angleterre émigrant en Amérique, les réformés français allaient chercher au loin une autre patrie, convaincus que leur religion, si intimement liée à leurs opinions politiques, ne se relèverait plus dans un royaume baigné de leur sang, et où l'État c'était le très-chrétien roi Louis XIV.

Ils la cherchaient, cette terre de délivrance et de repos, dans les pays hospitaliers où ils auraient la liberté de conscience, la liberté des cultes, la liberté de la presse. Quand ils l'eurent trouvée, embrassée comme une mère d'adoption, arrosée de leur sueur, de leurs larmes, de leur sang, ils se donnèrent à elle tout entiers, mais non pas sans regrets pour la patrie perdue.

En Allemagne, en Hollande, en Angleterre, où ils s'arrêtèrent en grand nombre, ces proscrits se virent au milieu de frères, d'amis, de coréligionnaires, qui les accueillirent à bras ouverts, leur donnèrent l'aide, la protection, les secours auxquels avaient droit les membres de la même famille. Ils devinrent citoyens des pays qui les recevaient ainsi, firent bientôt partie du peuple étranger. Jouissant des droits, des libertés des autres habitants, ils purent, sans périls, sans entraves, y professer leurs opinions religieuses et politiques, développer le commerce, l'industrie dont ils avaient la science, faire connaître et appliquer les découvertes, les inventions portées de France.

Cette France, alors à la tête de la civilisation, était séparée des autres nations — confinées de la même manière chez elles — par les barrières presque infranchissables qu'élevaient partout des douanes multipliées, des frontières bien gardées, les préjugés nationaux, les difficultés et les lenteurs des communications. En outre, dans ce temps de maîtrises, de jurandes, de corporations, il y avait dans chaque pays, dans chaque corps de métier, des traditions, des secrets, une science, que les maîtres, les compagnons, devaient soigneusement cacher aux étrangers, aux concurrents.

Ces secrets, ces traditions, cette science, les nouveaux venus les révélèrent aux pays à qui ils avaient donné leur cœur et leur bras, en en devenant citoyens.

A cette époque, la Grande-Bretagne — j'emprunte ces renseignements à un historien anglais (1), — vit transporter et prospérer sur son sol la papeterie, la verrerie, la carrosserie et la tapisserie, dans lesquelles la France était sans rivale. Les objets de luxe de Paris, les dentelles de Valenciennes, les métiers de tous genres de Rouen, qui, lui seul, perdit 12,000 habitants, la draperie d'Amiens,

---

(1) *Les Huguenots*, par Samuël Smiles; compte-rendu d'Esquiros, dans la *Revue des Deux-Mondes*, avril, 1868.

les ateliers des tisserands de Meaux, le commerce maritime de Caen et du Havre, la passementerie d'Abbeville, les filatures de Coutance, célèbre par ses batistes, passèrent également la mer, et firent la fortune du pays, où les ouvriers français les implantèrent.

Pendant ce temps, ceux qui savaient manier le sabre et le mousquet, contribuaient, les armes à la main, à faire triompher la cause pour laquelle ils avaient souffert : le libre examen, la liberté de conscience. Ils formaient, en Hollande, les régiments avec lesquels Guillaume d'Orange, dont les aides de camp étaient des réformés, et qui avait le maréchal Schomberg à la tête d'un de ses corps d'armée, descendit en Angleterre et y renversa le catholicisme avec les Stuart.

Ce furent encore des Huguenots — ils étaient cent mille en Angleterre — qui établirent à Londres, où il n'y en avait point alors, des clubs, des sociétés de secours mutuels, des expositions de fruits et de fleurs. Déjà, en arrivant, ils avaient donné aux Anglais l'air du *God save the King*, devenu leur air national ; et leur avaient appris, en utilisant ce que les bouchers jetaient au rebut, à faire un mets devenu non moins national : la soupe de queue de bœuf, dont John Bull ne parle jamais sans que l'eau ne lui en vienne à la bouche.

Tout porte à croire que c'est aussi à deux des Français réfugiés alors dans la Grande-Bretagne : Denis Papin et Salomon de Caus, qu'est due une invention d'une bien autre importance, celle de la vapeur comme force motrice. Cette invention, que nos voisins d'outre-mer se sont appropriée comme on sait, ils en ont fait honneur à Watt et à Fulton ; ceux-ci ont les premiers, sans doute, su utiliser, maîtriser, diriger sur mer et sur terre cette vapeur devenue l'un des agents les plus actifs, les plus puissants, les plus merveilleux de l'industrie et de la civilisation moderne ; mais ils ont été devancés dans la conception de l'idée première, ainsi que l'a si bien démontré François Arago, par nos compatriotes.

En résumé, les protestants français laissèrent appauvrie, mutilée, dévastée, l'ancienne patrie, où le catholicisme triomphant avait, en écrasant la réforme, enfoui dans le sol ensanglanté les germes de régénération, de progrès, que la philosophie devait bientôt faire lever, la Révolution rendre féconde ; et ils enrichirent la patrie nouvelle de leurs écrits, de leurs doctrines, de leurs travaux, de leur avoir.

II. — XIXᵉ SIÈCLE. — DESTRUCTION DE LA RÉPUBLIQUE.

La proscription sous Louis-Napoléon se composait presque en entier de républicains de trente à cinquante ans. Les jeunes gens et les vieillards, qui ne manquaient pourtant pas dans le contingent, s'y trouvaient en minorité. C'était une véritable armée tombée dans une embuscade de nuit, mise en déroute, vaincue, mais qui, refoulée sur la terre étrangère, y était campée, sous les armes, impatiente de reprendre sa revanche, n'attendant que l'occasion favorable pour faire un retour offensif, attaquer chez lui, dans son fort, l'ennemi vainqueur, l'oppresseur du pays.

Les exilés n'avaient qu'une volonté, qu'un but, reconquérir la patrie perdue et la rendre libre. Ils avaient laissé derrière eux leurs familles sans chefs, leurs propriétés sans maîtres, les travaux du champ et de l'atelier sans ouvriers, leurs affaires suspendues, leurs intérêts compromis; mais ils comptaient aller, un jour ou l'autre, retrouver ce qu'ils n'avaient pu ou voulu emmener avec eux.

D'un autre côté, les proscrits de 1852, que trouvèrent-ils dans les pays où ils se réfugièrent? Des populations indifférentes, peu sympathiques, qui ne partageaient pas leurs principes ou redoutaient la concurrence des étrangers; des gouvernements soupçonneux ou peureux, leur accordant par grâce l'air, le feu et l'eau, et les laissant livrés, pour le reste, à leurs seules ressources, lorsqu'ils ne les mettaient pas dans l'impossibilité de se procurer du travail pour vivre; des institutions, des lois qui leur accordaient, comme en Angleterre, avec la liberté illimitée de mourir de faim, le droit de faire des journaux, des meetings, au milieu d'une population dont ils n'étaient pas compris, ou qui les plaçaient, comme en Belgique, sous la main de la police et les empêchaient d'écrire ou de parler de manière à déranger le sommeil des gouvernements; partout, en somme, ils rencontrèrent la monarchie, l'aristocratie, la ploutocratie, le cléricalisme et souvent même le libéralisme, unis contre eux.

Républicains, démocrates et socialistes, les proscrits du XIXᵉ siècle ne se regardèrent et ne furent jamais regardés comme les citoyens des nations parmi lesquelles ils vécurent; jamais ils ne se mêlèrent à leurs populations.

Après même que l'empire parut consolidé, ceux qui liquidèrent leur fortune en France, firent venir leurs familles, se marièrent ou créèrent des établissements, n'eurent pas l'idée de se faire naturaliser ou simplement d'obtenir le droit de domicile — ce qui leur donnait, en Belgique spécialement, le privilége de ne pouvoir être expulsés comme le premier venu.

Tout en regrettant les amis de l'étranger, les avantages de la position perdue, chacun était prêt à dénouer les liens qui l'auraient retenu loin de la France rendue à la liberté.

Les proscrits de Louis-Napoléon n'ont donc pas eu la volonté ni les moyens de faire l'œuvre des proscrits de Louis XIV.

———

Depuis d'ailleurs que les chemins de fer, les télégraphes, les traités de commerce, la diminution des tarifs, la presse, la vapeur, abaissant toutes les barrières qui séparent les nations, ont uni de plus en plus les habitants de tous les pays, par la communauté des intérêts autant que par la diffusion des lumières, et rendu fréquent, multiplié, l'échange des produits, des procédés de fabrication, des ouvriers, entre les divers peuples, depuis ce moment, les réformes, les inventions, en industrie, en politique, en science, en agriculture, en tout, se propagent, se combinent, s'acclimatent en tous lieux avec une merveilleuse rapidité.

Le vent du progrès souffle de tous à tous, et porte partout les germes féconds que le temps fait éclore à la longue dans les terrains les moins bien préparés. La communication des idées, des principes, est incessante, perpétuelle.

Les proscrits français n'avaient par conséquent rien à enseigner, à importer dans les pays libres, riches, industrieux, où ils passaient étrangers, marchant le bâton de pèlerin à la main. Ils songeaient plus à réaliser en France leurs théories politiques et sociales, qu'à apprendre aux citoyens des autres nations de nouvelles méthodes, ou à demander aux gouvernements étrangers des brevets d'invention. En Belgique surtout, la contrefaçon, mère illégitime du bon marché, tout en enrichissant ses éditeurs et occupant lucrativement ses ouvriers typographes, avait répandu dans le pays, en Europe, dans le monde entier, la littérature, la politique, les découvertes et les idées françaises. La Belgique avait, par suite, fait autant de propagande que la France elle-même.

Plus récemment encore, la révolution de février était l'événement décisif qui, secouant les peuples de leur léthargie, venait d'ouvrir à l'humanité des voies nouvelles.

Les principes d'égalité, de démocratie, de fraternité, de solidarité, de socialisme, proclamés par elle, avaient fait le tour du monde, même en *passant par la Belgique* (1) et par tous les autres gouvernements constitutionnels, qui ne connaissaient et ne connaissent, dans la pratique du moins, qu'un des trois termes de la triade humanitaire ; celui de liberté.

Si les mouvements populaires avaient été promptement comprimés partout, si la République était tombée en France sous les coups des prétoriens, si la Révolution, détournée de son cours, ne laissait derrière elle que les germes des réformes à venir, cette Révolution, cette République, ces agitations, par l'ébranlement qu'elles avaient causé, les doctrines qu'elles avaient affirmées, les exemples qu'elles avaient donnés, venaient de produire hors de France des résultats inattendus, immenses. De nos jours, la solidarité des hommes, des nations, commence à être telle, que le droit, la liberté se communiquent par la puissance de l'idée, comme le despotisme, la servitude, par la force des armes, et que la justice, la morale tendent à devenir de plus en plus la loi universelle.

Aussi, nous sommes convaincus que les deux grands actes accomplis depuis février, l'abolition du servage en Russie, l'abolition de l'esclavage aux États-Unis, ont été, sinon provoqués, au moins préparés, rendus possibles par les décrets du gouvernement provisoire, déclarant en 1848 les noirs des colonies, libres, et tous les citoyens français, membres, par le suffrage universel, du peuple souverain.

Bien plus, le socialisme, qui doit amener la fin de l'exploitation de l'homme par l'homme, et la transformation du prolétariat en associations solidaires et libres, a envahi tous les peuples civilisés. Il a pénétré jusque dans l'Inde, au fond même de la Chine, cet immense empire du milieu, qui paraissait pétrifié dans son antique civilisation, et que ses institutions, ses mœurs, sa religion séparaient, plus que sa fameuse muraille, du reste de la terre.

Le catholicisme et le protestantisme, qui font avec tant de réclame, d'argent, si souvent à coups de fusil, la propagation de

---

(1) On sait que, répondant au représentant Castiau, qui glorifiait la République française, un doctrinaire avait dit : Pour faire le tour du monde, la liberté n'a pas besoin de passer par la Belgique.

leur foi dans les cinq parties du monde, qui énumèrent si complaisamment les millions d'idolâtres convertis à leurs religions, sont restés impuissants devant les grandes religions de l'Asie : celles de Boudha, de Brahma, de Confucius, de Mahomet, dont les sectateurs sont infiniment plus nombreux que ceux du Christ (1).

Pour faire accepter l'Évangile par les adorateurs des fétiches, des monstres, des dieux inventés par la peur dans l'enfance des sociétés, les pasteurs, les prêtres, ont dû l'accommoder aux superstitions, aux coutumes, aux cultes, des peuples sauvages ou barbares que les missionnaires européens vont sauver des flammes de l'autre monde, en leur vendant dans celui-ci des bibles, de l'*esprit de feu* et des chaînes de tous genres.

Ainsi, à l'heure qu'il est, la religion des nègres de l'Afrique et des Peaux Rouges de l'Amérique convertis au christianisme, n'est qu'un paganisme tout à la fois grossier, sensuel, mystique, qui outrage autant la morale que la raison.

Le socialisme, au contraire, s'est répandu sans alliage impur, sans adultération ridicule ou dangereuse, dans ces nations fermées au dieu des chrétiens ; on peut en juger par ce remarquable manifeste d'une des innombrables sociétés qui couvrent maintenant l'Asie entière :

« La société fraternelle du ciel et de la terre déclare hautement
« qu'elle se croit appelée par l'Être suprême à faire disparaître
« le déplorable contraste qui existe entre la richesse et la pauvreté.
« Les puissants de ce monde naissent et meurent comme leurs
« frères, les opprimés, les pauvres ; l'Être suprême n'a pas voulu
« que des millions d'hommes fussent condamnés à être les esclaves
« d'un petit nombre. Jamais le ciel, qui est le père, et la terre, qui
« est la mère, n'ont donné à quelques milliers de privilégiés le
« droit de dévorer, pour satisfaire leur orgueil, la subsistance de
« tant de millions de leurs frères !

« D'où vient la richesse des puissants ? Uniquement du travail
« et des sueurs de la multitude ! Le soleil et ses doux rayons, la
« terre et ses inépuisables richesses, le monde et ses joies, tout

---

(1) Voici, d'après les géographes modernes, le chiffre des sectateurs de chaque religion : fétichisme, sabéisme, chamanisme, 107 millions ; zoroastre, confucius, sainto, 40 millions ; brahmanisme, 50 millions ; boudhisme, 170 millions ; islamisme, 96 millions ; judaïsme, 4 millions ; église grecque avec toutes ses branches, 62 millions ; catholicisme, 139 millions ; protestantisme de toutes les variétés, 59 millions ; total : 737 millions.

« cela est un bien commun qu'il faut enlever à la jouissance exclu-
« sive de quelques-uns, pour que tous les déshérités en aient leur
« part.

« Enfin, un jour viendra où les souffrances de l'oppression ces-
« seront. Pour qu'il en soit ainsi, il faut s'unir et poursuivre sa
« tâche avec vigueur. L'œuvre est difficile et grande, mais qu'on
« y songe : il n'y a point de victoire, point de délivrance, sans
« lutte et sans combat.

« Des soulèvements intempestifs nuiraient à nos projets. Quand
« la grande majorité des habitants des villes et des campagnes
« aura prêté serment à l'union fraternelle, l'ancienne société tom-
« bera en poussière, et on bâtira l'ordre nouveau sur les ruines de
« l'ancien. Les générations heureuses de l'avenir viendront bénir
« les tombeaux de ceux à qui elles devront d'être délivrées des
« chaînes et des misères d'une société corrompue. »

Ce manifeste, traduit par le savant sinologue allemand Neumann, a été découvert par son compatriote le voyageur von Schoner, à Singapour où abondent les Asiatiques que la misère, la guerre civile, les persécutions forcent à s'expatrier. Il était imprimé en caractères chinois sur le diplôme, de coton rouge et en forme de bouclier, d'un affilié à la société appelée *Tinte huy*, ou la ligue fraternelle du ciel et de la terre.

Ne dirait-on pas un écho des plaintes, des idées, des doctrines de la *Marianne* de 1850 ou de l'Internationale de 1868 ? Et parmi les prolétaires de l'Europe dont l'énergie, l'intelligence, le dévoument sont connus, y en a-t-il beaucoup de plus éclairés, de plus avancés, de plus fermes que ces prolétaires de l'Asie, ces parias d'une autre civilisation, qui arborent, eux aussi, le drapeau rouge, annoncent le règne de la justice, et semblent avoir pour religion un panthéisme poétique ?

Dans l'exil, toutefois, l'influence que les proscrits du XIXᵉ siècle exercèrent autour d'eux, le rôle qu'ils eurent à jouer, n'en a pas moins été important et d'une utilité incontestable, au dehors comme au dedans, pour la grande cause du droit, de la justice, de la liberté.

Au dehors, ce que les exilés ont laissé de leurs principes, de la France, de la Révolution dont ils étaient les représentants, sur les sols incultes ou déjà défrichés qu'ils ont pu ensemencer, donnera bientôt sa moisson. Portant hautement, en tous lieux, témoignage, par la parole, les écrits, les actes, l'exemple, de la doctrine républicaine, démocratique et sociale, ils ont, dans le cercle restreint où ils étaient enfermés, avec les conditions qui leur étaient imposées, fait une propagande et un enseignement de tous les instants.

Pionniers de l'avenir, unis à leurs coréligionnaires de l'étranger, aux proscrits de tous les pays, ils ont annoncé partout la parole d'affranchissement et de vie ; ils ont encouragé, soutenu, applaudi les groupes de précurseurs marchant, dans chaque nation, à l'avant-garde ; et par leurs relations internationales, en faisant tomber bien des haines, des préjugés, des malentendus, des rivalités, des préventions injustes, des antagonismes aveugles, qui séparaient les révolutionnaires des divers pays entre eux, ils ont préparé l'avènement de la fraternité aussi bien que de l'indépendance des peuples. Dans les pays même où la monarchie, entourée d'institutions libérales, était acceptée, voulue, appuyée par la majorité des habitants, ils ont enfoui les germes des grandes réformes que l'humanité a à accomplir dans sa marche vers son but final : la République universelle.

Expulsés par la force, comme des hommes dangereux, les bannis de Louis-Napoléon ont de plus fait connaître, aimer, estimer, les *républicains;* et cela doit contribuer plus qu'on ne pourrait le croire au triomphe de leur cause.

Beaucoup de bons esprits, d'hommes éclairés, de penseurs, étaient platoniquement partisans de la République. Ils l'adoptaient en théorie comme idéal de gouvernement ; mais ils la croyaient impossible, la regardaient comme une utopie, disaient que pour une République il fallait des *républicains*.

Si aux États-Unis, en Suisse, la République existait, cela tenait, selon eux, à des conditions de temps, de lieux, de personnes, qui ne pouvaient plus se représenter dans les États monarchiques de la vieille Europe. La mer, les montagnes, les forêts vierges, jouaient un grand rôle dans l'*établissement* et la conservation des gouvernements démocratiques. La race latine et la nation française en particulier étaient surtout déclarées radicalement incapables de posséder la liberté, de se gouverner elles-mêmes.

La légende rouge de la Terreur était à peu près, en fait d'histoire, tout ce qu'on savait de notre grande Révolution. Girondins, montagnards, régicides, conventionnels, tous les hommes ayant contribué à tuer la royauté, clef de voûte de la vieille société, étaient considérés comme des espèces de Titans qui, ayant voulu escalader le ciel, avaient été justement foudroyés dans leur révolte insensée et coupable.

Malgré les leçons de modération, d'humanité, de magnanimité, qu'avait données la Révolution de février, brisant l'échafaud politique et armant de la liberté tous les partis, — même ses ennemis mortels, — ceux qui l'avaient faite, qui voulaient la consolider, lui faire produire toutes ses conséquences, les républicains véritables, en un mot, étaient dénoncés comme des buveurs de sang, des pillards, des utopistes, des factieux ou des niais, par les réactionnaires dont les journaux étaient répandus dans l'Europe entière et pénétraient seuls partout.

Le coup d'État, renversant, par la violence et la ruse, la République de février, minée, déracinée, par les contre-révolutionnaires de tous les partis, avait paru, avec ses proscriptions et ses plébiscites, confirmer la sentence portée contre la France proclamant elle-même par la voix du peuple, qui est, dit-on, la voix de Dieu, sa déchéance irrévocable.

Ces calomnies propagées par les gouvernements étrangers, intéressés à faire exécrer la République et les républicains, furent acceptées comme parole d'évangile par les classes riches de l'Europe, et jetèrent dans les peuples eux-mêmes de la défiance, de la crainte contre les proscrits. Nous avons dit comment nous fûmes tout d'abord accueillis en Belgique.

Quand on vit de près ces républicains qui de loin paraissaient des ogres, les choses changèrent de face. Assurés qu'ils ne mangeaient pas de petits enfants, ne faisaient pas le vol à la napoléonienne, mais buvaient du faro comme de véritables Belges, achetaient au comptant ce dont ils avaient besoin, payaient régulièrement leur loyer d'avance et leur nourriture après le repas, les classes ouvrières et commerçantes trouvèrent que beaucoup de grands personnages, d'aristocrates, de richards, pourraient, en soldant aussi exactement leurs fournitures et leurs dettes, imiter les républicains, sans danger pour la chose publique ou privée.

Elles se dirent que des *rouges*, voulant au péril de leur vie, de leur liberté, assurer le bonheur de tous, sur cette terre embellie, fertilisée, par le travail de tous, défendaient et représentaient mieux les intérêts des travailleurs que les *noirs* et les *blancs*, qui promettent le ciel après la mort à un petit nombre d'élus, mais laissent ici-bas, dans l'enfer de l'ignorance, de la superstition et de la misère, les masses exploitées par les heureux du jour.

Les libéraux, la bourgeoisie, les classes instruites, reconnurent bientôt que ces républicains, vaincus, proscrits, calomniés, étaient les hommes du droit, non de la violence, de la justice, non de l'arbitraire, de la liberté non de l'autorité ; qu'ils cherchaient à vivre honorablement de leur travail, et non à troubler, ou à compromettre la sécurité publique ; qu'ils restaient dignes et fermes dans l'exil, sans attirer, par leur présence ou leurs doctrines, l'orage sur les peuples au milieu desquels ils s'étaient réfugiés ; qu'ils ne prêchaient et ne voulaient point, comme les puissants du jour, l'annexion, la conquête ou l'oppression des petites nations par les grandes ; qu'ils ne seraient jamais malgré leur nombre une charge pour le pays, ni malgré leurs opinions un péril pour la société, et que s'ils avaient été mis avec la France hors de la République, c'était par une conspiration militaire, non par le consentement du peuple, par la force des armes non par le mouvement des idées.

Alors on comprit ceci : la République, par cela seule qu'elle existe, enfante des républicains en Europe aussi bien qu'en Amérique. Les républicains de toutes les races, de toutes les nations, ayant à briser des obstacles différents, à combattre des ennemis divers, peuvent ne pas employer les mêmes moyens, avoir les mêmes succès ; mais ils marchent vers un idéal commun, au nom de principes semblables, et ils doivent un jour réaliser partout la seule forme de société capable de produire le gouvernement de tous par tous, pour tous : la République.

Désormais, pour la grande majorité des peuples, le triomphe de la démocratie n'est plus qu'une question de temps ; l'œuvre accomplie, les ouvriers ne manqueront pas à leur tâche.

La part que de l'extérieur les proscrits ont prise aux affaires de l'intérieur a été, dans un autre genre, salutaire, féconde.

Ils ont entretenu le foyer sacré de l'immortelle Vesta, dont ils avaient emporté la statue avec eux dans l'exil, et ont tenu déployé le drapeau républicain abattu dans l'empire.

Dénonçant sans relâche les sanglants épisodes des journées de décembre, les attentats contre les personnes, les propriétés et les lois, les mensonges du scrutin, les dilapidations des finances, les guerres injustes ou stériles que la nation payait si cher, ils faisaient pénétrer par leurs écrits, dans l'ombre de la servitude, la lumière que l'absolutisme clérico-militaire tenait sous son immense éteignoir; et quand tout se taisait, ignorait, laissait faire, ils dévoilaient et flétrissaient les roueries, les turpitudes, les infamies, les embûches de jour et de nuit, dont les citoyens, les peuples, étaient menacés ou victimes.

A ceux qui venaient de la France, alors que tous y restaient muets, courbés sous le joug de fer d'un despotisme auquel rien, dans ces jours-là, ne pouvait résister, ils rendaient l'espérance et le courage.

Aux amis qui y retournaient, ils donnaient le rameau d'olivier, annonçant aux opprimés la fin prochaine de l'orage. De cette manière, ils mettaient en communication directe, incessante, les républicains de l'intérieur et ceux de l'extérieur, qu'il était si nécessaire de rallier en colonne serrée au milieu du sauve-qui-peut général.

Les proscrits ont donc pu conserver intacte, entière, la tradition républicaine, maintenir tout le parti en état permanent d'hostilité contre l'empire, et former un bataillon d'hommes éprouvés, toujours prêts à se jeter dans les rangs de l'armée démocratique, lorsque l'heure du grand combat sonnerait.

XXV

LA QUESTION RELIGIEUSE.

ATHÉOCRATIE. — LIBERTÉ.

A l'heure prochaine de la révolution déchaînée, triomphante, les anciens proscrits auront-ils le bras assez fort, le cœur assez ferme, l'esprit assez vigoureux, pour fonder comme pour combattre ; et leur drapeau, après avoir été à la peine, sera-t-il appelé à l'honneur ? ou bien, les générations nouvelles ne verront-elles dans les revenants de l'exil, qui vieillit vite, que les pères conscrits de la République ?

En donnant à ceux qui, aînés ou cadets, vivront alors, l'occasion de faire leurs preuves, l'avenir le dira.

Mais déjà les jeunes, qui ont consacré leurs longs loisirs sous l'empire à des études transcendentales, ont reproché aux exilés, comme on l'avait fait aux émigrés, de n'avoir rien oublié ni rien appris ; et ils les accusent de ne plus être à la hauteur du siècle, de ne pas posséder les principes, les lumières, l'énergie morale et physique, que demande à ses organisateurs la société nouvelle.

Lorsqu'au *qui vive!* des sentinelles de l'avant-garde démocratique, les vétérans échappés à la bataille ont, en rentrant, crié : Républicains, démocrates, socialistes et libres penseurs, les sentinelles ont répondu : On ne passe pas ! Il n'y a de républicains que ceux qui sont athées.

Ainsi, la souveraineté du peuple, la liberté de conscience, sont choses usées, qu'on laisse aux vieux républicains. C'est l'athéisme moderne qui, niant chez l'homme le libre arbitre, chez la majorité le droit de faire la loi, et condamnant comme des hérésies, des préjugés, des malheurs, le suffrage universel, la tolérance en matière de foi, la liberté, doit être le gouvernement du genre humain et son gouvernement absolu.

Au moyen-âge, la toute-puissante théocratie disait : Crois ou meurs. A notre époque, l'athéisme autoritaire, l'athéisme d'État, ce que j'appelle l'*athéocratie*, dit, étant encore au berceau : Ne crois pas ou sois hors la loi !

Certes, la différence entre ces deux commandements est grande; et cependant, à nos yeux, l'un et l'autre se résument dans ce principe d'intolérance et de fanatisme : *Hors de l'Église, point de salut.*

Ce principe n'est point le nôtre. Bien qu'il y ait parmi nous des théistes, des panthéistes, des positivistes, des matérialistes, des athées, des protestants, même des néo-catholiques, comme l'ancien représentant Pascal (d'Aix), mort en exil à Genève, muni des secours de l'Église, nous sommes d'accord pour dire : Crois ce que tu veux, fais ce que tu dois, et vis libre et heureux dans notre république démocratique et humaine.

Qu'on suive le culte de la raison ou de la vierge immaculée, qu'on adore Brahma, Jéhovah, le soleil, Jupiter, Jésus-Christ, Pan ou le dieu inconnu ; qu'on célèbre la fête de l'Être suprême, les mystères de la bonne déesse ou les cérémonies du ramazan de Mahomet; qu'on puisse aller même à la messe : ainsi le veut la liberté; et la raison demande que l'État, représentant la collectivité, reste en dehors de ces rites, de ces cultes, de ces dogmes, pour être le lien de tous les sectaires, dans lesquels il ne doit voir que des citoyens.

Pourquoi l'État serait-il en effet athée, matérialiste, théiste, catholique, protestant, métaphysicien, lorsque, de l'avis unanime, il ne saurait être chimiste, physicien, archéologue, mathématicien, médecin, laboureur, industriel, soldat? Pour une seule chose sans doute, pour faire l'unité de croyances.

Certes, il est permis à chacun de désirer l'unité de croyances, ce qui serait le plus sûr moyen d'amener le règne de la paix dans l'humanité. Il est permis même de chercher par la persuasion, le raisonnement, la science, à fonder ou plutôt à préparer cette unité, si on la croit réalisable. Mais vouloir faire l'unité en imposant à tous, au nom de l'État ou par la force, la même foi, qu'il s'agisse de religion ou de philosophie, c'est s'attaquer à la plus inviolable et à la plus irréductible des libertés, à la liberté de conscience ; c'est être coupable, injuste, tyrannique, sans espoir de succès.

L'homme étant un être fini, imparfait, sujet à l'erreur, ne pourra jamais atteindre l'infini, arriver à la perfection, posséder la vérité absolue. Il lui est donc impossible de confondre dans le présent, dans la politique, dans l'*État*, — ce qui pourrait seul faire l'unité de croyances, — des choses aussi distinctes, ici-bas, que la religion, la philosophie et la science.

Sans doute, la religion, dont l'absolu est le domaine, la philosophie, qui cherche à connaître l'homme intérieur, la science, qui observe et étudie la matière, sont les trois termes de la connaissance ; elles sont au fond identiques et tendent toujours à se rapprocher ; mais elles ne se rencontrent qu'à l'infini, comme ces lignes qu'en mathématique on appelle les asymptotes ; l'homme ne peut songer à les réunir en un seul tout pendant son existence terrestre.

Liberté illimitée de conscience, voilà donc l'unique article de notre *Credo*, le seul dogme, en ce qui touche la religion, que nous insérerions dans la Constitution.

En vertu de ce principe, chacun doit avoir le droit et le pouvoir de manifester sa croyance par le culte, comme il a le droit et le pouvoir de manifester sa pensée par la parole et la presse ; de plus, tout homme, au nom de la liberté de réunion et d'association, peut se réunir avec ceux qui ont la même religion que lui, pour célébrer en commun les rites et les solennités de son culte.

Mais aussi, l'État ne reconnaît plus de prêtres, de moines, de sœurs, de derviches, de pasteurs, de rabbins, de popes ni de pape, d'églises, de temples, de synagogues ni de mosquées, de vœux perpétuels, de cloîtres inaccessibles ni de biens de main-morte, de cultes ni de religions. Il n'y a plus pour lui que des citoyens soumis à la loi commune, des édifices publics ou privés, des propriétés individuelles laissées dans la circulation générale, des associations civiles.

Ces associations, qu'elles soient philosophiques, maçonniques, politiques, scientifiques, littéraires, commerciales, agricoles, industrielles, matérialistes, déistes, luthériennes, anglicanes, juives, catholiques, sceptiques, ont les mêmes droits, les mêmes devoirs envers la *société*. Leur liberté, dès qu'elle sort du domaine inviolable de la conscience, c'est-à-dire, leur liberté de manifestation, a pour limites la liberté des autres associations, la justice sociale et la morale universelle.

Elles sont donc toutes tenues de publier leurs statuts, réglements, dogmes, et de laisser, si l'intérêt général le demande, assister à leurs séances, pénétrer dans leur domicile, un délégué du conseil communal, chargé de faire le compte-rendu des séances ou un rapport sur la salubrité de l'établissement.

A chacune d'elles il incombe, en même temps, de supporter seule les frais de son organisation, de son entretien, de ses cérémonies. Toutes doivent se renfermer dans leur sphère spéciale, rester chez elles, sans plus venir chercher la foule sur les places publiques, se heurter les unes contre les autres, troubler par des actes extérieurs l'ordre général.

Ayant une complète liberté de dogmatiser, enseigner, étaler leurs pompes et leurs symboles, se mouvoir, dans le lieu de leur réunion, les associations religieuses n'auront plus au dehors de priviléges ni de droits, pas même une existence légale. En conséquence les processions, défilés et cloches assourdissant les paisibles habitants, travestissements et costumes de castes, exhibitions publiques de colonnes, pyramides, croix, emblèmes de sectes; tout ce qui, en résumé à l'extérieur, affirmant la foi religieuse des uns, blesse la foi religieuse des autres, reste prohibé, interdit au nom même de la liberté de conscience.

Ceci n'est même pas une innovation révolutionnaire. Par des mesures de ce genre on ne fait que donner une extension normale, légitime, rationnelle, aux dispositions de la législation qui interdit la sortie des processions dans les centres de populations où il y a des cultes différents, et l'on revient à l'usage adopté à Paris, sous Charles X, par les prêtres eux-mêmes, qui en ville s'habillaient en bourgeois.

Dès ce moment l'État cesse d'être le bedeau, le caissier ou le gendarme d'un des absolus, des dieux, au nom desquels un petit nombre d'hommes qui s'en disent les représentants, les ministres, les vicaires sur terre, se disputent et exploitent le genre humain.

Dégagé des bandelettes dans lesquelles ces dieux, sous une forme quelconque, l'ont si longtemps enveloppé ; déchirant les voiles que la méthaphysique, les religions de l'infini, de l'inconnu, de l'extra-humain, jettent sur toutes les choses de ce bas-monde, l'État remplit la fonction et la mission qui le rend légitime, nécessaire, social.

Il n'est plus, ainsi que le proclament les croyants, l'instrument d'une providence qui laisse agiter les hommes et mène tout, ni, selon l'opinion des non-croyants, l'engrenage à l'aide duquel tous les rouages de la société sont mis en mouvement.

Il devient l'interprète, l'organe de la volonté générale, le pondérateur des forces inégales et des droits égaux qui se heurtent dans la société, le pouvoir capable de faire respecter la liberté des associations comme des individus, et d'assurer l'exécution des lois décrétées par le peuple souverain.

Pour cela l'État doit, répétons-le, laisser aux associations diverses la discussion des questions concernant le spirituel, la recherche des choses de l'autre monde et de l'autre vie, les spéculations sur l'infini, l'immensité, l'éternité, l'absolu, toutes les théories supernaturelles et surnaturelles, extra-humaines et extrasociales.

Abandonnant la poursuite de l'idéal divin qui s'enfonce dans les nuages à mesure qu'on s'avance, non pour se soumettre aux lois de la matière, mais pour marcher vers l'idéal humain, dont la science sociale rapproche sans cesse ; ne s'occupant que de la réalité vivante, de l'homme, du citoyen, il pourra désormais travailler efficamment à débarrasser la voie du progrès, des obstacles qui empêchent les peuples de parvenir, sur cette terre, au bienêtre et à la liberté, par la solidarité, la fraternité, la justice.

Voici en effet ce qui résulte de la séparation de l'État et de l'absolu, dans quelque *église* que cet *absolu* s'incarne :

Le genre humain ne se partage plus en nations catholiques, protestantes, mahométanes, grecques, boudhistes, idolâtres, toutes gardées par des dieux jaloux, intolérants, irréconciliables : l'union des races est possible !

Les peuples, ne se distinguant que par leurs caractères purement humains, se reconnaissent tous membres de la même humanité ; ils peuvent former leur confédération sur les bases de l'égalité !

Les fléaux et les élus de Dieu s'en vont avec les messies et les nations providentielles ; l'homme seul reste et conquiert son autonomie, sa liberté !

Ce qui divise les hommes est remplacé par ce qui les relie. Le temps des religions est passé, celui de la morale est venu.

Or, la morale est *une*, car elle fait partie intégrante de l'humanité ; elle est *immanente* dans l'homme ; toutes les intelligences de ce temps-ci, dans les écoles philosophiques, scientifiques, religieuses l'admettent, le proclament, quels que soient, du reste leurs dissentiments, sur l'origine, la cause et les conséquences de cette morale humaine.

« La justice, dit excellemment Proudhon, est au fond de toute conscience comme de toute science. C'est le droit et le devoir. La morale doit être basée sur la justice. Celle-ci n'était presque rien, elle doit être tout ; c'est la déclaration des droits et des devoirs qui ouvre l'ère de la justice ; jusque-là c'était l'ère des religions. » Et voici comment s'exprime dans un de ses plus beaux sermons le père Hyacinthe avant d'avoir rompu avec Rome : « Vous croyez à la dignité humaine, vous croyez à la conscience, vous croyez au progrès, vous avez le culte de la morale ! Et moi aussi je crois à ces grandes choses ; j'y crois comme vous, comme vous, je crois que la morale est une, identique, égale à elle-même dans tous les hommes, la même dans tous les temps, dans tous les lieux ; comme vous, je crois qu'elle est immanente dans l'humanité, que l'homme a en lui-même sa loi, qu'il est autonome ; comme vous je crois que le sens moral est indépendant de la croyance à l'absolu ; qu'un athée (quoique exceptionnellement) peut avoir le sens moral. »

La morale, le plus sûr fondement de la dignité de l'homme, — la liberté, — et de la justice sociale, — l'égalité, — c'est par conséquent la lumière qui éclaire tout homme venant au monde, et qui devrait conduire chaque mortel jusqu'au tombeau, si sa flamme n'était pas obscurcie, souvent éteinte, par les ténèbres dont la misère, la superstition, l'ignorance et tous les maux qu'engendrent les religions surnaturelles ou supernaturelles enveloppent le phare intérieur.

A mesure que par le progrès des sciences, de la civilisation, les voiles qui l'entouraient se déchirent, que l'ombre est chassée par le jour, la lumière humaine apparaît, resplendit de plus en plus, et de l'individu elle rayonne dans la société, où elle doit se réaliser tôt ou tard par des lois, des règles, des préceptes qui, faits, promulgués au nom d'un principe reconnu par tous, seront acceptés, respectés par tous.

Alors la morale, appuyée sur la justice, devient la seule religion à laquelle on voudra convertir les peuples qui vivront ou demanderont à vivre dans la fédération des nations civilisées, et il n'y aura d'interdit, de puni, que ce qui lui serait essentiellement contraire.

C'est ainsi que sera fondé dans les républiques unies du monde le règne de la morale universelle, c'est-à-dire, la paix, l'harmonie, la fraternité entre tous les hommes.

Les formules ainsi que les drapeaux sont nécessaires pour vulgariser, propager, affirmer ses principes : aussi bien, chaque parti, chaque secte, a les siens. Voici les formules qui à notre époque sont prônées, débattues ou réalisées dans les principales nations, et ce qu'elles y produisent.

La *liberté comme en Belgique* : avec elle, on condamne à l'amende et à la prison les témoins qui refusent, en prêtant serment devant la justice, d'appeler à leur aide Dieu et ses saints; l'on voit fleurir et engraisser, *ad majorem Dei gloriam*, seize mille prêtres, moines, frères ou sœurs, indépendants de l'État quoique largement dotés par lui sur le budget public, ayant la haute main dans ses écoles normales, le droit d'inspection et de surveillance dans ses établissements d'instruction primaire et secondaire, et possédant, avec quarante millions de biens de mainmorte, des églises, des écoles, des couvents, des collèges, des séminaires grands et petits, une université, sur lesquels le pouvoir temporel n'a aucune juridiction, aucun droit.

Le *temporel uni au spirituel*, comme en Angleterre, en Russie, à Rome : Ce qui donne à la reine, au czar, au pape, le droit de régner sur les consciences aussi bien que sur les personnes, de mêler le ciel à la terre, le dogme à la Constitution, de faire condamner par les tribunaux ceux qui manquent aux prescriptions de l'église sur les jours de repos, d'abstinence, de prière, et d'imposer à la nation, pour leur clergé, des impôts, une dîme, s'élevant pour la Grande-Bretagne seule à 240 millions de francs.

Une *religion d'État*, comme en Espagne : religion absolue,

fanatique, intolérante, sous la monarchie tombée qui laissait l'autel sur le trône ; dominante et bien rentée depuis la révolution qui, grâce aux royalistes catholiques des Cortès, a mis le trône sur l'autel.

Le *temporel* allié au *spirituel*, comme en France, où cela se traduit ainsi : le temporel opprime le *spirituel* qui n'est pas reconnu officiellement, dote quelques cultes privilégiés, et laisse seul tout-puissant, complétement libre, le catholicisme, dont il subventionne grassement les ministres, bâtit, décore, entretient les églises, et frappe les ennemis, privés, même en payant, du droit de siffler.

L'État laïque, comme en Prusse ; ici, sous les mots, voilà la chose : les prêtres catholiques sont rétribués par l'État, les ministres protestants le sont par les communes que les consistoires taxent à leur gré ; l'Église est la rivale de l'école qu'elle domine souvent, tient les registres de l'état-civil et peut faire baptiser, par arrêt de justice, les enfants que leurs pères refusent de laisser ainsi laver du péché originel.

L'église libre dans l'État libre, comme le demandent les Italiens, après Cavour, et un grand nombre de démocrates français ou étrangers. Séparer, dans ces conditions, l'État de l'Église, c'est laisser l'Église, gouvernant des âmes sans corps, devenir l'égale de l'État gouvernant des corps sans âmes ; abandonner à cette *église* la moitié de l'homme, en la déclarant aussi souveraine dans le spirituel que l'État l'est dans le temporel, et lui permettre, non-seulement de se soustraire à toute surveillance, à tout contrôle, mais encore de revendiquer, en vertu de ce dualisme constitutionnel, des priviléges, des prérogatives, une inviolabilité, incompatibles avec l'égalité des associations ; c'est enfin proclamer illimitée la liberté du culte, confondue, contrairement aux principes, à la logique, aux intérêts de l'humanité, avec la liberté de conscience.

Les *églises libres dans l'État religieux*, comme aux États-Unis. Là, les lois et les mœurs permettent de se faire mormon et défendent d'être athée ; refusent les droits de citoyens de l'union à tout étranger qui n'appartient pas à un culte connu, et laissent faire, par la presse, la prédication, les processions, dans les temples, les églises, les rues et les campagnes, toutes les cérémonies mystiques, idolâtriques, païennes, superstitieuses, absurdes, malsaines, des religions où un dieu quelconque est adoré ; imposent à tous, ce qui se fait aussi en Suisse, avec le repos du Seigneur pendant le dimanche, des jeûnes nationaux à certains jours de l'année, prescrivent, aussi bien que la prude Albion, aux peintres et aux sculpteurs, de faire mettre des pantalons de flanelle aux modèles qui vont poser dans leurs ateliers, et font, comme les gouvernements de l'ancien monde, chanter des *Te Deum* pour le sang versé dans les batailles ou les événements dont le pays a à se glorifier.

―――

Nous ne voulons d'aucune de ces formules ; la nôtre, la voici : *Association libre dans l'État libre*. C'est en la réalisant qu'on pourra seulement concilier la liberté politique et la liberté de conscience, sans blesser ni violer aucune croyance, et enlever aux ministres de toutes les religions, le pouvoir, l'autorité, l'influence, dont ils ont si longtemps abusé, pour le malheur du genre humain.

Lorsque, dans les temps prédits par les prophètes du nihilisme, on aura supprimé Dieu, la patrie, l'État, l'association, le mariage, la propriété, la famille ; qu'il n'y aura plus que des foules, cette formule elle-même ne répondra plus, nous l'avouons, aux besoins du moment. Alors les nihilistes, après avoir fait table rase de toutes les institutions de la société actuelle, renonçant à ce dernier privilége, à ce dernier préjugé si longtemps admis comme article de foi et de loi : « Du côté de la barbe est la toute-puissance, » proclameront *la femme libre dans l'humanité libre*, et tout sera consommé.

En attendant cette transformation suprême, qui arrivera :

« Quand ce sera du nord que viendra la lumière, » — le nihilisme, étant, on le sait, né en Russie, et s'y épanouissant, — la démocratie doit demander, vouloir, qu'il n'y ait plus dans les nations des religions payées, subies, reconnues par l'État, mais seulement des associations libres.

Nos opinions sur la question religieuse, nous pourrions les résumer en disant, dans le même sens qu'Odilon Barrot parlant de la loi : l'État doit être athée.

Mais à cause des prétentions et des manifestes de l'athéisme moderne, cela signifierait maintenant que l'État doit se déclarer matérialiste, proclamer que Dieu n'existe pas. Or, nous ne voulons rien de semblable. C'est, en effet, cette doctrine des *jeunes*, qui acceptent et imposent un nouvel absolu comme article de foi polilitique, que nous repoussons, car l'athéisme alors devient une religion comme une autre.

En effet, faire voter par assis et levé ou promulguer par la loi du plus fort qu'il n'y a plus de Dieu ; que tout, dans ce monde et dans l'autre, est régi par les lois de la matière, c'est matérialiser la société, la faire rentrer par une autre porte dans l'*extra-humain*, le *supernaturel*, d'où l'on veut la faire sortir en arrachant de ses entrailles, ce que les fondateurs de religion y avaient si profondément incarné, le mysticisme ; c'est entraver la marche de l'humanité vers la connaissance de sa loi, en mettant un infini, un absolu, à la place d'un autre infini, d'un autre absolu, un abîme après un abîme, la matière éternelle à la place de l'être suprême, le monde à la place de Dieu.

Devant ces inconnus, ces immensités, l'humanité est effrayée. Elle abandonne les lois de la vie, les lois humaines, pour courir après une ombre qui fuit sans cesse devant elle sur cette terre, où elle se montre sous les aspects les plus divers, les plus opposés, et qu'on ne peut saisir que dans la mort, si la mort livre ses secrets.

Éliminer l'absolu, sous tous ses noms, sous toutes ses métamorphoses, de l'État représentant la société dans ses divisions, les nations, tel est, au contraire, selon nous, une des missions les plus impérieuses des vrais républicains.

Les écoles proudhoniennes, positivistes, critiques, veulent également, du reste, ce que nous voulons ; seulement, c'est sur le terrain de la science, de la philosophie, que ces grandes écoles se placent pour combattre l'athéisme, éliminer l'absolu.

Proudhon écrit ceci : « La Révolution n'est point *athée* dans le sens rigoureux du mot. Elle ne nie pas spécialement l'*absolu*, elle l'élimine, en tant qu'objet direct et positif de la science, principe ou motif de la morale. L'athéisme est la négation de l'*absolu*, je veux dire, de la légitimité du concept d'absolu et, par suite, de toutes les idées sans exception...

« Pour vouloir détruire la superstition, il anéantit les idées elles-mêmes... Un athée s'interdit la science ; il n'eût pas inventé l'attraction... Une telle négation est du cahotisme, du nihilisme, pis que cela, faiblesse de cœur, toujours de la religion. L'athéisme se croit intelligent, il est lâche et poltron. » (*De la Justice dans la Révolution et dans l'Église*, chap. VII, page 37.)

Les positivistes rangent l'âme et la matière, le corps et l'esprit,

Dieu et la création, parmi les problèmes scientifiquement insolubles ; et ils en font un simple objet d'imagination, de sentiment, de foi, pour l'âme humaine. (Vacherot.)

L'école critique place également dans les *non-valeurs* tout ce qui ne relève pas de l'observation, l'athéisme aussi bien que la philosophie, la métaphysique et la religion ; elle rejette tout dogmatisme sur les questions transcendentales.

« La science, écrit un de ses disciples, ne doit pas se mettre à
« l'avant-garde d'aucune école philosophique. Elle n'a point à se
« préoccuper des questions que susciteront toujours ces mystères
« qu'on nomme âme, conscience, volonté, destinées humaines. »

Les savants croiraient perdre leur temps, s'ils abordaient de pareils problèmes. « Lorsque j'entre dans mon laboratoire, dit Claude Bernard, je commence par mettre le spiritualisme et le matérialisme à la porte. » Le plus grand nombre des physiciens, des chimistes, des géologues de ce temps-ci, sont gens à faire aux athées convaincus la réponse que fit M. Babinet, de l'Institut, à un savant nihiliste, dans une conversation rapportée par un journal en ces termes : « Ainsi, confrère, — c'est M. Babinet qui parle, — décidément, Dieu n'existe pas ? — Il n'existe pas, la science moderne ne saurait admettre une hypothèse aussi absurde que celle d'un dieu créateur. — Ainsi, vous êtes sûr ? demanda itérativement Babinet, en homme qui veut aller au fond des choses. — Parfaitement sûr. — Eh bien ! collègue, reprit Babinet avec son vaste sourire, vous êtes plus crédule que moi, car moi, je n'en sais absolument rien. »

Nous restons, nous, sur le terrain politique, sans vouloir faire de la science ni de la métaphysique ; sans avoir, par conséquent, à condamner, à blâmer, à discuter une doctrine que professent un grand nombre de nos amis, et qui, comme toute autre, a le droit de s'affirmer, de se propager, de chercher à triompher par la discussion.

C'est la liberté de conscience que nous défendons contre l'*athéisme* d'État. Pour cela, nous n'avons pas à entrer et nous n'entrons pas dans le camp des positivistes. Contre ceux-ci nous défendons la liberté de pensée, je veux dire, le droit et le devoir pour chacun de sonder l'absolu, comme d'observer et d'étudier la matière.

XXVI

DROITS DE L'HOMME.

COLLECTIVISME. — POSITIVISME.

L'absolu, c'est le *pourquoi* et l'*en soi* des choses ; la cause première des lois qui régissent l'univers, des phénomènes que perçoivent nos sens, et de la transformation des êtres. C'est encore l'idéal, le parfait dans l'infini ; c'est, en résumé, pour l'homme, ce qui est au-dessus de l'humanité.

Aborder un pareil sujet dans une histoire des proscriptions, ces tristes réalités de l'époque actuelle, paraîtra sans doute à beaucoup inutile, inopportun, étrange. Toutefois, si l'on songe que sous cet absolu se forment, s'abritent, se développent les systèmes philosophiques et religieux qui se sont disputés et se disputent encore le monde, on reconnaîtra que c'est là une de ces *questions du lendemain* dont il faut préparer la solution dès aujourd'hui, pour pouvoir la résoudre au jour du triomphe.

Ce n'est pas, en effet, dans l'enfance des sociétés seulement que les religions, ces premiers nés de l'absolu, ont couvert la terre de sang, de feu, de proscriptions, de misère et de ruines : En tous temps, en tous lieux, elles ont fait leur œuvre de destruction. Les massacres des Vaudois, des Albigeois et des hussites, les auto-da-fé de l'inquisition, les tueries de la Saint-Barthélemy, les dragonnades des Cévennes, appartiennent à l'histoire des derniers siècles. A notre époque, les guerres de Syrie, de Chine, de Cochinchine, de Crimée, de Rome, pour ne parler que de la France, ont été engendrées par la question religieuse.

Il est donc urgent, indispensable, que la démocratie, laissant, en cela surtout, les mots, les théories sur lesquels elle ne pourrait jamais s'entendre, s'accorde sur les choses, sur la pratique, sur l'œuvre d'aujourd'hui.

———

Comment y parviendra-t-elle ? En rendant à l'homme ce qui appartient à l'homme, à la société ce qui appartient à la société, comme le veut l'école socialiste placée, d'une part entre les individualistes, qui laissent tout à l'individu, et les collectivistes ou communistes, qui donnent tout à la communauté, de l'autre, entre les matérialistes, qui ne s'occupent que du corps de l'homme, et les spiritualistes religieux, qui ne songent qu'à son âme.

Cette école, à laquelle j'appartiens, je l'appellerai, faute d'autre nom, pour la distinguer des autres, l'école *humaniste* ou *humanitaire*, parce qu'elle embrasse dans la même étude, la même prévoyance, le même amour, et pour l'avenir aussi bien que pour le présent, l'homme, — esprit et matière, — le citoyen, l'individu et la communauté, la famille, la patrie et l'humanité.

En politique, elle veut le gouvernement de tous par tous, pour tous, c'est-à-dire, dans chaque nation la République démocratique et sociale, et dans le monde des peuples indépendants et libres, unis par une fédération volontaire, pour former la République universelle.

En Révolution, elle n'est ni robespierriste, ni hébertiste, ni dantoniste, ni girondine : elle est révolutionnaire.

En histoire, elle se range du côté des peuples contre les rois, des martyrs des justes causes contre les oppresseurs de la conscience et de la liberté, du droit humain contre le droit divin, et ne reconnaît la légitimité du fait que lorsqu'il est consacré par ce droit humain.

En socialisme, elle n'abolit pas la *propriété*, comme l'ont fait à Bruxelles et à Bâle les membres de l'Internationale, cette puissante association dont la majorité s'est déclarée *collectiviste;* elle la transforme, en constituant, à côté d'une propriété *individuelle*, une propriété *collective*.

Dans son système, la propriété individuelle est celle qui est fondée, se consolide et dure par le travail seul. Sa mesure est la quantité que peut faire valoir un travailleur; sa raison d'exister, sa condition, c'est d'être exploitée directement par son possesseur.

Dans une nouvelle Déclaration des droits, qui devrait également reconnaître et proclamer le droit de l'homme au travail, le droit de la femme à la participation, par mandataires, aux affaires du pays, le droit de l'enfant à l'instruction, on pourrait donc, sauf rédaction, dire : « La propriété est le droit qu'a chaque citoyen de jouir et, dans les justes limites fixées par le droit public, de disposer de la portion de biens que lui garantit son travail, celle qu'il occupe et fait fructifier par lui et sa famille, ou crée par son génie, son industrie, son labeur. »

Sous ce régime, la terre est à ceux qui la cultivent et la rendent fertile; les mines, carrières, usines, fabriques, métiers, à ceux qui les exploitent, les mettent en œuvre, leur donnent de la valeur par leurs bras, leur talent et les capitaux résultant de leurs économies. En résumé, les instruments de travail sont à ceux par qui le travail se fait; le travailleur a la jouissance exclusive des fruits de son travail, la perception intégrale de tout ce qu'il produit; et ces produits, c'est-à-dire, ce qui est nécessaire à la nourriture, à l'habillement, au logement, au chauffage, etc., il les échange, à prix librement débattu, avec les autres producteurs et avec les ouvriers de la pensée, qui paient en œuvres d'art, de science, de littérature. Il n'est redevable envers la communauté, représentée par l'État et par la commune, que de l'impôt équivalant à l'assurance dont, comme homme, comme citoyen, comme propriétaire, comme père de famille, il est, par devoir et par intérêt, tenu de payer sa quote-part, pour les risques qu'il court dans la société et les avantages qu'il y recueille sous ces diverses formes : éducation des enfants, chômages forcés, maladies, infirmités, vieillesse, défense de la personne, de la propriété, du pays, administration, justice, gouvernement, inondations, incendies, etc.

Il reste ensuite libre de faire valoir sa propriété comme il veut, individuellement par lui et les siens, ou en s'associant avec des citoyens placés dans les mêmes conditions que lui; de la céder — gratuitement, si ses revenus ou ressources le lui permettent, ou en échange d'une propriété de même valeur — à toute personne qui veut y consacrer son travail et son temps; de faire passer enfin à ses enfants par l'héritage, qui perpétue la famille, cette propriété arrosée de ses sueurs, fertilisée par son travail, améliorée, embellie par son industrie, sa science ; mais ces héritiers naturels n'auront droit alors, sur le fond commun, qu'au supplément nécessaire pour constituer, s'il y a lieu, leur part de travailleurs.

Dans le cas même où il ne pourrait rester en possession de sa propriété, ni la transmettre à ses descendants, le *propriétaire-travailleur* reste maître de disposer comme il l'entend de la rémunération due pour la plus-value résultant des améliorations qu'il y a faites et du montant de ses économies, qui représentent son travail accumulé. Ses enfants, s'ils trouvent dans la succession paternelle ce qui serait dû au père, en héritent.

La propriété collective se compose : 1º De toutes les choses dont l'usage est commun à tous et ne peut être monopolisé par personne, comme les routes de terre, les chemins de fer, les canaux, les rivières, fleuves, télégraphes, postes, places, rues, édifices publics, etc. 2º Des propriétés de tous genres, acquises par la communauté, expropriées, moyennant indemnité, pour cause d'utilité publique, laissées sans travail, tombées en déshérence, soit par la mort du propriétaire décédé sans enfants, soit par l'abandon qu'en fait le possesseur, en cessant de la faire valoir, soit par toute autre cause.

Elle est administrée, suivant la nature des choses, par l'État et par la commune.

L'État assure à tous la libre jouissance de ce qui est d'un usage général. La commune abandonne gratuitement une part de ce qui est *appropriable*, à tout travailleur qui veut et qui peut l'exploiter, réservant aux familles, aux associations, les entreprises, les terres, les usines, les propriétés dont la possession et la mise en valeur exigent un nombre plus ou moins grand de bras et de capitaux.

La propriété collective, ce serait donc le fonds commun, se décomposant et se reformant sans cesse, où tous viendraient puiser suivant leurs besoins, leur tempérament, leurs forces, sans pouvoir ni y rien prendre au-delà de ce qu'ils pourraient approprier par la production et la consommation, ni monopoliser ou accaparer ce qui reviendrait aux autres.

Elle ressemblerait à la mer immense, d'où sortent en vapeurs, pour revenir en ruisseaux, en rivières, en fleuves, les eaux qui vont arroser, rafraîchir et rendre féconde la terre.

La propriété individuelle, telle que nous la comprenons, celle qui transformerait le salarié, le prolétaire, le fermier, l'ouvrier, en maître, en patron, en possesseur, en propriétaire, est en voie de formation. Le morcellement des héritages par les successions, la division de la grande propriété par les ventes, la diminution des bras employés aux travaux de la terre, la dépréciation de la monnaie, l'augmentation des salaires, les progrès de l'association, l'instruction des classes laborieuses, le suffrage universel, y mènent. A lui seul, le temps achèvera cette révolution sociale.

Pour former la propriété collective, garantie et contre-poids de la nouvelle propriété individuelle, qui serait bientôt entachée des vices, des abus de l'ancienne, si elle avait aussi le droit d'user et d'abuser, de grossir et grandir aux dépens du travail, la société doit intervenir par des lois émanant de la volonté générale. Comment procédera-t-elle? Les *irréconciliables* de la propriété veulent que ce soit par une liquidation forcée et rapide, en expropriant, pour cause d'utilité publique, tous les propriétaires. Cette liquidation nous semble pleine de périls pour le présent, d'inconnu pour l'avenir. Si elle se fait au moyen d'une juste indemnité, elle impose aux générations présentes la lourde charge d'un impôt nouveau que le travail aura à supporter. Si aucune indemnité n'est allouée, ce qui est décrété, c'est une spoliation violente qui transforme en prolétaires misérables, affamés, les propriétaires actuels, devenus les ennemis implacables du nouvel ordre de choses et revendiquant à leur tour leur place au banquet de la vie. Nous la repoussons donc comme aussi injuste qu'impolitique; dans tous les cas, elle est, à notre époque, en France, impraticable.

Pour arriver au même résultat, progressivement, sans secousses, sans luttes, sans déchirement, sans grever le pays de dettes onéreuses, la société peut, au contraire, avancer par réformes successives. Elle peut substituer, selon la doctrine proudhonienne, la vente par annuité, au fermage, à la rente, au loyer, et le crédit par les banques populaires, au crédit par les banques de la féodalité financière; décréter l'impôt progressif et direct proposé par une partie de la démocratie en 1848; mobiliser la propriété immobilière, ainsi que le veulent les économistes; faire, à l'exemple de certains chefs d'industrie, participer les ouvriers de la campagne et de la ville, leur salaire étant payé, aux bénéfices résultant des travaux qu'ils ont faits; attribuer à la commune, comme nous l'avons proposé ailleurs, une part d'enfant légitime dans toute succession excédant la quotité à laquelle chaque famille de travailleur aurait droit, — part que la commune, suivant le genre des biens, recueillerait, soit en nature, soit en argent après licitation, ou sur laquelle elle enverrait les travailleurs qui seraient nécessaires à son exploitation.

Le but et le résultat de cette dernière disposition, qui ajouterait si peu à celles édictées par le code civil pour le partage des successions, serait tout à la fois : d'abord, de diminuer sans cesse les fortunes individuelles qui absorbent le *minimum* auquel chacun a droit pour vivre en travaillant, et d'empêcher les propriétés de toutes sortes de s'agglomérer assez, dans les mêmes mains, pour porter atteinte aux droits et aux besoins du travail présent; ensuite, d'accroître la propriété collective constamment et en telles proportions, qu'elle pourrait être indéfiniment partagée entre les travailleurs qui en demanderaient leur part, pour l'exploiter eux-mêmes.

Il s'écoulerait du temps, sans doute, avant que cette propriété communale, devînt assez considérable pour alimenter le travail; et au lendemain d'une révolution, le peuple des prolétaires ne donnerait peut-être plus même trois mois de misère à la République. Mais avec le prix des biens de main morte que possèdent, contrairement aux lois, de grandes corporations religieuses, et les sommes volées, dilapidées ou indûment touchées par les fauteurs et complices du coup d'État, tenus, en vertu du code pénal, à restituer, sans pouvoir invoquer aucune prescription, il serait facile, dans un ordre de choses où il n'y aurait plus ni dépenses ni impôts inutiles, de subvenir aux besoins du moment, venir en aide aux travailleurs et donner les moyens de réaliser progressivement la réforme sociale.

Le fonds commun formé comme nous l'avons dit, non-seulement le droit au travail, reconnu par la société, appartiendrait à tous, mais encore l'exercice de ce droit serait assuré à chaque citoyen valide et de bonne volonté, par cela même qui fait le travail libre et attrayant, par la propriété; et cette propriété, si nécessaire pour attacher aux pénibles labeurs de l'industrie, aux rudes travaux de la terre, ceux que tout sollicite à chercher le bonheur et la fortune dans d'autres carrières, elle est, de plus, le seul moyen de créer ce qu'on appelle le *crédit gratuit*.

Le crédit, par lequel deviennent possibles la création et la circulation des capitaux, qui sont indispensables à toute société pour les besoins du présent et les prévisions de l'avenir, permettent aux associations de durer, de grandir, de prospérer, et rendent productifs, pour les individus comme pour le pays, les travaux et les entreprises de tous genres sans cesse alimentés par cette source vive, le crédit, disons-nous, ne peut reposer sur des fictions, sur des mots. La moralité de l'emprunteur elle-même, d'un si grand poids pourtant en cela, donne bien l'assurance que le débiteur, étant de bonne foi, voudra se libérer, mais non qu'il pourra le faire. Pour n'être ni usuraire, ni réservé aux riches seuls, il faut donc que ce crédit soit sauvegardé par une garantie matérielle quelconque. En aucun temps et sous aucune organisation sociale, en effet, les détenteurs de capitaux, quels qu'ils soient, ne se dessaisiront des valeurs qu'ils ont dans les mains, sans être certains de rentrer dans leurs avances, s'ils veulent, en rendant service aux autres, conserver leur avoir, ou sans se couvrir d'une façon quelconque des risques à courir, s'ils cherchent à tirer parti de leur capital.

Eh bien ! l'instrument du travail, la propriété, devient le gage qui répond du remboursement de l'emprunt fait par le travailleur. Dès lors, la société — commune, État, banque populaire — n'a plus à se faire payer de primes pour risques et garanties. Elle peut et doit donner, par conséquent, au taux le plus bas possible, c'est-à-dire gratuitement, en ne se couvrant que des frais d'administration, le crédit à tout travailleur qui le demande pour l'exploitation de sa propriété, et qui n'aura à rembourser, en sus des capitaux touchés, que le prix du service rendu.

La propriété individuelle et la propriété collective, fondées ainsi à côté l'une de l'autre et se complétant mutuellement, tous les droits sont respectés, tous les intérêts sont sauvegardés. Le travail libre dans la propriété libre, avec l'association volontaire pour auxiliaire dans toutes les œuvres et les entreprises que l'homme ne peut accomplir seul, fait rendre à la terre tout ce qu'elle peut produire, à l'industrie tout ce qu'elle peut donner. Par suite, l'augmentation indéfinie des produits, qui s'échangent contre d'autres produits à leur juste valeur, n'étant plus surchargés des frais usuraires, inutiles ou abusifs, dont sont augmentés maintenant les prix de toutes choses, amène, avec le bien-être de chacun dans l'égalité, la prospérité générale dans la fraternité.

Sous le régime du collectivisme, qui sous un autre mot, sous une autre forme, n'est réellement que le communisme, le plus grand abus de la propriété, c'est-à-dire, la rente de la terre, le loyer des instruments de travail, est conservé. Cette rente, ce loyer, le travailleur les paie à la collectivité, au lieu de les payer à l'ancien propriétaire ; en quoi son sort est-il meilleur ? Les heures et le genre de travail que lui imposaient le patron, le maître, c'est la commune ou l'association qui les décrètent ; en est-il plus libre ? les fermiers, mis en possession d'une part du domaine public, sont choisis arbitrairement par l'administration communale ou sur des offres plus élevées que celles de leurs concurrents ; en quoi la justice et l'égalité y gagnent-elles ? L'administration et la surveillance des biens, l'inspection des lieux, la perception des rentes et prix de bail, le chomage des travailleurs pendant la transmission des propriétés, créent de nouvelles classes d'improductifs, d'intermédiaires, d'impôts, de nouvelles causes de pertes, de frais, de procès ; qui devrait supporter cette surcharge, si ce n'est le travail et le travailleur réglementés, dirigés, exploités par une autorité quelconque ?

Le travail — l'histoire et la science économique l'enseignent également — est paralysé, frappé de stérilité, peu productif au moins, quand il est imposé, commandé, réglementé, dirigé par une autorité dont les travailleurs ne peuvent reconnaître ni la compétence, ni la légitimité ; salarié, il ne rend jamais ce que lui fait produire le *travailleur-propriétaire*. Comment la fortune générale s'accroîtrait-elle de manière à pouvoir, même étant équitablement répartie, fournir aux hommes laborieux les moyens d'améliorer physiquement, intellectuellement et moralement leur condition, et assurer aux enfants, aux vieillards, aux infirmes, aux faibles, leur part à l'assistance publique ?

Or, si les membres de la collectivité n'ont ni bien-être, ni liberté, il me paraît impossible que la collectivité soit riche, heureuse, florissante.

———

C'est pour cela que je ne suis pas plus collectiviste aujourd'hui, que je n'étais communiste en 1848. En dehors même de la théorie et de ses conséquences pour l'avenir, je serais d'autant moins disposé à me convertir au collectivisme, qu'au moment où les travailleurs de la ville manifestent l'intention de vouloir exproprier tout le monde au profit de la communauté, je vois les travailleurs de la campagne marcher rapidement, résolûment, à la conquête de la terre, par la propriété individuelle.

Eh bien ! les quatorze millions de paysans que renferme la France ne se laisseront enlever par personne ce qu'ils tiendront. Que les ouvriers le sachent bien, eux qui, au nombre de six millions seulement, et parmi lesquels il y en a tant même qui ne demandent qu'à être patrons, propriétaires, ne peuvent, ni par la force, ni par le vote, imposer leur idéal aux masses agricoles. Qu'ils agissent en conséquence, se mettant eux-mêmes en mesure, par l'organisation, l'instruction, l'épargne, de pouvoir faire approprier, par les associations, les propriétés industrielles qui demandent pour être mises en valeur le travail collectif. Sans cela, ils créeraient entre les deux grandes classes de travailleurs un antagonisme fatal à eux comme à la démocratie tout entière, qui, si elle ne savait pas faire tourner au profit de l'égalité possible et de la justice, la révolution agraire prête à s'accomplir en France, retarderait de cent ans la solution de la question sociale.

Au contraire, en Angleterre, une révolution radicale dans le sens du collectivisme est probable. La nation qui la première a décapité la royauté sera peut-être aussi la première qui décapitalisera l'aristocratie de fortune. C'est que, dans la Grande-Bretagne, — et voilà, sans doute, pourquoi les ouvriers anglais sont plus partisans que les ouvriers français de la doctrine collectiviste, — la propriété, si morcelée en France, est accaparée par un petit nombre de familles. Ainsi là, d'après un des orateurs de l'Internationale, l'aristocratie terrienne, qui ne compte que cinq mille membres, aurait un revenu annuel de 110 millions de livres sterling, soit deux milliards sept cent cinquante millions, ce qui fait une moyenne de cinq cent cinquante mille francs de rente pour chacun des cinq mille privilégiés. Dans de pareilles conditions, on comprend combien, au milieu d'une révolution causée par la misère et la faim, l'expropriation de ces privilégiés de naissance est facile et tentante.

Avant la fin du siècle, tout semble l'indiquer, l'évolution, par laquelle deux grands peuples marchent à des buts différents, sera accomplie ; et alors la démocratie verra quel est des deux systèmes, — la propriété individuelle entre les mains du travailleur, ou la propriété collective divisée entre les fermiers, — le plus durable, le meilleur, le plus juste.

Le paupérisme et le prolétariat ayant disparu de la société, l'inégalité des conditions serait diminuée pour le présent, dans la mesure du possible. Ensuite, si l'égalité absolue, que le socialisme proclame l'idéal de justice, sans pouvoir actuellement donner ni prévoir même la loi qui doit la réaliser, est dans la série des progrès dont la science et la raison doivent doter le genre humain, ce sera aux générations futures à la faire régner sur terre pour le plus grand bien de tous.

A l'heure qu'il est, ce qu'il faut surtout savoir et dire, c'est que ni le collectivisme, qui mettrait tout le monde à la portion congrue, ni le partage égal des terres, qui donnerait à chacun la portion du sol qu'il couvrirait de son ombre, ni la propriété individuelle assurant à chaque travailleur l'intégralité du fruit de son travail, ni la plus équitable répartition de la richesse générale, n'amélioreraient, comme on le croit ou comme on le désire, la position des masses, si une révolution morale, que malheureusement rien ne fait prévoir devoir être prochaine, ne s'était préalablement accomplie dans les nations.

« En France, dit Proudhon, le nombre des travailleurs ruraux étant de quatorze millions sur une surface de vingt-sept mille lieues carrées, la valeur moyenne produite par eux peut être évaluée à huit milliards. Pour la production industrielle, les producteurs étant au nombre de cinq à six millions, leur produit total doit être porté à trois milliards ; soit, pour la totalité du produit national, onze milliards. Répartis entre les trente-six millions de Français, c'est un revenu moyen par tête et par jour de 88-71 centimes.

« Sur les trente-six millions, seize millions sont à peu près improductifs ; en en déduisant les femmes, vieillards et enfants qui ne peuvent travailler, il reste quatre millions à rallier au travail, et dont le produit moyen pourrait être évalué à deux milliards deux cent millions. On pourrait évaluer à vingt-cinq pour cent, le surcroît de production qui résulterait pour le pays de la meilleure distribution des produits, de l'éducation intégrale des ouvriers, de leur admission à la propriété, de leur participation aux bénéfices, de la balance des produits et services. Le revenu du pays pourrait donc s'élever à seize milliards six cents millions, et la moyenne du revenu par tête et par jour à fr. 1-26, soit cinq francs pour chaque famille de quatre personnes.

« Ainsi, dans les conditions les plus favorables, en supposant réunies toutes les influences heureuses du ciel et de la terre, de l'ordre public et de la liberté, le peuple français ne peut guère espérer de réaliser une richesse matérielle égale à la moyenne de, fr. 1-30 par jour et par tête ; ce qui, du reste, représenterait un bien-être inouï, puisque aujourd'hui le travailleur, qui fournit pour sa part sur la production générale un franc par jour, ne reçoit que cinquante-huit centimes.

« Le meilleur moyen pour détruire le paupérisme et assurer le travail est surtout donc de revenir à la sagesse. »

Bien que, par l'organisation du crédit sans frais usuraires, par l'échange des produits sans parasitisme, sans taxes inutiles, par la suppression des impôts onéreux, des dépenses abusives, par la gratuité de l'enseignement, de la justice et de divers autres services publics, par la circulation rapide, sans intermédiaires, sans entraves, des capitaux, etc., un revenu de cinq francs par jour pour chaque famille pût donner satisfaction à une somme de besoins et de jouissances bien supérieure à celle qu'on peut se procurer dans la société actuelle avec le même revenu, cela ne suffirait pas aux hommes de notre génération.

Il faut donc avant tout, selon le conseil de Proudhon, revenir à la sagesse, c'est-à-dire, remplacer l'amour des plaisirs, de l'oisiveté, du luxe, des jouissances matérielles qui usent l'esprit avec le corps, par la modération dans les désirs, la moralité dans les actes, les goûts et les habitudes modestes d'une vie bien remplie ; sans cela, ce serait la misère qui régnerait dans la cité des égaux.

II. — LE POSITIVISME.

En matière de foi, de religion, cette fraction de la démocratie à laquelle j'appartiens, veut éliminer l'absolu de la société organisée en peuples, en États, en communes, parce que là, nous le répétons, se réalisant dans les lois, dans les faits, sous forme de religion, l'absolu ne peut enfanter que troubles, discussions, divisions, luttes de tous genres ; mais elle le laisse à l'homme, dans le cœur ou dans l'esprit duquel il devient l'idéal, source éternel du beau, du bien, du progrès.

C'est par cette distinction qu'elle se sépare du positivisme.

Comme les positivistes comptent dans leurs rangs un grand nombre de démocrates républicains, il est nécessaire de dire pourquoi nous ne sommes pas avec eux. C'est, du reste, un moyen de débarrasser la voie politique, où nous marchons ensemble, des broussailles métaphysiques qui peuvent l'obstruer.

Dieu, la matière, l'âme, la pensée, le libre arbitre, la fatalité, la providence, l'infini, l'absolu, seront-ils toujours l'objet des études, des investigations, des craintes, des espérances de l'homme vivant sur terre? Des biologues, les uns le nient, les autres, nous l'avons vu, le craignent, mais tous déclarent qu'il n'y a pas lieu de se préoccuper de pareils problèmes — l'homme n'en ayant que faire, puisque la science ne peut les résoudre.

Ont-ils raison, sont-ils dans le vrai? nous ne le pensons pas. Selon nous, les écoles qui proclament vaine, illusoire, pernicieuse, l'étude de ce qui est conçu par l'entendement seul et ne tombe pas sous les sens, par exemple, la recherche de la vérité philosophique, de l'idéal, de l'absolu, enlèvent une moitié de lui-même à l'homme, qui voit par les yeux de l'esprit aussi bien que par les yeux du corps ; et elles privent d'une partie de ses moyens d'investigation, de puissance, de progrès, la science elle-même, qui a besoin de théories, de généralisations, de synthèses, comme d'observation, d'expérimentation, d'analyse, pour donner tous ses fruits.

Alors même que tous les savants, tous les philosophes, tous les penseurs s'accorderaient à croire et à dire que Dieu n'existe pas ou qu'on n'a pas à se préoccuper de son existence, que tout dans ce monde et dans les autres est réglé par les lois fatales de la matière, qu'après la mort il n'y a plus rien pour l'homme, une grande partie de l'humanité, il est permis de le supposer, les femmes, les vieillards, ceux qui ont l'imagination tendre, mystique, exaltée, ceux qui espèrent, qui souffrent ou qui cherchent, ne croiront jamais que tout finit ici-bas. Ils voudront toujours savoir quel est le créateur, l'administrateur, le régulateur de ce monde dont la terre avec son genre humain est l'un des satellites; si l'homme, malheureux, opprimé dans cette vie, ne sera pas dédommagé dans une vie nouvelle ; si le criminel triomphant, heureux dans ce monde, ne sera pas puni dans un autre ; si la vertu, la justice, le dévouement, foulés aux pieds ici-bas, ne seront pas récompensés ailleurs.

Toujours, probablement, il se rencontrera de nombreuses catégories d'esprits inquiets, curieux, que les mystères de l'infini, de l'invisible, feront rêver, méditer, que le merveilleux attirera. A côté de la raison il y a en effet dans le cerveau le petit coin où loge l'imagination, qui dans les temps de foi enfante les religions, la croyance aux miracles, aux prophètes, aux révélations, aux sorciers, et aux époques de scepticisme fait surgir la croyance au mesmerisme, aux tables tournantes, aux sommanbules, aux spirites et aux prodiges du magnétisme.

Qui serait assez fort pour sceller vivante la pensée ou l'imagination sous la pierre d'un tombeau ?

Par ses affirmations, sa critique, ses découvertes, la science d'ailleurs ne contredit sur ce point ni la raison ni le sentiment individuel. Ainsi, l'histoire constate bien que la presque totalité des races, des langues, des religions qui se partagent la terre, sont descendues du plateau de l'Asie centrale, originairement habité par les Aryens.

La géologie et la biologie ont même reconnu qu'avant la période où les glaces ont convert une partie du globe, l'homme vivait déja à côté du mammouth et de l'ours des cavernes, et elles sont au moment de retrouver les traces de son existence, dans les terrains tertiaires formés des millions d'années avant les temps historiques. Mais qu'elles admettent et établissent ensuite que l'homme soit autochtone, ou, comme le veulent certains matérialistes allemands, ne soit qu'un singe perfectionné ; que la nature, procédant par *sélection*, selon la doctrine de Darwin, fasse disparaître progressivement tout ce qui ne peut résister au temps, aux climats, aux milieux, ou, d'après d'autres savants, agisse par génération spontanée ; ce qui reste démontré scientifiquement, c'est que l'homme, comme la terre, a eu un commencement et aura une fin. D'où il résulte qu'il s'est transformé et doit se transformer encore en un nouvel être, car rien de ce qui a été ne peut plus ne pas être. Le néant, dit Vacherot, répugne à la raison ; l'être, en tant qu'être, ne peut être, conçu par elle, que comme nécessaire, indestructible et persistant à toutes les manifestations.

Donc, l'homme naît, vit et meurt dans un espace de temps limité, circonscrit ; c'est ce qu'il sait le mieux, ce qu'il voit tous les jours. Il est venu sur la terre seul et nu ; il quittera la terre seul et nu. D'où vient-il ? où va-t-il ? La mort est-elle la fin de tout, l'anéantissement complet de l'être humain ? Est-elle, au contraire, une transformation, un progrès ? Hors de l'humanité, de la terre, y aura-t-il une autre vie? Quelle sera cette vie? Ce qui pense, ce qui aime, ce qui veut en lui, est-ce une âme immortelle ou un souffle qui s'évanouira comme le son d'une lyre brisée? Son existence future dépend-elle de son existence sur la terre, ou bien le présent est-il tout pour lui et n'a-t-il à s'inquiéter ni du passé ni de l'avenir?

Ces immenses et redoutables questions, c'est son droit aussi bien que son devoir de les étudier, de les approfondir, de les résoudre selon sa conscience, car en tout cela il n'a à travailler que pour lui, n'est attaché à ses semblables par aucun lien, n'a à admettre que ce qu'il regarde, par la science, la raison ou la foi, comme l'évidence ou la probabilité. Bien plus, l'homme conçoit, puisqu'il les nomme, l'infini, le parfait, l'absolu, l'immensité, Dieu, la création, l'immortalité de l'âme, l'éternité de la matière, tout ce qui étant supernaturel, extra-humain, ne tombe pas sous les sens, ne peut être l'objet ni de l'observation ni de l'expérimentation.

Il peut donc légitimement tirer de ses concepts une doctrine philosophique, dogmatique, politique, religieuse, morale, économique, sur laquelle il ordonne ses actions, qu'il propose aux autres comme règle de conduite, et dont il fait sortir la loi, le culte, l'enseignement, la forme de gouvernement, que manifestent et réalisent, quand ils en ont le pouvoir ou le droit, ceux qui croient ou voient comme lui.

Sans l'intervention divine ou autoritaire, la société se trouve ainsi à chaque instant pénétrée, façonnée, transformée, par les systèmes et les principes que font régner tour à tour dans son sein, le choc des idées, la diffusion des lumières, les découvertes de la science, les inventions de l'agriculture et de l'industrie, les besoins du temps, la connaissance de la loi sociale, la perception d'un nouvel idéal; tout ce qui, en résumé, est le produit de la pensée, de la parole, des écrits, du travail, du génie, de l'action, des individualités libres dont se composent les membres et le corps entier de l'humanité.

Le mouvement de l'esprit humain vers l'infini, l'invisible, l'absolu, nous semble par conséquent naturel, normal et nécessaire au progrès. Mais c'est, redisons-le bien, à l'homme en tant qu'individu qu'il appartient de chercher la solution des problèmes d'outre-tombe, à sonder dans toutes leurs profondeurs, sous toutes leurs faces, les absolus, pour en tirer les conséquences théoriques et pratiques dont chaque mortel pourra profiter dans ce monde et dans l'autre, en se donnant la religion, le culte, la philosophie, le dogme, qui lui plaisent ou lui semblent les seuls vrais.

———

Le genre humain et les peuples n'ont que faire des choses de l'autre vie. Eux ne meurent point comme l'homme.

Le genre humain n'a paru certainement sur terre, l'histoire, la science, la religion l'enseignent également, que de longs siècles après que cette planète parcourait sa route au milieu des soleils.

« L'humanité disparaîtra un jour aussi sans doute, écrit un
« savant, comme elle est venue, soit par une révolution sidérale,
« soit par le refroidissement du globe qu'elle habite, et qui ayant
« commencé par le feu, finira par le froid, car la terre doit se
« glacer à son tour comme l'homme, et s'envelopper, pour mourir,
« du blanc linceul des neiges éternelles.

« Alors l'humanité aura-t-elle cessé d'exister, ou sera-t-elle
« transformée? La terre elle-même sera-t-elle anéantie, réduite
« en poussière, en gaz? retournera-t-elle dans le soleil d'où elle
« est sortie, ou continuera-t-elle de tourner comme un soleil glacé
« dans l'immensité? questions insolubles, peut-être, mais qui tou-
« jours occuperont l'esprit humain. »

Ceci admis, il est bien évident que nous ne croyons pas la terre éternelle, que nous ne voulons pas faire du genre humain un dieu immortel.

Toutefois, pour l'homme et même pour les peuples, l'humanité, sans examiner ce qu'elle est en soi, si c'est une entité, une réalité, un mot, une chose, est toujours vivante, toujours jeune, n'a pas eu de commencement et n'aura pas de fin, comme ce qu'on voit naître et mourir, ne peut être conçue, exister, qu'attachée à la terre.

C'est sur ce grain de poussière du jardin du monde, l'arbre de vie dont les feuilles sont les générations qui, mieux encore que les feuilles des arbres, restent toujours vertes et se succèdent sans relâche, sans interruption, les nouvelles remplaçant continuellement celles qui tombent.

Soumettre à ses lois, par l'intelligence unie à la force, la nature tangible; fertiliser, embellir sa demeure par le travail, les arts, l'industrie ; établir la paix, la concorde, l'harmonie, le bonheur, au milieu des agglomérations de mortels qui, sous le nom de nation, de peuples, de tribus, forment ses membres vivants, visibles, réels : voilà le seul paradis que cette humanité puisse comprendre, espérer, conquérir.

Que lui font Dieu, l'éternité de la matière, l'infini, l'absolu, la mort ! Elle ne les connaît pas, n'a pas besoin de les connaître. Existant dans l'espace et dans le temps, elle ne peut apercevoir, saisir, — et cela dans certaines limites seulement, — que le réel, le phénomène, les rapports des choses. L'humanité est parce qu'elle est, sur terre, non ailleurs. Pour s'élever vers le ciel, de son *plancher des vaches*, comme le *populaire* appelle la terre en la comparant à la mer, elle n'a pas ces deux ailes de la pensée et de la prière que Platon donne à l'homme, pour lui faire prendre son essor dans l'infini.

Se sentant éternellement jeune, d'autre part, elle ne peut pas comprendre que tout avenir soit brisé par la mort, qu'elle même sortie de la matière rentre dans la matière, ou que dans un autre monde elle devienne esprit pur ou vapeur.

Que les soleils qui l'éclairent, la terre qui la porte, elle-même, aient été créés par un être suprême ou par des atomes vibrants faisant leur œuvre chimiquement si ce n'est mécaniquement, soient le produit des transformations de la matière ou naissent de rien : sa destinée n'en est modifiée d'aucune façon. Cette destinée s'accomplit et s'accomplira sans qu'elle en ait conscience, sans qu'elle ait à supporter aucune responsabilité, à rendre aucun compte.

Le genre humain, l'humanité, n'ont donc besoin ni d'absolu, ni de religion. Il en est de même pour les peuples.

Parties intégrantes de l'humanité, distinctes par la race, la couleur, le caractère, le langage, la religion, la politique, la fonction, mais unies par des liens que la civilisation, le progrès des lumières, rendent chaque jour plus apparents, que la science, la raison, la justice, feront de plus en plus obligatoires, les peuples qui vivent d'une vie appréciable, spéciale, véritable, ont bien sans doute un commencement et une fin. On les voit se former, grandir et disparaître : les annales du genre humain en font foi.

Seulement, les lois qui président à leur formation, à leur développement, à leur chute, ne sont pas les mêmes que celles qui règlent les destinées des individualités dont ils sont composés.

Les peuples, en effet, viennent-ils au monde et grandissent-ils de la même manière que l'homme ? Ont-ils l'espérance, quand ils sont à leur déclin, d'acheter, par des prières, des sacrements, des remèdes spirituels, leur salut éternel dans une autre vie ? et quand ils ont cessé d'être, vont-ils dormir leur sommeil éternel dans la terre, ou renaître dans les planètes ?

Aucunes théologies, aucunes cosmogonies, aucunes mythologies, ne croient, ne professent de pareilles chimères. D'après les orthodoxes de deux grandes religions, un peuple ne pourrait passer tout entier sur le pont étroit qui conduit les fidèles croyants au milieu des houris de Mahomet, ni entrer dans le paradis des chrétiens où sont admis si peu d'élus. Dans le ciel, il n'y a point de familles, point de noces, dit l'Évangile ; comment y aurait-il des nations ?

A leur tour, voici ce que disent la raison et l'histoire : Émargés de l'humanité les peuples y rentrent, s'y engloutissent, sans jamais se trouver en face de l'absolu, qu'il s'appelle Dieu ou le néant. Ils n'ont pas plus à prévoir, sous d'autres cieux, une existence nouvelle, qu'ils n'ont à craindre de comparaître devant un juge suprême pour y répondre de leurs actes.

Pour cela même, quel que soit le ciel qui, dans une civilisation donnée, réponde à la terre, c'est-à-dire quels que soient les dieux que l'homme se crée, les religions ou les théories métaphysiques dont les individus, les associations particulières, acceptent la loi, subissent l'empire, les peuples sont complétement dégagés des chaînes divines et n'ont pas à se courber sous le joug de la matière. Ils n'ont plus qu'une mission, qu'un but, eux aussi : chercher et trouver leur loi sur terre, la loi vivante sous laquelle tous leurs membres doivent vivre libres, heureux, dans la famille, la patrie et l'humanité.

Dans ces conditions, les individus, les citoyens, peuvent se grouper, au milieu du peuple, en associations de toutes natures, pour formuler et manifester leurs doctrines, leur foi, leur religion : Il n'y a plus de danger. La liberté dans l'égalité transforme et améliore tout.

Que chaque secte, chaque école, ait donc le pouvoir comme le droit de fonder sa petite église, de s'y enfermer pour célébrer son culte à sa façon, je ne m'y oppose pas ; je le trouverai au contraire très-légitime. Seulement, et beaucoup feront comme moi, je n'irai dans aucune église. Ce n'est point que je sois indifférent en matière d'absolu, ni sceptique. Non! si j'étais appelé à faire ma profession de foi, je me déclarerais panthéiste, comme l'était Anacharsis Clootz, l'une des plus pures et des plus grandes figures de la Révolution.

Je ne suis pas assez philosophe pour ne pas croire, avec Claude Bernard, *que la science ne peut conduire qu'à la vérité, et que la vérité scientifique sera toujours plus belle que les inventions de notre imagination ou les illusions de notre ignorance.*

Je ne suis pas assez savant, non plus, pour ne pas admettre en principe, avec Leibnitz, qu'il n'y a rien dans l'entendement qui n'ait été d'adord dans la sensation,... si ce n'est l'entendement.—*Nihil est in intellectu, quod non prius fuerit in sensu, nisi intellectus.*—Je pense donc que, dans le règne de l'humanité, l'intelligence humaine ne peut fonctionner sans cerveau, mais que le cerveau ne produit pas l'intelligence.

Par conséquent, je ne me convertirai pas à la nouvelle doctrine aussi longtemps, que les expérimentateurs matérialistes, qui attribuent au cerveau la faculté de *sécréter* la pensée, ne m'auront pas montré au bout de leur scalpel, au fond de leurs creusets, sous le verre d'un microscope, une seule molécule de cette pensée, ou simplement un de ses *équivalents* représenté par une formule algébrique admise par tous les savants,—car en science il faut aussi de la foi, pour croire à certains théorèmes mathématiques et à certaines lois physiques que le commun des mortels ne peut vérifier. — Je resterai convaincu, fort de l'autorité de l'illustre physiologiste Claude Bernard, dont j'ai déjà cité quelques paroles, *que le cerveau ne sécrète pas plus la pensée que l'horloge ne sécrète l'heure*; et, pour adopter l'opinion des savants qui font créer l'entendement, comme tout ce qui est, par les forces de la matière, j'attendrai la démonstration par laquelle ils établiront que le mouvement, qui, d'après leurs observations récentes engendre la chaleur laquelle engendre le travail, engendre aussi la pensée.

Jusqu'à ce qu'il en soit ainsi, je garde mes opinions philosophiques ou métaphysiques que je résume ainsi : Je crois à un monde infini, éternellement vivant, souverainement intelligent, tout à la fois esprit et corps, âme et matière. Je crois que dans ce grand tout, composé de l'universalité des êtres, qui se distinguent par une vie spéciale (— latente ou manifestée)—d'où la personnalité et la liberté individuelle dans la solidarité universelle—nous, avec tout ce qui existe, nous *sommes*, nous *vivons*, nous nous *mouvons*, et, par la mort, nous nous transformons de manière à occuper, au sein de l'infini, dans nos nouvelles existences, la place rigoureusement déterminée par notre développement physique, intellectuel et moral, dans nos existences antérieures.

En ce qui touche la partie matérielle, ce développement est surtout fatal, la transformation certaine, évidente, la place occupée, naturellement délimitée. Soumis pour se former, pour croître, aux lois de la chimie, de la physiologie et de la physique, par lesquelles la matière est régie, les corps sont composés d'une quantité plus ou moins grande de molécules qui, après leur désagrégation par le phénomène appelé mort, vont en quantité plus ou moins grande aussi, selon leur nombre, se mêler aux molécules des autres corps et aux atomes de l'éther, pour former des êtres supérieurs ou inférieurs, soleils, terres, plantes, gaz, etc.

Pour la partie spirituelle, celle qui comprend l'entendement avec tous ses attributs, ce que les spiritualistes appellent l'âme, *l'esprit*, son développement sur terre dépend principalement de l'être lui-même et est soumis, dans l'humanité, à la loi de justice immanente dans la conscience de l'homme.

Être intelligent, l'homme se sent libre, il est donc libre. Libre, il peut par ses actes, par sa volonté, par sa pensée, élargir, agrandir, perfectionner, faire progresser, ou bien amoindrir, détériorer, empêcher de croître, réduire à sa plus simple expression, c'est-à-dire, développer ou diminuer en tous sens, ce qui en lui veut, pense, raisonne, ce qui est immatériel. Il donne ainsi dans l'âme universelle à son âme, pour le moment où elle sera séparée du corps, la place que lui ont faite ses mérites ou ses démérites en cette vie.

La palingénésie des corps, c'est-à-dire, leur formation et leurs transformations dans le temps, dans l'espace, est du domaine de la science : la matière avec ses modifications pouvant être soumise à l'observation expérimentale.

Or, les savants, bien qu'ils ne soient pas d'accord sur tous les faits et qu'ils ne connaissent pas encore toutes les lois de la nature, admettent, sans exception, que les éléments dont se composent les corps des êtres vivants, aussi bien que ceux des autres, viennent du réservoir universel où tout est contenu et y retournent, en y portant les nouveaux éléments qui résultent de leur décomposition. C'est leur opinion, en ce qui a trait à la partie matérielle de notre être, que j'ai adoptée, que je viens d'énoncer; je n'ai pas à la défendre.

L'âme, au contraire, appartient au domaine exclusif de la pensée. Personne ne l'a vue, entendue, touchée, observée. Son existence, son immortalité, son émersion de l'âme universelle, son immersion dans les corps, son siége dans les êtres individuels, dans le grand tout, sont des problèmes dont la science ne doit pas s'occuper, qu'elle ne peut point, dans tous les cas, résoudre à notre époque, où il est aussi impossible de démontrer que Dieu existe, que de démontrer que Dieu n'existe pas ou que le monde est Dieu.

La solution de ces problèmes n'étant donnée ni par la raison, ni par la science humaine, aucune des conceptions enfantées par les religions ou les philosophies ne peut devenir un article de foi pour tous. Cela n'empêche pas que ces grands invisibles, — l'âme, la pensée, l'entendement — que nous sentons en nous, ne s'imposent à nos méditations, laissant aux croyances, aux hypothèses, aux négations, un champ illimité, que chacun a droit et doit avoir liberté de défricher et ensemencer à son gré, en faisant sur les théories toutes les spéculations que son intelligence ou son imagination lui suggèrent.

Cette liberté, ce droit, j'en use comme les autres, et voici, je ne dirai pas les preuves, — je n'en ai aucunes à donner, — mais les considérations, les motifs sur lesquels sont basés mes principes, ou plutôt, mes sentiments panthéistes.

L'homme vit, pense, agit, aime, invente, et par l'industrie, le travail, la science, les arts, comme par la génération, il crée; il a le pouvoir de dompter la nature rebelle, non, sans doute, en lui imposant les lois de son caprice, mais en tournant contre elle les lois du monde dont il a surpris les secrets; bien plus, il gouverne ses semblables, les hommes, par des lois fondées sur les rapports de ces hommes entre eux. C'est dire que dans une certaine mesure, la liberté et la fatalité, la nature et l'humanité, subissent son empire, reçoivent son empreinte.

D'un autre côté, par ses enfants, ses idées, le bien qu'il fait, les exemples qu'il donne, les souvenirs qu'il laisse, l'homme se reproduit sur terre même, en quelque sorte, dans son corps et dans son âme, et se perpétue pour ainsi dire dans l'humanité, de telle sorte qu'il vit presque autant que le genre humain.

D'où lui viennent la vie, la pensée, ses facultés, son pouvoir sur tout ce qui l'entoure? de Dieu, du monde, de son cerveau? On peut l'ignorer, on l'ignore; qu'importe! Bien que toutes ces choses n'aient pas été soumises au même genre d'observation, d'expérimentation, d'analyse, que les parties matérielles du corps, elles existent, elles constituent un fait *sui generis*, qui est appréciable par les sens autant que par l'esprit, et produit des conséquences dont la cause est inconnue, mais la réalité incontestable, incontestée.

Aussi bien, les écoles physiologiques et psychologiques proclament toutes également, sous des formules diverses, que l'homme est *sensation — sentiment — connaissance*.

Cela étant, ne serait-il pas contradictoire, illogique, absurde, de supposer, d'affirmer, que le monde n'a pas ce que possède l'homme?

Comment! l'homme, être fini, imparfait, faible, éphémère, aurait, par son organisation ou un don surnaturel, la vie, le verbe, la pensée, la volonté, la liberté, la science, la notion du vrai, du beau, du bien, du juste; il aurait la puissance de légiférer, de commander, de punir, de commander à la nature, de pourvoir à ce qui est nécessaire aux besoins de l'homme sur terre; il serait capable de prévoir, de porter des jugements, de connaître les lois des mondes, de concevoir l'infini, l'éternel, l'absolu!

Et le monde, éternel, infini, parfait, n'aurait rien de tout cela, ne serait que vapeur, que poussière, sortant de l'atome pour retourner à l'atome, d'après les matérialistes, ou créé de rien pour rentrer dans le néant, suivant les théistes et les docteurs de toutes les religions! Il serait une matière inconsciente d'elle-même, organisée, transformée, gouvernée par des forces aveugles ou des décrets miraculeux, non-seulement privée des qualités, des facultés, des attributs, qui distinguent l'homme du reste de la création, mais ne vivant même pas de la vie des plantes, et n'ayant pas l'organisme du plus simple minéral !

S'il en est ainsi, l'homme est alors le Dieu, le roi, au moins, de l'univers. Pour mieux dire, la créature dont la vie et la mort passent comme un éclair dans le ciel de l'humanité, est supérieure à l'éternel transformateur des êtres qui se succèdent sans fin dans le ciel de l'immensité ; l'atome devient plus grand que le monde, le fini, plus complet, plus parfait que l'infini ; l'éphémère, le transitoire est supérieur à l'immortel ; le phénomène, l'effet, l'emportent en virtualité, en durée, en étendue, sur le *noumen*, sur la cause inconnue mais toute-puissante par laquelle des lois générales, fondées sur la souveraine justice et la souveraine justesse, ordonnent tout, règlent tout !

Cela est impossible, ne se comprend pas du moins ; et comme je ne comprends pas davantage une matière intelligente sans intelligence, qu'une intelligence se manifestant sans organes matériels, j'en conclus que le monde est, à l'infini, à l'état parfait — comme est d'une manière finie, imparfaite, l'homme, et, au-dessous de l'homme à des degrés divers, tout ce qui vit —, *sensation* — *sentiment* — *connaissance* ; a un corps et une âme immortels, immenses, unis dans la vie éternelle, ainsi que le sont le corps et l'âme des êtres animés dans la vie terrestre ; peut donc être conçu, puisque aucun autre terme de comparaison ne se présente à la pensée, comme une humanité universelle et éternellement vivante.

Quoi qu'il en soit, bien loin de vouloir imposer à personne mes opinions sur ces choses de l'autre monde, je les garde pour moi. Je n'ai ni le désir ni la volonté de faire des conversions ; je n'éprouve pas même le besoin de fonder, avec ceux qui penseraient comme moi, la plus petite religion, l'association la plus modeste.

A ceux qui se croient en possession de la vérité et espèrent convaincre leurs adversaires, de le faire. A cet égard, cela va sans dire, les athées, les matérialistes, doivent avoir la même liberté que les spiritualistes et les sectateurs des religions révélées.

XXVII

LA RELIGION DEVANT LA RÉVOLUTION.

Les matérialistes, les athées ne sont guère puissants ni redoutables à cette heure. Bien que les foudres sacerdotales et universitaires de MM. Dupanloup, Duruy et consorts ne risquent pas de les mettre en poudre, ni même de leur faire beaucoup de mal ; qu'ils ne soient point persécutés, comme aux temps où l'on brûlait ceux qui ne croyaient pas au dieu de l'État, ce sont même eux que l'on met de nos jours sur la sellette des accusés. Ils ont à subir à tout propos les attaques, les injures, les anathèmes, des conservateurs et des réactionnaires de tous les partis religieux, philosophiques et métaphysiques, qui, d'ailleurs, confondent volontiers, sous la dénomination d'*athées,* tous les libres penseurs.

En pareille occurrence, ce n'est point nous qui nous joindrons à leurs ennemis. Dans aucun temps, du reste, dans aucun cas, nous ne songerons à condamner ou proscrire leur doctrine, comme elle l'est seulement dans la grande République de l'Amérique du Nord. Mais lorsque l'athéisme se pose comme une doctrine gouvernementale, veut être une religion d'État, et soulève dans les jeunes générations, en proclamant ce but, un mouvement sérieux, nous sommes contre lui, avec ceux qui veulent maintenir entières la liberté de conscience, la liberté de la pensée, et empêcher une nouvelle cause de division de surgir dans la démocratie républicaine.

Oui ! les athées, dans l'arène philosophique et scientifique, doivent avoir le champ libre et leur part de soleil ; qu'ils en usent et fassent à leur aise de la propagande, des prosélytes ; c'est leur affaire. La démocratie n'a rien à y redire.

Sur le terrain politique, où ils prétendent régner en maîtres, ils trouveront au contraire des adversaires qui ne leur céderont pas la position, et seront dans la République avec eux, sans eux, malgré eux.

Cette République est assez grande, assez ample, assez vaste, pour contenir, quelles que soient leurs croyances religieuses ou philosophiques, ceux qui la veulent, l'aiment, la servent.

Aussi bien, nous n'admettons pas que l'athéisme, professé par des savants illustres, de jeunes hommes pleins d'avenir, soit aristocratique, comme le disait Robespierre, à une époque, il est vrai, où l'immoralité, l'incrédulité gangrénaient ce qu'on appelait les hautes classes de la société.

Nous n'admettons pas davantage que le spiritualisme, le déisme, soient antirépublicains, ainsi que le proclament les néo-hébertistes, après que tant de bons citoyens, croyant à l'existence de l'être suprême, de l'immortalité de l'âme, ont donné de si éclatantes preuves de dévouement à la République, ont montré tant de courage, de persévérance dans la défense et la propagation de la foi démocratique.

Nous ajoutons : être et se proclamer athée ne dispense pas d'avoir un programme et des principes républicains, de faire savoir qui on est, ce qu'on a fait, ce qu'on veut.

Les théoriciens, les chefs de sectes qui, nouveaux Moïses, menacent de promulguer au milieu des éclairs le dogme matérialiste comme dogme politique, pourraient bien, par l'audace ou l'étrangeté de leurs doctrines, séduire la portion la plus aventureuse, la plus ardente de la jeunesse des écoles. Ils peuvent grossir, un jour aussi, leurs rangs, de ces soldats de la dernière heure qui, pour qu'on oublie leurs antécédents, qu'on ne leur demande pas de comptes pour le passé, de garanties pour l'avenir, arborent le drapeau du parti que l'on croit ou que l'on dit le plus avancé, le socialisme en 1848, l'athéisme, le collectivisme, aujourd'hui, et se dispensent ainsi d'être républicains.

Ils auront contre eux non-seulement le sentiment populaire et l'esprit moderne, qui est l'esprit de liberté, mais encore cette démocratie composée d'hommes de pensée et d'action qui veulent rester fidèles à la formule républicaine de leurs pères, celle de la Révolution : liberté, égalité, fraternité.

Qu'ils y songent !

Protestantiser la France, ainsi que le croient possible ou veulent le faire de grands esprits, de nobles cœurs, nous paraît un projet aussi chimérique, aussi dangereux, aussi injuste, aussi impossible, que celui de lui imposer pour religion le matérialisme.

Si la France, au XVIe siècle, avait abjuré le catholicisme, adopté la Réforme, elle serait arrivée plus vite, on peut le penser, et par une voie plus sûre, moins douloureuse, de la liberté de conscience à la liberté politique. Ayant à améliorer, à transformer progressivement la société, et non à la jeter bas tout entière, elle n'aurait pas eu à livrer ce grand combat de la Révolution dont elle est sortie victorieuse, mais meurtrie, mutilée, désarmée de façon qu'un soldat a pu la mettre sous le joug ; et elle eût mieux su garder toutes ses libertés. Au milieu des ruines faites, dans le ciel comme sur la terre, par la philosophie du XVIIIe siècle et la Révolution ; lorsque la critique moderne a fait tomber en poussière les mythes, les révélations, les miracles de l'Ancien et du Nouveau-Testament, c'est-à-dire le christianisme tout entier, il n'est plus possible de revenir sur ses pas, de s'enfoncer dans le passé pour conquérir la liberté d'examiner ce que l'on ne croit plus.

Quand on voit, d'ailleurs, de quelle manière les religions officielles, dominantes, quelles qu'elles soient, traitent les hérétiques, les dissidents, l'homme, en un mot ; ce qu'ont fait l'Angleterre réformée, de l'Irlande catholique ; la Russie schismatique, de la Pologne orthodoxe ; la Roumanie grecque, de ses habitants juifs ; l'Amérique évangélique, des noirs, que le Nord méprise et humilie, tout en les affranchissant, et que le Sud voudrait laisser dans l'esclavage ; comment dans la Suisse calviniste, dans l'Allemagne luthérienne, partout enfin, dans l'ancien comme dans le nouveau-monde, le protestantisme, devenant religion, est intolérant, formaliste, étroit, soumis aux puissances de ce monde, ennemi des révolutionnaires et des libres-penseurs qui rejettent toute autorité imposée, toute règle, toute doctrine dont les fondements ne sont pas le droit, la raison, la justice, on doit être peu tenté de faire une révolution, pour donner maintenant à la France ce qu'elle n'a pas voulu ou pu recevoir aux beaux temps de la Réforme.

Le catholicisme, sans doute, avec sa hiérarchie, son organisation despotique, sa confession, ses jésuites, ses directeurs de consciences, son église universelle, son pape infaillible, son principe d'autorité, son droit divin, son culte tout à la fois mystique et païen, est le plus grand, le plus dangereux ennemi de la liberté. Cela, à l'heure qu'il est, est si bien compris de chacun que, d'un côté, les révolutionnaires de tous les pays ont juré d'arracher les peuples à sa domination; que, de l'autre, les conservateurs et les réactionnaires de toutes les religions, de tous les partis, même les voltairiens, les protestants et ceux qui ne croient à rien, comme les Thiers, les Guizot, les Napoléon, se retranchent avec les Veuillot, les Montalembert, les évêques, les croyants, dans le catholicisme, comme dans leur dernière citadelle, pour repousser, ralliés sous le saint drapeau du pape, le suprême assaut de la démocratie.

Si la France sortait de ce catholicisme immuable, pétrifié, despotique, pour entrer dans le protestantisme, que le libre examen mine chaque jour, fait peu à peu tomber en poudre, et qui ne peut jamais d'ailleurs rendre par son enseignement ou ses ministres l'homme semblable à un cadavre, *perinde ac cadaver*, ainsi que le voulait Loyola, dont les préceptes sont si bien suivis encore; ce serait un progrès réel, nous ne le nions pas. Le prêtre ne régnant plus dans la famille, et un souverain étranger ne gouvernant plus les consciences, l'autorité sous sa forme la plus abusive, la plus redoutable, serait anéantie.

Si donc la France du XIXe siècle, après avoir fait ses révolutions de 1789, 1793, 1830 et 1848, est assez pieuse pour faire un acte de foi, sortir de son indifférence en matière de religion, devenir luthérienne, calviniste, presbytérienne; si elle veut échanger ses curés et leurs sermons contre les pasteurs et leurs prêches, remplacer les cérémonies pompeuses et brillantes du culte catholique par les solennités froides et tristes des cultes réformés, nous ne nous y opposerons nullement, et parce que nous n'en aurions pas le pouvoir, et parce que nous sommes de ceux qui acceptent tout ce qui est sur la ligne du progrès.

Mais par quelles raisons, nous, démocrates républicains, pourrions-nous nous associer à un mouvement de cette nature, le conseiller ou le provoquer, et nous faire ainsi les missionnaires de la Réforme, lorsque nous devons être ceux de la Révolution et de la libre pensée? Nos principes philosophiques et politiques ne nous permettent ni de penser que ce qui n'est pas bon pour nous est bon pour les ignorants et les pauvres, ni de proclamer, avec les grands seigneurs d'autrefois et les trembleurs sceptiques d'aujourd'hui, qu'il faut une religion pour le peuple.

Nous ne pouvons pas non plus, sans manquer à nos devoirs d'honnête homme et de libre penseur, je l'ai dit ailleurs, donner aux autres comme la vérité ce que nous savons être l'erreur ; faire triompher par la parole, la presse, la persuasion ou la force, une religion dont, pour notre compte, nous repoussons les dogmes, les institutions, le culte.

Le protestantisme implanté dans notre France, ce ne serait qu'un compromis peu moral, un expédient sans valeur, et une arme de guerre contre le catholicisme seul, arme qui se retournerait bientôt peut-être contre nous, contre la liberté.

La démocratie, pour combattre l'ennemi, n'a point à s'enfermer dans des sépulcres blanchis, ni dans des forteresses démantelées, ouvertes à tous les vents. Si, en marchant à la conquête de ses droit, de sa liberté, sous son drapeau déployé, elle ne veut pas s'engager dans les défilés tortueux, où tous les obstacles, toutes les embûches, se rencontrent à la fois, elle a pour se guider, pour s'éclairer, pour s'instruire — avec la lumière des principes, — les leçons de l'histoire et l'enseignement que lui donne par ses exemples comme par ses fautes notre grande Révolution.

C'est pour avoir voulu associer la religion à la politique, au lieu de l'en bannir, légiférer ou réglementer l'absolu, au lieu de l'éliminer, que notre grande Révolution a rencontré sur sa route une partie des obstacles qui l'ont arrêtée, détournée de son cours, empêchée de produire tous ses fruits, et qui la firent sombrer au milieu des orages.

Par la constitution civile du clergé qui faisait du prêtre un citoyen, un fonctionnaire obligé de prêter serment au pouvoir temporel, la Constituante avait touché à la croyance des orthodoxes et aux traditions de l'Église, donné aux nombreux membres du clergé, qui tenaient plus à leurs propriétés qu'à leurs dogmes et au maintien de la paix publique, un prétexte pour ameuter les masses ignorantes, contre une assemblée qui semblait vouloir révolutionner la religion elle-même. En même temps, cependant, la

Constituante laissait le catholicisme puissant, richement rétribué aux frais de l'État, campé comme une armée ennemie au cœur de la société nouvelle, dont, par son principe d'autorité, ses traditions, ses desseins, ses alliances avec les représentants de la légitimité et du droit divin, sa soumission aux volontés d'un souverain étranger et absolu, le pape, elle était le plus dangereux ennemi.

Pour détruire toute superstition, faire disparaître toutes les religions qui avaient si longtemps opprimé et abêti les hommes au nom d'un dieu fait à l'image des prêtres, les hébertistes voulurent inaugurer dans la République le culte de la Raison. C'était une grande et belle chose !

Malheureusement, ils firent de cette Raison une déesse qu'ils prétendirent faire adorer publiquement ; et par les violences, les persécutions, les mascarades, auxquelles ils eurent recours pour imposer à tous les citoyens la religion nouvelle, en les forçant à se prosterner aux pieds de l'idole qu'ils appelaient *la Raison*, mais qui était devenue la Némésis de 93, ils soulevèrent la France entière.

Autant que les prêtres non assermentés, ils contribuèrent, ainsi, à jeter dans la Vendée, dans la Bretagne, dans la France catholique, les brandons de l'incendie qui ne devait s'éteindre que dans le sang. De plus, sans même donner satisfaction aux disciples de Voltaire et des encyclopédistes, ces ennemis du fanatisme, ces apôtres de la tolérance, ils blessèrent profondément la conscience comme la politique de ceux dont les doctrines philosophiques ou religieuses, inspirées par la Réforme et J.-J. Rousseau, étaient partagées par tout ce qui n'était pas catholique.

Sur la proposition de Maximilien Robespierre, qui voulut arrêter le mal causé par l'hébertisme bien plus encore que faire triompher son opinion métaphysique, la Convention décréta la fête de l'être suprême. Par là aussi, cette grande assemblée porta atteinte à la foi de ceux qui ne croyaient pas en dieu, ou croyaient à un autre Dieu que celui du *Vicaire savoyard* et du Comité de salut public.

Bien loin de répondre par ce décret, comme quelques historiens modernes l'ont proclamé, au sentiment religieux de la France catholique, de trouver des appuis, des défenseurs parmi les *fidèles* et les prêtres, que la Terreur n'épargna guère, ce semble, la Convention se fit accuser d'impiété, d'hypocrisie, d'orgueil insensé, par la chrétienté tout entière qui criait au monde que la Révolution venait de voter l'existence de Dieu. Toutefois, elle n'en ouvrit pas moins la porte à l'ennemi, — le catholicisme. — Cet ennemi toujours nombreux, puissant encore, bien organisé, dominant par ses mystères, ses fêtes, son enseignement, ses traditions, les populations ignorantes et attachées à la religion des ancêtres, devait, vite en effet, reprendre le terrain perdu. Il devait bientôt être assez fort pour renverser de l'autel élevé dans l'État, le dieu inconnu, invisible, abstrait, qui venait d'être proclamé par une assemblée laïque, philosophique, républicaine, révolutionnaire, et pour remettre triomphalement à sa place le vrai dieu des masses, Jésus-Christ, fils de Dieu, dieu lui-même, dont la vie, la passion, les images, les croix, les évangiles, attestaient depuis tant de siècles, aux yeux du peuple, la puissance, la grandeur, la divinité.

Dans ces grands jours de la Révolution, où presque toutes les idées, tous les principes, tous les progrès, que l'on se vante d'avoir inventés à notre époque, ont été proclamés, élaborés, affirmés, ou déposés en germes dans la société française ; au milieu de ces partis qui voulaient trancher, chacun suivant ses doctrines, le nœud gordien de la question religieuse, il se rencontra des républicains qui, révolutionnaires et libres penseurs, firent ce qu'exigeaient les circonstances, sans porter atteinte à la liberté de conscience.

Voici ce qu'ils disaient dans l'instruction (1) adressée par eux à toutes les municipalités des villes et des campagnes et à tous les comités révolutionnaires :

« Les rapports de Dieu et des hommes sont des rapports purement intérieurs et qui n'ont pas besoin, pour être sincères, du faste du culte et des monuments appartenant à la superstition. Citoyens, vous enverrez à la République tous les ornements d'or et d'argent qui peuvent flatter la vanité des riches, mais qui sont nuls pour l'homme vraiment religieux et pour l'être qu'il prétend honorer. Vous anéantirez les symboles *extérieurs* de la religion qui couvrent les chemins et les places publiques, parce que les chemins et les places publiques sont la propriété de tous les Français, et que tous les Français n'ont pas le même culte ; en flattant, inutilement,

(1) *Histoire de la Révolution*, par Louis Blanc, t. X, p. 167.

la crédulité des uns, vous attaqueriez les droits et choqueriez les regards des autres.

« Lorsque la France n'était qu'un royaume, il fallait peut-être à vos âmes ardentes et sensibles un aliment extraordinaire, et vous le trouviez dans la pratique superstitieuse de quelques vertus que vous vous étiez forgées. Mais il est pour le républicain des jouissances invincibles, qui attachent l'imagination, qui remplissent l'âme, et qui, par de nobles sensations, l'élèvent au-dessus d'elle-même, la rapprochent réellement de cette essence suprême dont elle découle.

« Le républicain n'a d'autre divinité que sa patrie, d'autre idole que la liberté. Il est essentiellement religieux, car il est juste, courageux et bon. Le patriote honore la vertu, respecte la vieillesse, console le malheur, soulage l'indigence et punit les trahisons. Quel plus bel hommage pour la divinité ! Le patriote n'a pas la sottise de l'adorer par des pratiques inutiles à l'humanité et funestes à lui-même. Il ne se condamne pas à un célibat apparent pour se livrer plus librement à la débauche ; disciple de la nature, membre utile de la société, il fait le bonheur d'une épouse vertueuse ; il élève des enfants nombreux dans les principes de la morale et du républicanisme ; et lorsqu'il touche au terme de sa carrière, il lègue à ses enfants, pauvres comme lui, les exemples de la vertu qu'il leur a donnés, et à la patrie, l'espoir de le voir renaître dans des enfants dignes de lui. »

Quels sont les républicains qui font cette déclaration de principes, donnent ces instructions à leurs concitoyens, ne demandent aux cultes oppresseurs et tyranniques du passé, avec les sacrifices exigés par les besoins de la République, que le respect absolu de la liberté de conscience ? Ce sont les membres de la commission de surveillance républicaine, fonctionnant à Lyon, au moment où Collot d'Herbois arrivait, comme proconsul, dans cette ville enlevée aux royalistes. Ils étaient les amis, les coréligionnaires de Chalier, le patriote républicain, mort guillotiné le premier, en pleine République, par les *modérés*, et dont les restes, envoyés à Paris, furent portés avec une pompe extraordinaire par les sociétés populaires à la Convention, qui décerna au mort les honneurs du Panthéon.

Dans leur manifeste, ils posaient en même temps ces principes :

« Tant qu'il y aura un être malheureux sur la terre, il y aura encore des pas à faire dans la carrière de la liberté. »

« Le but suprême de la Révolution est d'empêcher que ceux qui produisent la richesse manquent de pain, que la misère reste fiancée au travail. »

Les *jeunes* d'aujourd'hui peuvent se trouver en plus réactionnaire compagnie. S'ils veulent marcher en avant, que les fautes et les enseignements de leurs pères ne soient pas, du moins, perdus pour eux.

———

Ayant à fonder la société nouvelle sur les ruines du passé, à créer, pour ainsi dire, un nouveau monde, ces grandes assemblées de la Révolution furent forcées, au milieu des plus grands dangers, de toucher à tout à la fois, de tout transformer en même temps.

Si elles se sont trompées sur la solution à donner, elles avaient, du moins, le devoir et le droit de mettre à leur ordre du jour, de discuter, de résoudre la question religieuse comme toutes les questions sociales et politiques.

Il n'en est pas de même pour nous. A cette heure, en quoi et comment est-il opportun, utile, nécessaire de nous jeter dans des questions du temps passé et de l'autre monde, quand c'est un impérieux devoir de nous occuper de ce qui se passe dans le présent et sur notre terre de France ? Pourquoi semer entre les démocrates républicains, qui ont tant besoin de serrer leurs rangs des germes de désunions dont peut seul profiter l'ennemi commun ? Pourquoi abandonner la proie pour courir après l'ombre ?

Que la lumière céleste soit créée ou incréée, y verrons-nous plus clair dans les ténèbres de l'empire ? éclairera-t-elle notre monde politique autant même que la petite lanterne portée par un des nôtres ? et parce qu'escaladant le ciel nous aurions, plus heureux que les Titans, renversé de son trône de nuages le dieu qu'adorent, chacun à sa façon, des mortels de toutes les opinions, de toutes les couleurs, de toutes les nations, le Napoléon de chair et d'os, que nous voyons à l'œuvre appuyé sur ses soldats, en sera-t-il moins solide sur son trône recouvert de velours frangé du sang de la France et rehaussé de son or ?

Au XIXe siècle, les plus fanatiques partisans du droit divin, ceux qui disent avoir tant de confiance dans la providence et l'intervention des reliques, des miracles, des saints, de la vierge immaculée, du dieu fait homme, emploient sans hésiter, pour repousser les garibaldiens, les hérétiques et les républicains, non pas les *canons* de l'Église, mais les canons rayés !

Et nous, hommes du droit, soldats de la libre pensée, nous irions, enfourchant le passé et armés de *l'absolu*, nous battre contre des fantômes, nous entre-déchirer pour des abstractions ! Cela n'est plus possible.

Si nous le faisions, nous ressemblerions fort à ces rhéteurs de Byzance qui se disputaient sur la création, quand l'ennemi était aux portes de leur ville, ou à l'astrologue de la fable, qui, regardant toujours au ciel, ne voyait pas le gouffre béant sous ses pieds

Il est vrai que l'ennemi est dans la place, et que nous sommes dans le puits; mais si nous invoquons *dame nature*, la croyant de notre parti, au lieu de *sainte* providence, que prient nos adversaires qui se prétendent favorisés par elle, en serons-nous plus avancés ? reverrons-nous plus tôt le ciel bleu de la patrie libre, et l'ennemi chassé de la cité sainte ? non, mille fois non !

Vous qui voulez reconquérir vos libertés, vos droits, ô vrais démocrates, vous n'avez qu'à écouter la voix de la raison humaine ; et ce qu'elle vous dit le voici : Aidez-vous, le peuple vous aidera.

DERNIER CHAPITRE DES PROSCRIPTIONS.

FIN DE L'EMPIRE.

Depuis le jour ou la métaphysique avait ainsi, pendant que la politique dormait, envahi la jeune France, les nuages qu'elle amoncelait au ciel de la patrie, se sont dissipés au premier souffle de l'esprit révolutionnaire.

Dans les réunions agitées, tumultueuses, dans lesquelles pendant la période électorale on a osé tout dire, les théories de l'autre vie et de l'autre monde n'ont pas été soulevées, mises en discussion. Les républicains se sont trouvés d'accord sur le côté pratique et immédiatement réalisable de la question religieuse. Tous ont demandé et veulent que le budget des cultes soit supprimé, l'Église éliminée d'une manière quelconque de l'État. Ce qu'il faut maintenant obtenir à tout prix, c'est répétons-le sans cesse, l'union dans le parti républicain.

Unis, les républicains ont droit de compter sur le peuple. Dès à présent ce peuple ne croit plus à cette République des paysans qu'il voulait avec un Napoléon pour président et des *rouges* pour représentants. Il sait, à cette heure, ce que peut donner, ce que vaut le bonapartisme ; quel est cet empereur en qui il avait, un jour, espéré trouver un sauveur.

L'augmentation des impôts, la garde mobile, les levées de cent mille hommes, les vexations de la police, l'arbitraire des fonctionnaires, la domination des prêtres, le despotisme d'en bas, ont fait pour lui, ce que la confiscation des libertés, la dilapidation des finances, les aventures sanglantes, ruineuses ou criminelles, les milliards du budget et de la dette publique, le despotisme d'en haut, ont fait pour les classes libérales et bourgeoises : ils l'ont éclairé, instruit.

Sous la lumière qui s'est faite, le napoléonisme, tout le monde le voit, le comprend ou le pressent, tombe en dissolution. Seuls, les niais, les farceurs politiques, les parlementaires napoléoniens et ceux qui par ambition, cupidité ou peur de la démocratie, veulent se rallier au pouvoir, peuvent croire ou dire que le despotisme, en se faisant vieux, va restituer les libertés qu'un peuple, du reste, ne garde que lorsqu'il les a conquises, et que, par l'accouplement monstrueux de l'arbitraire et du droit, la dynastie des Bonaparte est au moment d'accoucher d'un empire libéral, dont la mission serait de conduire par une route fleurie la France à la meilleure des Républiques.

Mais, de même qu'un arbre pourri jusque dans ses racines ne tombe pas tout seul et doit être jeté bas par le bûcheron, de même l'édifice impérial, pour être abattu avec ou sans son couronnement, doit, tout vermoulu, tout lézardé qu'il soit, recevoir le coup de grâce du parti républicain.

Seulement, pour ne pas en cimenter de nouveau les assises avec le sang le plus pur et le plus généreux de la France, ou ne point être écrasé au profit de la monarchie sous les ruines faites par lui, ce parti doit choisir son lieu, ses armes, et son heure. Il faut qu'il prépare le peuple, par la presse, la parole et une propagande de tous les instants, à la Révolution, mais sans le pousser dans la rue ou l'empêcher d'y descendre, dans la crainte de faire avorter par trop de précipitation ou trop de prudence, la manifestation suprême, qu'elle soit pacifique ou non, par laquelle tout doit finir.

Pour que ce peuple en effet se soulève contre ses maîtres, que Paris, se rappelant ses grands jours, lui donne le signal de l'attaque, que la bourgeoisie démocratique et la jeunesse des écoles se mettent à sa tête pour la lutte, deux choses sont nécessaires : le verbe et la foi révolutionnaires.

Ceux qui veulent renverser l'empire doivent savoir et dire ce que portera dans ses flancs la Révolution à accomplir, être résolus en même temps à réaliser dans la société comme dans les institutions, toutes les améliorations physiques, intellectuelles, morales, qu'ils auront proclamées justes, légitimes, nécessaires, et pour le triomphe desquelles ils auront combattu.

La Révolution, lorsqu'elle sera faite dans les idées, le sera bientôt dans les actes. Alors, en fondant, même sur les ruines entassées autour d'elle, la cité de l'avenir, elle sera aussi légitime que féconde.

Travailler d'une part à détruire l'ordre de choses actuel, de l'autre, à dégager de ses voiles, de ses obscurités, de ses incertitudes, l'ordre de choses que la République devra édifier et consolider après la victoire, voici la tâche de l'heure présente ! Que chacun, au dedans et au dehors, l'accomplisse suivant ses forces, sa position, son énergie. Il se formera bientôt ainsi un courant d'opinion assez puissant pour emporter tout, même l'armée.

L'armée, c'est maintenant la seule force sur laquelle s'appuie le gouvernement napoléonien, le seul rempart de l'empire contre la République. On peut, sans doute, la combattre à coups de fusils du haut des barricades, la vaincre dans la guerre de rues : rien ne résiste à un peuple qui se lève tout entier pour reconquérir sa liberté ou son indépendance. On doit chercher à l'éclairer ; mais il ne faut pas espérer de la gagner, on n'y réussirait pas !

Les soldats sont des machines aux mains de chefs que le pouvoir du jour a pour défenseurs naturels. Ils vont où on les pousse, frappant, tuant, incendiant, quand on le leur commande. D'ailleurs, leur participation au triomphe de l'insurrection en ferait des auxiliaires dangereux pour la liberté — l'Espagne l'éprouve aujourd'hui — ou peut être des prétoriens qui mettraient l'empire à l'encan.

Ce qui préserve des luttes sanglantes, rend le succès certain, c'est d'envelopper, d'imprégner l'armée de ce fluide magnétique qui, se dégageant des grandes foules où fermente l'idée, est à certains moments dans l'air, comme on dit, met les armes aux mains des citoyens, et les fait tomber de celles des soldats que la peur du code militaire, l'habitude de l'obéissance passive, allaient, en les aveuglant, faire tirer sur leurs frères.

Alors, grossi des haines, des colères, des espérances de la démocratie révolutionnaire, le torrent populaire, sortant de son lit, submerge, sans rencontrer d'obstacles, les trônes et les dynasties condamnés par lui.

Le terme de la grande échéance approche, les jours sont comptés.

> Frappé de cet esprit de vertige et d'erreur,
> De la chute des rois, heureux avant-coureur,

le chef de l'empire, Louis-Napoléon, va à droite, à gauche, en avant, en arrière, portant partout l'incertitude, le trouble, l'agitation dont il est envahi, et, quand il ne peut plus commettre d'attentats contre le droit ou la liberté, entassant fautes sur fautes.

N'ayant pas de plans arrêtés, de système politique suivi, de partisans dévoués auxquels il puisse se fier après avoir perdu ses fidèles, le maître naguère tout-puissant, entier, absolu, flotte incertain, fantasque, capricieux, balloté par les influences de cour, de sacristie, de caserne, qui se le disputent. Sa barque impériale va à la dérive au milieu des écueils, ayant une girouette rouillée tournant à tous les vents, sur le mât où le vainqueur du 2 décembre avait arboré son drapeau, en disant, aux jours où il croyait n'avoir rien à craindre, qu'il sauterait dans un feu d'artifice, plutôt que d'amener.

Lui devant qui les puissances de la vieille Europe se taisaient quand il était heureux et fort, il voit que tous ses projets sont déjoués, échouent misérablement; que les monarques ses bons cousins ne prennent plus au sérieux ni ses promesses, ni ses menaces; que les partis n'ont été ni convertis, ni anéantis par les corruptions ou les persécutions de son règne. Il s'aperçoit que les Mamelouks de son Corps législatif se débandent et sont prêts à se révolter contre ses vizirs; que ses *ténors*, dont la voix éclatante entonnait avec tant d'entrain dans les chambres impériales le *Gloria in excelsis*, sont forcés, pour se faire écouter, de chanter la palinodie et de dire leur *meâ culpâ;* que les ministres, le Rouher en tête, si insolents, si hautains jadis, obligés de rendre des comptes en attendant qu'ils rendent gorge, se sont faits, pour sauver la caisse, humbles, petits et plats.

Vainement il parle de paix, d'économie, de principes de 89, met même aux vieux partis la bride sur le cou, en octroyant momentanément aux réunions, à la presse, une liberté depuis longtemps inconnue, soit qu'il veuille tendre un piège aux ardents et montrer le spectre rouge aux trembleurs, soit qu'il se trouve forcé de faire des concessions à une opinion publique si forte déjà que, pour l'endormir ou la dominer, les plus grands défenseurs de l'autorité acclament la liberté comme ils acclamaient la République en 1848! Le Napoléon troisième et dernier de nom ne peut plus, il le sait, il le voit, rallier, tromper, ni désarmer personne.

En présence de ses gigantesques armements, de ses préparatifs de guerre, de ses emprunts multipliés, de l'accroissement indédéfini du budget et de la dette, des lois et décrets laissés suspendus sur toutes les libertés, de son gouvernement personnel, arbitraire, persistant à travers tout et dominant tout, la France, l'Europe, le monde disent, malgré ses discours, ses brochures, ses évolutions, que l'empire c'est la guerre, la banqueroute, le despotisme.

Lui-même il n'a plus foi en son étoile.

En même temps, les soucis de famille, les inquiétudes personnelles l'assiègent jusque dans les Tuileries, le palais où ont retenti si longtemps les bruits des fêtes, les chants de l'orgie.

L'histoire lui enseigne que dans notre beau pays de France, les héritiers de la couronne depuis 89 ne naissent pas viables; et il connaît trop son cher cousin Jérôme, qui a l'ambition, l'astuce, l'habileté d'un Corse, sans en avoir l'audace ni le courage, pour ne pas le croire capable de supprimer de la famille impériale la mère et l'enfant, et renverser du trône la branche régnante, sans sauver le napoléonisme.

L'homme de décembre n'a donc plus qu'une pensée, qu'un but, c'est de prolonger l'agonie de l'empire pour vivre empereur le plus longtemps possible.

De ce côté encore, ses illusions tombent avec chaque jour qui lui porte quelques rides de plus. Il touche à l'âge où, même sans révolution, ce qui a été poussière retournera en poussière.

Celui qui a connu la bonne et la mauvaise fortune, qui a été carbonaro en Italie, où il a voulu alors se battre contre les soldats du pape, citoyen républicain en Suisse, constable amateur en Angleterre pour réprimer une émeute populaire, chevalier de cirque, courant la bague au tournoi d'Églington, émeutier à Strasbourg, montreur d'aigle apprivoisé à Boulogne, prisonnier à Ham, président, aux Champs-Élysées, de la République française, à qui il avait juré fidélité et qu'il a renversée, empereur absolu aux Tuileries, homme de plaisirs, d'ambitions, d'expédients, partout, celui-là est mûr pour la tombe avant même le temps.

Il s'est livré à tous les excès, a ressenti tous les genres d'émotions, épuisé toutes les jouissances, perdu, depuis les bombes d'Orsini, le repos, le sommeil, rêvant la nuit de poignards, de machines infernales. Il est usé au moral comme au physique. Les partis qui ont ajourné la Révolution à sa mort, comme les républicains l'avaient ajournée, sous la monarchie de juillet, à la mort de Louis-Philippe, sont à la veille du jour fatidique, alors même qu'un nouveau 24 février ne viendrait pas hâter le dénouement.

———

Ceux qui sont morts n'entendront pas sonner l'heure de la justice au cadran de la Révolution. Ils ne verront pas renaître éclatante, la République pour laquelle ils ont vécu, combattu, souffert; et peu de ces lutteurs tombés sur la terre étrangère seront ramenés dans la France libre et heureuse, pour y dormir leur sommeil éternel.

Leur poussière, du moins, restera mêlée à celle des martyrs et des proscrits de tous les temps, de tous les pays, et leurs noms demeureront gravés, mieux que sur la pierre, dans la mémoire de la démocratie.

Lorsque dans les rangs de cette démocratie victorieuse, l'appel se fera, en nommant ceux qui ont péri sur les barricades, dans les prisons, dans la transportation, dans l'exil, on répondra, comme on le faisait pour Latour d'Auvergne dans son régiment : *Morts au champ d'honneur.*

Et nous, proscrits, prisonniers d'État, bannis, vaincus de décembre, républicains des générations luttant depuis 1815 pour la grande cause ; nous qui survivons à nos amis, et qui arrivons, les uns après les autres, au terme de la carrière, il nous sera donné, espérons-le, de voir finir le règne de l'iniquité, de la servitude, et monter le soleil de liberté, d'égalité, de justice, dans le ciel où on voit déjà à l'horizon blanchir l'aube.

Quoi qu'il en soit, faisons notre devoir jusqu'au bout ; advienne que pourra !

Après avoir bien rempli notre journée et ensemencé l'avenir, nous pourrons, à l'heure du repos, dire avec un poëte (1) qui n'était pas un des nôtres, car on l'a appelé le poëte du scepticisme

---

(1) Alfred de Musset, *Confession d'un enfant du peuple.*

mais qui fut dans une heure de foi et d'espérance un voyant :

« Peuples des siècles futurs, lorsque par une chaude journée
« d'été, vous serez couchés sur vos charrues, dans les vertes cam-
« pagnes de la patrie; lorsque, essuyant sur vos fronts tranquilles
« le saint baptême de la sueur, vous promènerez vos regards sur
« vos horizons immenses, où il n'y aura pas un épi plus haut que
« l'autre dans la moisson humaine d'hommes libres ; quand alors
« vous remercierez Dieu d'être nés pour cette récolte, pensez à
« nous, qui ne serons plus. »

FIN.

ADDITIONS

DEUXIEME PARTIE

Voyages dans l'exil, chapitre III.
(Proscrits réfugiés en Suisse) (p. 18), à Genève :
Piard (Jura), Palanquet (Isère), Nègre (Ardèche), Mercier, Perrin (Doubs), Lignières, négociant, Panet et Séguin (Paris), Descate (Vaucluse), Mathieu (*m*), Murjas, avocat, Saillant, Delort, négociant, Blanchon (*m*) (Var), Pascal, propriétaire (Haute Garonne), Martiniat, marchand de vins, Guichard (*m*), Tabouret (Ain), Béranger, Clément (*m*), qui de l'Algérie avait gagné le Maroc à travers le désert (Nièvre), Berthaud, sculpteur (Rhône).

(A Berne) : Sourd, sculpteur, Max Buchon, homme de lettres. A Grandson : Jacquin (Aube), revenu d'Amérique. A la Chaudefond : Marchand, négociant (Drôme), Couchet (Haute Saône). A Neufchatel : Didier, agent voyer (Vaucluse). A Versoix : Lobel, vigneron (Saône et Loire). A Morges : Odde, frère du transporté à Noukaiva. A Nyon : Veillaz, le compagnon de Charlet. A Vauvry : Ménand, (*r*). Dans les environs : Foucaud (Loiret). Dans l'Oberland : Sabathier, élève de l'École politechnique qui s'était comme tant d'autres fait photographe (Héraud).

(En Savoie) (p. 20). A Bonneville : Amour de Dieu, Morillot (Gard). Aux pieds du Voiron : Bouchet (Rhône). A Annecy : Welter, ancien maire de Beaune, Vallier, secrétaire d'Eugène Sue (Rhône). A Chambéry : Guitter (*r*), Guitter, fils, Combier (*r*), Rivière (Isère), Beyer (*r*) du 13 juin.

(En Espagne) (p. 21). A Valence : Lebon (Var). A Barcelonne : Greoult (Aude). A Madrid : Alem Rousseau (*r*), Terrail, teneur de livres (Aude), Magen, Poumarède, venus de Belgique. A Saint-Sébastien, Ollière et Chéron, venus de Belgique, Gravier, ex-sous-préfet, Cadue, avoué, Tendonnet, journaliste (Gironde). Dans la vallée de l'Èbre : Hunot (Yonne), venu de Belgique, employé aux travaux de canalisation, Ducros (Haute-Loire), Amiel (Deux Sèvres). A Sarragosse : Renaud (r), venu de Belgique. Frontière de France : Richardet (r).

(En Allemagne) (p. 22) : Félix Blanc (Rhône).

(En Italie) (p. 27). A Gênes : Tournier, propriétaire (Aude), Vinches (Béziers), Bernard, tonnelier (Var). A Turin : Périgois (Indre), Chevé (m) journaliste (Seine), Dubosc, beau-frère d'Esquiros, journaliste (Marseille), Tonérieux, négociant (Loire). A Livourne : Méric (Lot). A Florence : Bayle (Béziers). A Nice (p. 28) : Saint-Martin, propriétaire, Carle (Vaucluse), Guyot, Coulon, Gay, Chenot, Sautara, Pery, Constant, cultivateurs (Basses-Alpes et Var), Napoléon Chancel (m), ancien commissaire de la République (Drôme), Penicaud (Paris).

A Varsovie : Gravier. Dans les provinces Danubiennes : Fouqueaut, ingénieur.

(En Amérique). A New-Yorck (p. 33) : Pelletier (r), Hochstulh (r), un des terrier du Donjon, Dejacque, Émigrants d'Angleterre : Tasselier, instituteur évadé de Cayenne, Candoras (Pyrénées Orient), Caylus du *National*, Sauzeau, Gabard, Tavernier, Chaussade, Buisson et Arsène Lefebvre (m), venus de Belgique. A Philadelphie : Héraud de Riom qui s'y était fait professeur. Dans le Texas : Considérant.

Nos morts, chapitre XVII.

Proscrits. Parents de proscrits. Refugiés politiques, décédés sur la terre étrangère.

Avant l'amnistie :

Louise Jullien, emprisonnée au coup d'État, expulsée de France, puis de Belgique. Eugénie Guillemot. Blanche Clouart. Joséphine Rabeil. Élisabeth Farlès. Marie Réviel. Claudine Hibruit. Anne Sauglat. Armentine Huet.

Après l'amnistie :

Oscar Gervais. Armand Barbès (r). Xavier Durrieu (r). Madame Cheval, mère, femme et fille de proscrits. Madame Baune. Léger (Puy-de-Dôme).

En France : Joly (r). Bancel (r). Kestner (r). Chabrier (Tarn-et-Garonne). Thoré (Burger). Charles Hugo. Delescluze. Varlin. Cerisier. Flourens. Clément Thomas.

Belges : Gendebien, mort en libre penseur. Leys, peintre. Albert Grisar, compositeur.

TABLE DES MATIÈRES

	Pages.
CHAPITRE I. — Les grâces impériales.	1
— II. — Générosité de nos ennemis.	12
— III. — Voyages dans l'exil.	17
— IV. — Encore l'hospitalité belge.	54
— V. — Les cléricaux au pouvoir.	42
— VI. — Les libéraux au ministère.	49
— VII. — Les étrangers en Belgique.	59
— VIII. — Le droit des étrangers. — I. Réfugiés non politiques.	68
II. Réfugiés politiques.	70
— IX. — Devoirs de l'hospitalité politique.	76
— X. — III. Étrangers domiciliés, résidants.	81
— XI. — Les étrangers en France sous la réaction.	88
— XII. — Dernières atteintes à la liberté de résidance.	96
— XIII. — Sociétés civiles d'inhumation.	105
— XIV. — Les droits de la femme.	107
— XV. — Propagande rationaliste.	117
— XVI. — Ennemis de la libre pensée.	122
— XVII. — Nos morts.	127
— XVIII. — Le repos de la tombe.	141
— XIX — Tristesses patriotiques.	147
— XX. — La réaction en Europe.	155
— XXI. — Le réveil.	162
— XXII. — L'amnistie.	170
— XXIII. — Après l'amnistie. — I. Exilés volontaires. — II. — Réfugiés.	170

	Pages.
CHAPITRE XXIV. — Conséquences au dehors et au dedans de la France, des grandes proscriptions. — I. Dix-septième siècle. Révocation de l'édit de Nantes.	190
II. Dix-neuvième siècle. Destruction de la République.	194
— XXV. — La question religieuse : Athéocratie. Liberté.	205
— XXVI. — Droits de l'homme. — I. Collectivisme.	214
II. Positivisme.	224
— XXVII. — La religion devant la révolution.	236
Dernier chapitre des proscriptions. Fin de l'empire.	246

FIN DE LA TABLE DE LA SECONDE PARTIE.

www.ingramcontent.com/pod-product-compliance
Lightning Source LLC
Chambersburg PA
CBHW070629170426
43200CB00010B/1952